JN286026

新 潮 文 庫

日本の朝ごはん 食材紀行

向笠千恵子著

新 潮 社 版

6683

はじめに――朝ごはんにはじまる

朝ごはんから、この国が見えるといっては大袈裟《おおげさ》だが、本当は心底そう思っている。

三食のうち、昼ごはんや夕ごはんはおよばれできても、朝ごはんに関しては親戚《しんせき》でものぞき見ることができないのが現代の食卓事情である。そこを三拝九拝して他人の朝ごはんシーンに押しかけた。そして朝ごはん献立を構成する食材が、すべて日本人の基本食材であることに気づいてからは、食材の生産現場を訪ねて、そこで朝ごはんを食べさせていただくようになった。

豆腐の味噌汁《みそしる》。たかがお椀《わん》一杯の味噌汁だって、だしをとり、実の豆腐と青み用のねぎを用意しなくてはならない。もちろん味噌は不可欠で、薬味には七味も欲しい。さらに突っ込むと、だし一つとっても選択肢は無限に広がる。だしは煮干しでとるのか、かつお節かという問題もあるし、煮干しなら鰯《いわし》かあじかあごなのかと魚の種類にまで話は及ぶ。九州産か瀬戸内産か外房産かという産地も検討すべきだ……。

わたしの頭はごちゃごちゃになり、すっきりさせるには現地へ出かけるしかなくなった。という次第で、野行き山行き海を行きを、この数年間繰り返している。

途中、病気で入院もしたし、大腿《だいたい》骨骨折手術から生じた母の長期入院、弟の闘病など思いもかけないことが次々に起きた。そして知ったのだが、病人になるとは食生活も受け身になることなのである。どんなに食生活にこだわっている人であっても、入院すればただの一患者。食材の安全性や調味料の品質を問うなど論外で、いやでもお仕着せの病院食と院内の自販機で買うマスプロ飲料で我慢するしかない。治療薬との配慮が不可欠な病気ならともかく、外科系でも事情はまったく同じである。

そんな経験をして以来、安全でおいしい食べものを作りたいと励む方々に出会うごとに、以前にも増して感激した。米、塩、味噌、醬油《しょうゆ》、梅干し、豆腐、海苔《のり》、昆布を始めとする海幸山幸、伝統食品の数々。いい生産者のものは、美味という以上に、食べる側に生きる喜びを与えてくれる。そして生産者自身の朝ごはんも、風土色豊かな献立だった。

本書は食材をテーマにして日本の朝ごはんをもう一度見直しながら、食の生産者の朝ごはんをもスケッチしたものである。さて、プロローグは北原白秋の詩でしめたい。朝ごはんが素敵においしい西伊豆・岩地《いわち》の民宿〔かいとく丸〕の食堂の壁に掲げられていたものである。

つつましい妻
つつましい妻
つつましいコスモスの葉
つつましい朝めし
つつましい一言二言

目次

はじめに――朝ごはんにはじまる

第1章　朝ごはんの基本食材――大地の恵み

土を味わうということ　14

厳選食材28

●アスパラガス　16　●いちご　20　●枝豆　24　●かぼちゃ　28
●キャベツ　32　●きゅうり　36　●ごぼう　40　●小松菜　44
●さつま芋　48　●さやえんどう　52　●椎茸　56
●じゃが芋　60　●春菊　64　●生姜　68　●大根　72
●玉ねぎ　76　●とうもろこし　80　●トマト　84　●なす　88
●にんじん　92　●ねぎ　96　●ハーブ　100　●白菜　104
●ピーマン　108　●ほうれん草　112　●みかん　116　●レタス　120
●れんこん　124

コラム　金のジュース銀のジュース　128

第2章　朝ごはんのおなじみ食材――海の幸山の幸

いつもの食材のさまざまな顔　134

厳選食材31

●うどん　136　●梅干し　140　●かまぼこ　144　●牛乳　148
●紅茶　152　●コーヒー　156　●ごま　160　●米　164
●桜えび　168　●鮭　172　●ジャム　176　●卵　180
●たらこ　184　●チーズ　188　●茶　192　●ちりめん山椒　196
●佃煮　200　●漬物　204　●豆腐　208　●納豆　212
●海苔　216　●バター　220　●蜂蜜　224　●ハム・ソーセージ　228
●パン　232　●ピーナッツバター　236　●干物　240　●麩　244
●ヨーグルト　248　●わかめ　252　●わさび漬　256

コラム　正解はひとつではない　260

第3章　朝ごはんの伝統食材——調味料

日本の朝ごはんの勘所　266
厳選食材12
●油　268　●かつお節　274　●魚醬　280　●くず　286
●昆布　292　●砂糖　298　●塩　304　●醬油　310
●酢　316　●煮干し・焼き干し　322　●味噌　328　●みりん　334
コラム　朝ごはんの器　340
あとがき
日本の朝ごはん　食材紀行　マップ　348
解説　本間千枝子

日本の朝ごはん　食材紀行

第1章　朝ごはんの基本食材

——大地の恵み

土を味わうということ

朝ごはんでたっぷり野菜を食べたいなあ、と誰もが願っている。個食化傾向がますます進んでいる現在、人はみなわがまま献立におちいりやすいし、とりあえずお腹《なか》がいっぱいになればいいやと妥協しがち。それだけに、野菜不足を痛感しているのである。

野菜をてっとり早く食べるとなると最初に浮かぶのはサラダ。だが、野菜は生ではたくさん食べられないので、体にとってはあまりうれしくない。といって、できあい惣菜《そうざい》では概して野菜をおいしく食べられない。おひたし、煮もの、炒《いた》めものなど、野菜の実力を発揮する調理法は、本物のだしやいい調味料を用いてこそ真価があらわれるからである。

となると、家庭の台所で朝から作るのが一番だろうし、安上がり。でも、面倒くさいとおそれることはない。味噌汁《みそしる》に旬《しゅん》の野菜をざくざく刻み込むだけでいいのである。里芋、じゃが芋、長ねぎ、にんじんなどで箸《はし》が立つほど具だくさんにした味噌汁は、健康の源、商売繁盛、幸福の象徴なのである。

とはいえ野菜選びはむずかしい。新鮮に見えるだけでは合格とはいえない時代になってしまったからだ。生産性が第一だった高度成長期、天候に左右されず計画出荷ができるハウス栽培が増えたのはいいけれど、ハウス野菜は窒素肥料を過剰に与えられる。そういう野菜を食べ過ぎると、体に硝酸塩を取り込むことになり、健康をそこねる一因になるといわれている。

一方で、食料自給率低下をくい止めようと、農山村の活性化がはかられているが、東北も山陰も、新幹線から一歩でもはずれた地域では離農が多くて山が荒れているし、村は人けがない。営々と開拓してきたはずの北海道も元気がない。日本の野菜が直面している状況は、深刻である。だが、そんな中、こだわりの有機野菜作りに取り組んでいる人々がいる。おーい、日本の農村がんばれ！　と願うのだったら、都市の住人たちが、彼らの野菜や米や果物を買い支える以外に手はない。

さいわい宅配便の定着のおかげで、そういう農産物を宅配する組織や生産者が増え始めてはいる。でも、需要がなければ生産者は畑や田んぼを耕さないし、酪農家は牛を飼わない。また、椎茸《しいたけ》や山菜などの山の産物もいったん森が荒廃したらもう成長しない。中国産椎茸やねぎにセーフガード（緊急輸入制限措置）を暫定《ざんてい》発動し、関税でいくら国産品を保護しようと、一時的な気休めでしかない。わたしたち自身がこの国を見つめ直さない限り、新鮮でおいしい野菜は消えていくのである。

アスパラガス

食の世界ではよく新顔がデビューする。野菜でいえばモロヘイヤやエリンギが最近のもの。実はおなじみのグリーンアスパラガスも、意外や七〇年代から普及し始めたニューフェイス。それまでアスパラといえば、誰もが缶詰のホワイトアスパラをイメージしていたのである。

だけど、歴史的に考察すると、江戸時代から日本にあったというのだから楽しい。当時は松葉うどと呼ばれ、超人気の観葉植物だった。現代でも花屋さんでカーネーションなどと組ませる、あのオーガンジーのような葉こそ、アスパラガスの成れの果て、いや成長したお姿なのである。

もっとも「うど」と称するぐらいだから、芽の形も当然知られていたはずだが、ご先祖たちはアスパラガスを食べたことはなかったようだ。カロチン、ビタミンB・C、高血圧を予防するルチンが豊富だし、食物繊維もたっぷりで栄養的にすばらしいのに残念なことであった。

栄養ドリンクのTVコマーシャルですっかり刷り込まれたアスパラギン酸とは、アスパラから発見されたアミノ酸。いかにも効きそうな響きどおり、新陳代謝をよくし、疲労回復に効果大だから、その母体のアスパラガスをもりもりやればスタミナ作りには申しぶんなし。右肩上がりの高度成長期にこの野菜が広まったのも、それなりに理由があったのである。

ということで慢性疲労気味の現代人に愛されるようになったアスパラガス、秋にはオーストラリアやニュージーランド、冬は中米やアメリカ産と一年中輸入品が出回る。一方、国産品は春先のハウスものに始まり、やがて露地ものが旬《しゅん》を迎える。春に九州から始まるアスパラ前線が北海道に至るのは夏。その間にどこかでアスパラ畑に遭遇できたら幸福で、わたしの場合は、佐賀の有明海の干拓地のハウスアスパラや新潟・津南《つなん》高原の雪割りアスパラが忘れられない美味の記憶である。新鮮なうちがジューシーで甘味も柔らかさも最高だから、わたしは国産愛好派。それも太めサイズが群を抜いておいしい。

アスパラが黒土からにょきっと顔をのぞかせた姿は、土筆《つくし》の印象。野菜とはとても思えない可愛《かわい》らしさ。土筆より緑が鮮やかなぶんだけ、目に爽《さわ》やかで、姿もずっとスマートである。でも、食べるとなれば土筆程度では幼なすぎるし、うど並みではとうが立ちすぎ。頃合いが至難である。

訪ねたのは赤城山の裾野《すその》、群馬県沼田市郊外の西山正夫さん。元養蚕農家の西山さんが出荷するアスパラガスは、お父さんの親指から子供の小指の太さまで四段階。収穫後ただちに物差しをあて、農協の規格どおり二十六センチ長さに切り揃《そろ》えて百六十グラムずつテーピング。テープの色がサイズを示す。太い方から黄、紫、赤、緑の順で、太さに比例して値段も上がる。白帯は穂先が開き気味の半端品、軸が曲がったものは短くしてパック詰めにする。どちらも味に変わりはないのに等級はぐっとダウン。店頭で目にしたらお買い得である。

西山さんの種蒔《たねま》きは春。翌春植え替えて、芽が出てきたら株ごと掘り出して次の冬にハウスに移植。地下に電線を通して温めてやると次々に生え出し、四月まで採り入れできる。一日二センチも伸びるので、忙しいことこのうえなし。日に二度採りすることもしじゅうで、アスパラ農家の苦労はこの収穫作業に尽きる。なおホワイトアスパラは土をかぶせて色白に育てたもので、品種が異なるわけではない。このごろは夏に北海道産が出回るから、ボイルして食べると楽しいだろう。

食べ方はシンプルがいちばん。とにかく新鮮なうちにゆでれば、甘みが生きている。熱々をマヨネーズでかぶりつくもよし、ごまあえやキムチあえもいい。ゆでたものだと芳香が鼻をくすぐり、嚙《か》み切ったときのぷきぷき感も最高。ひと手間加え、黄身酢をゆでアスパラにからませるのもおいしい。黄身酢はいわば和風マヨネーズで、卵黄と砂糖を混ぜて湯せんにかけながら酢を少しずつ加えて練り上げたもの。繊維質のわりに柔らかいのもアスパラの長所である。

　また油との相性がよく、極めつけは天ぷら。太めのものの先っぽだけを用い、衣を薄くつけて揚げ、柑橘類《かんきつるい》を絞るか塩をつけるだけで食べると、アスパラの持ち味を楽しめる。といっても朝はとても無理。そこでソテーとなるわけだが、ときには卵黄を混ぜた味噌《みそ》をかけてオーブントースターで焼くだけの簡単田楽も楽しい。焼く前に油を塗っておくのがコツで、照りと旨味《うまみ》が出る。

　買うときは切り口を見ること。収穫のときに汁がとろりと滴《したた》るくらいジューシーな野菜なので、店頭でも切り口がみずみずしいことが絶対条件。すぐ食べない場合は、カットしてゆで、冷凍しておくのが賢い。なお、根元の固い部分は皮をむいて味噌汁やスープの実に活用しよう。

ＪＡ利根沼田営農部
tel 0278-50-6111
fax 0278-24-7485

いちご

あれやこれやお菓子ばやりなのに、全国トータルだと例のショートケーキがベストワン。純白の生クリームと真っ赤ないちご。紅白のご祝儀《しゅうぎ》っぽいところが魅力なのだろうか。和洋折衷といってはおおざっぱだが、華やかさに満ち満ちていることは確かである。

ところで、わたしの朝の定番は新鮮フルーツにヨーグルトをどばっとかけた一皿である。そこにいちごが加わったときの、ああっ、華やかなこと！　テレビの天気予報を見ているだけの朝が、姫のブレックファーストに変身する。

いちごミルクもわるくない。まず粒々をつぶす。そこに、節制中のあのあのあの！砂糖をストレス解消用にたっぷりふりかけ、いちごスプーン（底の平たいあれ！）でつぶして口に運ぶ。「朝の果物は金」の実践である。

いちごの原産地は新大陸。ディテールはよくわからないのだが、北米・バージニア産と南米・チリ産がヨーロッパで交配されて栽培種が生まれたそうだ。日本へは江戸時代末に、オランダ人が長崎に伝えた。アメリカではカリフォルニアが主産地だが、栽培農家の四割は日系人だそうな。栽培の面倒くささがかえって日本人向きなのかとも思うが、そのあたりの精神要因はよくわからない。ご存じの方、お教えください。

そのカリフォルニアいちご――温暖で年中収穫できるし、表皮が硬いから長距離輸送に耐える。国産品が不足する季節にケーキを彩《いろど》っているのは、この連中である。

でも、品質的には国産が有利。摘みたてがいちばんおいしいのだから……。だから、農家は、旬《しゅん》のおいしさのまま七五三、クリスマス、正月、卒業謝恩会のケーキに生かしたいと心が急《せ》く。需要アップのこれらの時季は高値だというのも理由である。

そんな次第で、早期出荷が急げや急げになって、いまはハウス栽培が常識である。露地ものでは、真夏の北海道でできる新品種ペチカが誕生した。いずれにしても、いちごに関して「旬」の概念は壊滅している。

品種だけは増えている。栃木の〔女峰〕〔とちおとめ〕、千葉の〔アイベリー〕、静岡の〔あきひめ〕などで、西の代表は〔とよのか〕。共通点は大粒で甘いうえ、平坦地《へいたんち》での大規模ハウス栽培が可能なこと。水田からの転換作物になるから農家には好都合である。減反政策がいちごをおいしくしていると明言できそうだ。

わたしの気に入りは〔とよのか〕。〔豊の香〕とも書く。暖地に向いているため、西日本ではずいぶん広まっている。艶《つや》やかなレッド、芳香、たっぷりの果汁が魅力である。

熊本の農業科学研究所長・中嶋常允《とどむ》博士と同乗し、阿蘇《あそ》の南麓《なんろく》・長陽《ちょうよう》村へ急いだ。若手生産者グループが中嶋農法の〔とよのか〕に取り組んでいるのである。

中嶋農法は、当年八十歳の中嶋博士の四十五年間の独自の研究に基づく。指導は健康な土作りから始まる。現代農法は多肥多農薬のわりに力不足で、中嶋先生のおめがねに適《かな》う土は千に一つもないそうな。それだけに、土壌の性質を見極めて徹底的に改造する。微生物いっぱいの土に変え、亜鉛、銅、マンガン、鉄などを過不足なく与えて、新たな命を吹き込む。

先生のお話に聞きいっているうちに、村に着いた。阿蘇の外輪山に囲まれているから、山村とはいえ景色はすこぶる雄大である。奥行きたっぷりのビニールハウスで迎えてくれたのは野田正敏さん夫婦。火山灰土壌なのに、完熟堆肥《たいひ》と微量ミネラルの補給の効果で、糖度十三度の甘いいちごが採れるようになった。

ハウスに入ると、もわーっ。土の匂《にお》いである。有機堆肥が温かいハウスでさらに発酵して熱を発している。いちごの甘ずっぱい香りが重なり、官能的ですらある。白い花の回りには蜜蜂《みつばち》がぶーんぶん。交配のために放たれているのである。

野田さんは「蜂のためにも、ハウスで働いている僕たちのためにも、そして、なによりお客さんのために、開花したら農薬は使いません」と、きっぱり。

足裏の柔らかな土の感触を楽しみながら収穫した。ルビーレッドに完熟した大粒。掌《てのひら》に受けると、思った以上のずっしり感。

長陽村の〔とよのか〕の旬は五月中旬までである。その間、おもいきり食べたいなら、熊本市のレストラン泥武士のオーナーシェフ・境真佐夫さんに相談するといい。

「いちごはビタミンCというのが常識ですが、料理にはクエン酸やリンゴ酸の酸味の方が大切。すっぱさと甘さが同時に弾《はじ》けるのが旨《うま》いんです」

まず、二つ割りにサワークリームを添えて喜《き》界島《かいじま》産黒糖をふったものが出された。クリームのコク、ピュアな黒糖と、うまくはまった三役ぶり。休日の朝食デザートに合う。

葉の緑、いちごのレッドが白い皿に映える一品は、いちごドレッシングでサラダ菜を楽しむ趣向。朝ごはんに爽やかだ。眼目のドレッシングは、いちごを粗く刻み、バージンオリーブ油、塩、こしょうとさっと合わせたもの。いちごのしゃきっとサラダ菜のしなっ、異なった二つの食感がよかった。

ホフ青山宅配サービスセンター

tel 03-3433-0230
fax 03-3438-0340

枝豆

和風の朝ごはんで豆といえば、煮豆が思い浮かぶ。いんげん、えんどう、金時、ふき豆、お多福豆といったところが不動のラインアップで、白、緑、赤、黒、茶と渋いわりに多彩。ほっこりとでんぷん質が歯に感じられるぐらい、よく煮たものがおいしい。

反対につるっとした食感を楽しむのが大豆系。ただの茹《ゆ》で大豆なのに味噌《みそ》の原料であることに引っかけて味噌豆と洒落《しゃれ》たのは江戸っ子で、芥子《からし》で食べるのは下町のお年寄りが喜ぶ朝餉《あさげ》の一品である。また、鉄火味噌や五目豆も大豆が主役。そういえば、日本海側では水でふやかした大豆を木槌《きづち》で叩《たた》いた打ち豆がよく使われるし、黒豆や青畑豆も大豆の一種である。味噌、醬油《しょうゆ》、豆腐、納豆に欠かせないことでもあるし、日本人は大豆愛好民族といえる。

大豆は、枝豆を完熟させてから採って乾燥させたもの。夏の畑で青々しているうちに枝ごと収穫してしまうのが枝豆で、野菜感覚で食べるようになったのは鎌倉時代、あるいは江戸時代からともいわれる。塩ゆでをむしゃむしゃやれば、即、力の源になる。なにしろ大豆が畑の肉なら、枝豆は畑の若肉。たんぱく質はじめビタミンB_1・C、カリウムなどが豊富で、栄養価は十二分なのである。

諸国のお百姓さんはみんな努力した。できのよい豆だけを種豆として選抜し、郷土色あふれる品種を作り上げた。代表は山形県庄内地方（鶴岡市周辺）のだだちゃ豆や新潟県下越地方（新潟市周辺）の黒埼《くろさき》茶豆。ともに薄茶色の産毛《うぶげ》と薄皮をもち、くらりとするほど濃厚な香り、野太い甘味、充足感あふれるコクが共通。ルーツは同じらしい。美味度は甲乙つけがたいが、季節感ではだだちゃ豆が一歩まさる。早生種、晩生種もあるが、本命の中生種は八月半ばから月末までの二週間だけである。

そこで、旧盆が明けたばかりの庄内へ。鶴岡駅から北へ車で十分の安丹《あんたん》。鯉《こい》が泳ぐ池、灯籠《とうろう》、白壁の蔵。安丹枝豆組合長・佐藤恵一さんの家は庄内藩時代の大農家をほうふつさせ、鷹《たか》狩り帰りのお殿様が寄っても不思議ない構えだった。

そういえば、だだちゃ豆という風変わりな名前は殿様に因《ちな》む。明治後半、小真木《こまき》という集落の枝豆名人だだちゃ（おやじの意味の方言）が豆を献上。そのおいしさに殿様は「あのだだちゃの豆が食べたい」とリクエストしたので、枝豆イコールだだちゃ豆と呼ばれるようになったらしい。現代は、だだちゃといえば白山だだちゃが最初にあがる。白山という集落にも明治の末、熱心な豆農家がいて、名を高めたのである。このほかにも集落ごとに、風味の微妙に異なるだだちゃ豆がある。同じ庄内でも、土壌や水質、栽培法によって違いがでるせいである。

安丹は、味で売出し中の集落。もともとは米作地で、だだちゃ豆は自家用だったのだが、昭和四十五年ごろ、米余りで減反がすすめられたのを機に十六戸で枝豆組合を結成。低農薬を心がけ、有機堆肥を用い、排水パイプを畝《うね》に埋めるなど工夫を重ねた。その結果、需要に追いつかないほどの人気ブランドに育ったのである。

あらためて佐藤さんの庭を見回してみたら、納屋《なや》の軒になにやらドライフラワーがずらり。近づいて、納得。種用のだだちゃの枝を逆さに吊《つ》るしているのであった。

「種泥棒がでるからおちおち寝てられん。種は春に蒔《ま》いて、発芽したら定植します。収穫できるのはちょうどいまごろだね」

やんちゃな日焼け顔が、冬は蔵王でスキーコーチという元気な暮らしぶりを伝えてくる。この佐藤さんはじめ、組合員は団塊世代がメイン。毎日四時起きで朝採りし、一把ずつ枝を束ねるハードな作業も夫婦単位。だから、家庭円満だそうである。

軽トラで案内されたのは金峰山《きんぷざん》を望み、風が吹き抜ける広い畑。仲間の藤原さんや三村さんも手間のかかる収穫を一緒に実演してくれた。枝豆は食味が低下しやすい。鮮度保持のため、面倒でも根付きで出荷するのが佐藤さんたちの主義である。

地下足袋の三人がえいっと抜いた豆を、佐藤さんのおかあさんに塩ゆでにしていただくことにした。まず、枝から莢《さや》をはずす。最初は水でごしごし。表面の産毛を落とすのである。ひょうたんのように胴がくびれた小柄な莢。豆は二粒。発見だった。佐藤さんが「普通の枝豆が三粒なのは品種改良のせい。安丹では伝統種を守り伝えてきたから二粒のまんまなの」と目《め》尻《じり》を下げた。

　そのだだちゃ豆を、塩を落とした沸騰湯へどさっ。落としぶたをし、しばし見まもる。莢に割れ目がでたらゆで上がり。ざるにあげ、冷水をざあざあかける。そこへ塩を力士のように振り、うちわをぱたぱた。濃くて、甘くて、土臭い豆の香りが立ってきた。もう待てない。歯でしごくと舌に転がる軽やかな食感。顎《あご》を動かすたびに、懐《なつ》かしい甘味とコクが口中にひたひた広がってくる。さらに、豆まま（だだちゃ豆の炊《た》き込みご飯）、豆汁と呼ぶ莢ごと入れた味噌汁、そばがきのずんだかけ（すりつぶしてピューレにしたものをずんだという）が次々と作られる。

　この旅のあと、安丹から取り寄せて作る豆ままのおにぎりと豆汁は、年に一度の贅沢《ぜいたく》朝ごはんメニューになった。

安丹枝豆組合・佐藤恵一

tel & fax 0235-22-5232

かぼちゃ

「こればっかしだった」と耐乏時代を嘆く世代は抵抗するけれど、カロチン豊富でビタミンたっぷり。これほどヘルシーな野菜はない。ざっくり切って電子レンジでチンし、バターをのせてもりもりやれば、それだけで元気を保証できる。料理写真の大御所・佐伯義勝先生は朝ごはんに欠かさない。そうと知って、わたしも真似《まね》するようになった。

消費量も伸びている。国産が品薄の冬場にはメキシコ、ニュージーランド、トンガなどから輸入されるので一年中、身近である。

かぼちゃは、中南米原産のウリ科の野菜。種類はいろいろあるが、食用に日本で栽培されているのは、日本かぼちゃ、西洋かぼちゃ、ペポかぼちゃの三種。最初の渡来は水気が多く、皮に溝がくっきり刻まれている日本かぼちゃ。戦国時代にポルトガル船が伝え、そのときカンボジア経由でやってきたためカンボチャ、転じてカボチャと呼ばれるようになった。そして幕末になると、ほくほくした西洋かぼちゃが伝来。ペポかぼちゃはこの親戚《しんせき》で、ズッキーニやそうめん状に身がほぐれる金糸うりも同じ系統である。

現代の需要はもっぱら西洋種。栗かぼちゃの異名どおり、ほっこりした粉質なので、料理から菓子までオールマイティである。この品種、つるんとした肌に偏平な球体は共通だが、皮の色は多彩。青（緑）皮、黒皮、赤皮とあるなか、最近目につくのが白皮系。北欧の雪景色を想《おも》わせるシックなグリーンホワイトで、雪化粧、白爵《はくしゃく》などの品種があり、北海道産が多い。西洋種はもともと冷涼な気候を好むそうだから、北の大地では新顔も盛んに生まれているのだろう。

初秋、新千歳空港から向かったのは石狩平野の北にある新十津川町。明治半ば、大水害で故郷を離れた奈良県吉野郡十津川村の人々が営々と開拓した米作地帯だが、米価低迷で畑作に取り組む農家が増え、雪化粧かぼちゃはその作物の一つとなった。

かつて炭鉱で賑《にぎ》わった美唄《びばい》、砂川を通過すると新十津川町はすぐ。両側はとりあえず稲田が続いているが、そばの花の純白、ひまわりの濃い黄色がちらちらと目に飛び込んでくる。減反の証《あかし》の光景なのだろうか。花月という集落に着いた。奈良の母郷をしのばせる風雅な地名である。その奥まった一角が広田幸雄・幸吉さん親子の畑。半世紀かけて荒れ地を開いた七ヘクタールで、かぼちゃ畑は山の上。熊笹《くまざさ》が茂り、キタキツネやタヌキがひょいと横切りそうな山道を軽トラで登ると、眼下に滝川や砂川の街が広がり、南西には神の山・ピンネシリ岳。ひやっと気持ちのよい風が襟を抜けていく。

かぼちゃはどこだろう。見回しても蓮《はす》に似た葉ばかりで、まるで魚眼レンズで眺めた蓮畑のよう。きょろきょろしているわたしに、野球帽の似合う幸雄さんが膝上《ひざうえ》まである葉をかき分けながら、葉陰の下をにこにこ指差した。かがみ込んでみると、ごろり、ころりん。シンデレラの馬車にぴったりの白い大きなかぼちゃが蔓《つる》の先に転がっていた。三キロはありそうだ。叩《たた》いてみると、和太鼓のような張りのある音。といって幾つもあるわけではなく、一本の蔓に一つだけ。父親似の幸吉さんが、「蔓の十節目あたりに一個だけ付くように剪定《せんてい》してやると、でっかくてうまいのができるんですわ」と誇らしげに教えてくれた。

なるほど。メロン栽培と同じく、数より質を重んじるのである。これは永田照喜治《てるきち》さんの農法だった。永田さんは実践に裏付けされた独自の農法を世界中の生産者に指導している農業研究家。植物の生命力を最大限に引き出すのがこの農法の特徴といえようか。だから、その土地に最適な作物を厳選するし、農家の主人の感性まで見極める。広田ファームの場合——小石混じりの水はけ抜群の土壌で、風通しがよくて病害のでにくい山上の畑、西洋かぼちゃ好みの冷涼な気候、親子揃《そろ》って働きものでおおらかな性格。この一家には、高品質かぼちゃの栽培がうってつけだったのである。

開花後、実がなったら畑でじっくり約六十日おく。樹なりで完熟させるためで、収穫は九月二十日頃から。いまはそのちょいと前なのだが、試しにへたに鋏《はさみ》を入れさせてもらう。樹上完熟の証拠として、枯れ枝を切るような感触が伝わってきた。

出荷は、収穫後一カ月ほど納屋《なや》で寝かせて風乾《ふうかん》し、糖度とほくほく感を高めてからである。糖度は七度以上あり、高いものは果物並みの二十度にもなるそうな。日持ちがよいので、台所に備えれば冬の緑黄色野菜として頼もしい。

食べ方だが、朝は電子レンジがいちばん。加熱し、艶《つや》やかな黄色に歯をあてるとほこほこっ、とろっ、スイート。バターをつければ美味が極まる。前夜から煮ておく場合もこのかぼちゃだったら、だしと砂糖は不要。塩ちょっぴりの熱湯でふっくらと煮、最後にしょうゆをちょろり。一晩おいて味が染《し》みたのを頬ばると、とんぼが舞う北の大地のかぼちゃ畑が目に浮かんでくる。

りょくけん

tel 053-428-5100
fax 053-428-3399

北島農園＊

tel 0166-87-3304
fax 0166-87-2751

キャベツ

連想ゲームなら「キャベツ?」の答えは、きっと胃薬だろう。「胃にいい」と、日本中の誰もがなんとなく承知しているからで、その真実は――ずばり正解。キャベツは胃や十二指腸の潰瘍《かいよう》に効くビタミンUを含み、ビタミンCもたっぷり。つまり生体調節機能(抗変異原性、抗潰瘍性、抗アレルギー、血圧調節など)のうちの抗潰瘍性《こうかいようせい》を備えたスーパー野菜なのである。

ルーツはヨーロッパ海岸部の野生アブラナ科植物・ケール。栽培化がすすむにつれ、大きく結球するよう改良されて北ヨーロッパや米国へ広まった。ケールが分化していく過程で花蕾《からい》が発達したのがブロッコリーやカリフラワー、わき芽を摘むようになったのが芽キャベツ、茎が肥大したのはコールラビ、色変わりは紫キャベツと、キャベツファミリーは個性さまざまだ。

そのドンたる結球性キャベツの渡来は、幕末である。需要は長崎や横浜など外人居留地に限られていたが、やがて日本人にも普及。明治半ば、銀座の洋食屋がトンカツの付け合わせとして着目してからは栽培も品種改良もとんとんと進み、日本の野菜の大黒柱になった。一年中入手でき、どんな料理にも向く万能ぶりが愛されているのは、阪神大震災後、被災地へ送られた野菜のトップだったことからもわかる。

朝食にもおすすめで、ざくざく切ってフライパンで炒《いた》めればソーセージや目玉焼きの付け合わせになるのはもちろん、ぬか漬けにしてもおつな味だし、塩もみ、サラダにも重宝。購入するときは、カット売りより丸ごと買った方が日持ちするから、まとめ買いするといい。

ところで、キャベツが春夏秋冬いつでも出回っているのは産地が移動しているおかげ。冬から春にかけては神奈川、愛知、千葉などの温暖な半島が特産地。夏から秋には、涼しい北海道、群馬の嬬恋《つまごい》や長野の野辺山などの高原から出荷される。

三月上旬の神奈川県・三浦半島。京浜急行の終点、三崎口《みさきぐち》で下車し、青い海へ向かって走り出す。と、その道筋がすなわちキャベツロード。遠見には単になだらかな緑の丘陵なのに、近づいて車を停めるとすべてキャベツ、キャベツ、キャベツ……。

キャベツ畑は表情豊かだった。結球の形がひとつひとつ個性的だからである。ギャザースカートを逆さにしたような外葉にガードされて、緑の球形が天を仰いでいるのは共通だが、ひだの寄り方、球の巻きぐあい、葉の色の濃淡が少しずつ異なる。気の早いモンシロチョウが飛んできたり、アオムシやコナガが葉裏から現れたりと、にぎやかな畑でもある。

小網代地区、重田輝清さんの畑。九月末に種蒔《たねま》きし、発芽した苗を十月終わりに定植して四カ月あまり——。堆肥《たいひ》たっぷり、農薬なしで丹精してきたキャベツが成長し、早朝から一家で収穫のまっ最中である。取り入れは、包丁で結球部だけを根元からざっくりと。巻きの様子を確かめながらのしんどい中腰作業が昼まで続き、午後から出荷。しっかり巻いて目方ずっしりが良品だそうな。「すぐ食べてもらいたいねぇ。甘いし、やわらかいし」と差し出されたひと球。ためらわず一枚はがしてほおばると、しなやかなのにシャッキリした歯あたり。青い香味の奥に潮風のにおいが広がった。

塩漬けを発酵させたザワークラウトとかロールキャベツといった具合に、キャベツは時間をかけた漬物や煮込みにいい味を出すのだが、産地の女性は手早く作れるメニューに知恵を絞る。忘れがたいのは高原キャベツのふるさと、信州・野辺山の黒岩和子さんの三品。超クイック料理でボリュームたっぷりだった。

ホットサラダは手でちぎり、電子レンジにかけてしんなりさせ、熱いうちに酢、ごま油、オイスターソース、醬油、白ごまを混ぜたドレッシングをかけるだけ。朝から食欲をそそるし、冷めても美味なので多めに作っておくといい。

ザーサイ炒めはねぎと生姜《しょうが》を炒めて、香りがでたらチンゲンサイ・キャベツのざく切りを加え、最後にザーサイを。塩、こしょう、みりん、醬油で薄味をつける。

焼きビーフンはキャベツたっぷりがヘルシー仕立ての秘訣《ひけつ》。にんにく、玉ねぎ、ひと口大に切ったいかとソーセージを順に炒め合わせ、細切りキャベツともどしたビーフンを加える。スープを少量さし、火が通ったら、別に作っておいた炒《い》り卵をひと混ぜして、塩、こしょう、みりん、醤油で調味してできあがり。ビーフンはそうめんやうどんに替えてもおいしく、スパゲッティでもいい。

そういえばスパゲッティのとき、わたしはめんと一緒にキャベツの葉をゆでてしまう。めんが半ゆでになった時分にちぎった葉を加えてゆで上げ、そのまま汁をきってオリーブ油をたらり、パルメザンチーズをパッパッ。塩、こしょうあるいは一味唐辛子かカイエンペッパーで調味してすすり込めば至福。時間がない朝のめんメニューにお試しを。

ホットサラダ

特産・三浦野菜生産販売連合

tel 0468-88-3151
fax 0468-89-4165

リゾートイン黒岩荘
黒岩和人・和子

tel 0267-98-2264
fax 0267-98-3050

きゅうり

朝の漬物にきゅうりがあるかどうか。これは一日の気分に大きく影響する。軽やかな緑、しんなりしながらしゃっきりした食感。青臭い瓜《うり》くささは郷愁にまでつながっている。わたしもそろそろわかる年齢になったのだが、そんな臭《にお》いが日本人には精神安定効果があるようだ。思いきりおおざっぱに言えば、日本人のアイデンティティはきゅうりにあるといえるのかもしれない。

証拠の第一は世界でもトップレベルの消費量。外食の場合、かなり意識しないと野菜を充分には摂《と》れないものだが、きゅうりだけは不思議なほど身近である。定食の付け合わせにはきゅうりの漬物が欠かせないし、コンビニ弁当やサラダにも付いている。あのハンバーガーにだってピクルスが挟まれているじゃありませんか。

でも、江戸時代は今と反対。切り口が将軍家の三葉葵《あおい》紋に似ているために食用には敬遠されていた。きゅうりは葵が枯れた明治から大変身した野菜なのである。

中国では黄色の完熟きゅうりを好むせいか黄瓜と書く。これを「きうり」と読んだのが和名の由来である。八百屋の札に胡瓜と記されているのは、西域から入った瓜ということで、胡桃《くるみ》、胡椒《こしょう》などと語源は同じ。きゅうりの場合、日本へは六世紀頃に伝わって黒いぼ系と白いぼ系が競い合ったが、結局、白いぼ系が全国に普及した。皮が柔らかくて歯切れがよく、爽《さわ》やかな多肉多汁質――そのいずれもが、もぎたてをかじりたい日本人の嗜好《しこう》に合ったのであろう。

その後、改良が進むと、今度はブルーム対ブルームレスの市場争いとなった。ブルームとは表面にうっすら付いた白い粉で、表皮細胞が変化した物質。これが付いているのは新鮮な証拠なのだが、農薬と勘違いされて嫌われてしまい、ブルームレスが圧勝する。ブルームレスは皮が固いので出荷に便利なうえ、どこを切っても同じ太さの円筒形。濃緑色のピカピカ肌が長持ちするのも流通上の利点である。

現在、きゅうりはこの品種が一般的となったが、われら消費者の舌もまんざら捨てたもんじゃない。漬物にはブルームレスだと塩がしみ込みにくいし、皮が固いのも難というので、昔のブルームきゅうりへのコールがちまたに起こり、再びブルームタイプが生産されるようになったのである。都心のスーパーでも夏には二タイプが並ぶことがあり、二～三割がた高いにもかかわらず、ブルームの方がよく売れている。このブルームタイプを手がける生産者には無農薬にこだわる人たちが多いのもうれしい。

なお、もろきゅうは品種名ではなく、若採りのきゅうりである。また、市場には出回らないけれど、完熟させたきゅうりは煮物や炒《いた》めものに美味。田舎の親戚《しんせき》から分けてもらうとかして、ぜひ試していただきたい。

ところで関東のきゅうり産地といえば熊谷《くまがや》である。寒暖の差の大きい内陸型気候がきゅうりの甘味を高めるため、春先から市場の人気を集めている。

熊谷駅から車で三十分の埼玉県北西部・熊谷市郊外。原口善三郎、和彦さん父子がハウスでブルームレスを栽培していた。骨粉、魚粉入りの酒粕《さけかす》を混ぜた有機土で育て、苗木のときから酒粕入りの水を与えて可愛《かわい》がる。その後、かぼちゃの台木にきゅうりの若木を接《つ》ぎ木する。支柱を立て、まるで盆栽のようにていねいに鋏《はさみ》で整え、水やりに気をくばり、日光浴をさせてやって初めて、すんなり美人の実が付くのである。

熊谷の夏は疫病退散の伝統行事――うちわ祭りから始まる。この季節、原口家でよく作るのは冷や汁。味噌《みそ》味の冷たいごまだれ汁に朝摘みきゅうりの薄切りをぎっしりと浮かせたもので、みずみずしさがご馳走《ちそう》。味噌汁代わりというかそれ以上の味だから、ご飯がすすむことうけあい。めんのつけ汁にしてもおいしい。

朝食には、においが少々気になるが叩《たた》ききゅうりのにんにく味噌添えや、にんにくと生姜《しょうが》風味の塩漬けもおつ。きゅうりは九十五パーセントが水分。新鮮品はビタミンC、カロチンのほかカリウムに富み、体内の余分な水気を除く効果もあるので、高温多湿の日本の夏にはうれしい野菜なのである。

東京・経堂で料理教室を開く引頭《いんどう》佐知さんに習ったのは、手軽ながら小粋《こいき》な風情《ふぜい》の三点。朝食にうれしいものばかりであった。おかか和《あ》えは、板ずりきゅうりの小口切りを醬油洗いし、細かく揉《も》んだ削り節をたっぷりまぶす。ごま酢和《あ》えは、板ずりきゅうりの蛇腹切り、甘酢味の白きくらげ、含め煮椎《しい》茸《たけ》のせん切りを合わせるのだが、下味をしっかりつけるのがコツ。ごま酢は、あたりごまに酢、みりん、砂糖、塩で調味し、好みによって薄口醬油を混ぜる。

即席松前漬けは、昆布風味の漬け醬油にもろきゅうのぶつ切りを五分ほど漬けてからキーンと冷やす。漬け醬油は前夜のうちに酒と水各少々で割った醬油に一センチ角のだし昆布を一〜一時間半浸し、昆布の風味を移しておいたものである。

追加情報だが、きゅうりはすりおろすとビタミンC分解酵素が働きだすから、野菜ジュースにするときはレモンをぎゅつが秘訣《ひけつ》。酸が酵素を抑えてくれる。

もろきゅうの即席松前漬け

ＪＡ熊谷市
tel 0485-21-6061
fax 0485-26-1220

ごぼう

ごぼう料理ランキングでは、今やきんぴらよりもごぼうサラダと答える方が多くなったのではないだろうか。それだけ食べ方が多様化しているわけだが、ごぼう好きのわたしとしては、ともあれ需要が伸びているのでひと安心。食物繊維が豊富で、低カロリー。ヘルシー志向の食卓にフィットした野菜でもある。

それに、朝食にごぼうをしゃきしゃき食べると、気持ちがしゃっきりしてくるから不思議。顎《あご》を使うと目がさめるらしい。食べものすべてがソフト化している時代だから、顎をしっかり使う食感が新鮮ともいえる。土の香りも、都会暮らしにとってはたまらない郷愁である。

でも、ごぼうを愛するのは日本人だけで、欧米人には木の根っ子としか思えないらしい。つまり、ごぼうサラダはいくらマヨネーズやドレッシングで和《あ》えても、和食の感覚だということ。ナショナリティを意識させてくれるとは、ごぼうという野菜、大いなる存在感の持ち主なのである。

ごぼうはユーラシア大陸北部の原産。日本へは薬草として渡来し、作物化されてきたのだが、各地の土壌や耕土に合わせて長根と短根に分化した。長根の代表は滝野川系。

江戸初期から東京・滝野川で栽培され、いまもメイン品種になっている。一方、短根の代表は京野菜の堀川ごぼう。長さが滝野川の約半分、太さが三倍もあり、芯《しん》は空洞。なお、千葉県八日市場市の大浦ごぼうは関東産だが堀川ごぼうより太い。

しかし最近はカットごぼうが増え、泥付きを店先で目にするのも稀《まれ》。中国、台湾へ種子と技術を運んで栽培・加工し、逆輸入しているのである。でも、「皮をむいては駄目、こそげること」という鉄則があるように、ごぼうの香りの元は表皮の近くに秘められている。やはり泥付きを調理直前に洗うのが一番だろう。

北の産地へ向かう。飛行機が降下し始めると、眼下に十勝平野が迫ってきた。馬《ば》鈴薯《れいしょ》、大豆、小豆、ビート、とうもろこし。パッチワークのように畑が隣合う美しい景色だが、ごぼう畑はいったいどれ？　何色？　泥付きごぼうを求めながら、地上の葉の生態は知らないまま旅に出てきてしまったのである。

目ざす和田農園は帯広空港から至近。到着してすぐ、がっしりした体型に黄色のつなぎ姿の和田政司さんにごぼう畑の色を尋ねると「うーん。緑、いや黒かな」と、返事がスムーズでない。広大な畑に案内されて、ようやくそれが納得できた。向かって右手は、ふきに似た大きな葉が繁《しげ》る緑の畑で、一方、左手は葉を刈り終えて黒土あらわ。すなわちごぼう畑は、緑と黒の二色でワンセットなのである。

「つまり、こうして収穫するわけです。最初にチョッパーという機械で葉をがしがし刈り取り、次にハーベスターで地中の根をわしわし掘り起こすんです」

話は収穫法から農園の歩みに広がった。開拓農家の三代目。ごぼうを手がけて十年。和田さんは二十名のスタッフを抱える経営者でもある。

「開拓当時の豊かな土を守るのが目標。安全でうまい野菜は土質次第だから、土壌分析をくりかえし、ミネラル分は米ぬかや海藻などの有機肥料で足してやるんです」

「除草剤はゼロですが、その代わり草取りが大仕事。はびこったやつを抜いているうちに、あっというまに日が暮れちゃうんです」

こうして丹精してきた黒土だから、手にとればほろほろほぐれ、歩けばずぶずぶ足がめりこむ。土壌に微生物が生息している証《あかし》である。

そこへ一畝《うね》掘り終わったハーベスターが唸《うな》りをあげて近づいてきた。トラクターの後ろに掘り取り器をジョイントさせてあり、葉なしごぼうの首根を歯でくわえ込んでは地中から抜き上げ、荷台に吐きだす。地表に引き出された一メートルもの長身ごぼうは恥ずかしげにひげ根をふるわせている。運転席へよじ上ると振動が激しい。震度五は確実だろう。

だが、こんなパワフル・マシンを使いこなしても、三十三ヘクタールの畑のごぼうを抜くのは三カ月がかり。正月向けの出荷をすませて一息つくと、次は春ごぼうの収穫が待っていて、そのまま種播《たねま》き、草取りと続いていくのである。

そこで深呼吸。土の匂《にお》いの奥に、笹《ささ》がきごぼうの爽《さわ》やかな香りがあふれている。わたしは柳川鍋《なべ》を連想し、隣の和田さんにつ い口走ってしまった。すると「うちのごぼう、柳川という品種です」という答え。まさかと思ったが本当だった。

それなら、と試食になったのだが、イチオシはなんと生のスライス。アクがなく、糖度が普通のごぼうの二〜三倍あるため生食がおいしいそうで、口に入れるとしゃっきりしゃきしゃき。その後に甘味と旨味《うまみ》がわきあがってくる。ただ切るだけでこの美味とは、なんとうれしいことよ。

ぶつ切りをたれでからめたかば焼き風、きんぴら、卯《う》の花煮は朝餉《あさげ》の熱々ご飯と相性よしだろう。次々に味わい、しめは砂糖煮を芯にしたごぼうチョコ。これは十時のおやつにとっておくことにした。

和田農園
tel 0155-64-4732
fax 0155-64-5348

小松菜

近頃、見直されているのが小松菜である。ポパイのスタミナ源というほうれん草に比べ、謳《うた》い文句がないところで損しているが、ビタミン、カルシウム、カロチンは負けず劣らずの数値。ほうれん草より日持ちしてくれるのもうれしい。

また、ほうれん草よりアクが少ないし、茎はさわさわした歯ざわりなので、漬物にするにもうってつけ。煮物、おひたし、汁の実に活躍してくれるのは当然だし、それになにより、われら江戸っ子にとっては正月の雑煮に不可欠の存在。東京の雑煮は別名〝菜とり〟雑煮ともいうくらいで、菜とは小松菜、とりとは鶏のことである。正月のたんびに小松菜で新年をことほいできたのだから、いわば年取り野菜ともいえるお馴染《なじ》みなのである。

小松菜の由来、そもそもは江戸時代初期に始まる。中国から伝わったアブラナ科ツケナの一種〝茎立《くきたち》〟が江戸近郊で広まり、下総《しもうさ》国葛飾《かつしか》郡小松川村（江戸川区中西部の荒川沿い）で新種が開発されたのである。小松川村のお百姓たちは鷹狩《たかが》りにきた将軍綱吉（吉宗という説も）へすまし汁の実にして献上したそうな。将軍はおおいに気に入り、地名に因《ちな》んで小松菜と名をたまわったのである。

以来、成長が早くて栽培が楽、寒さに強い性質も味方して、大出世。いまや雑煮の具はもちろん、オールマイティな緑黄色の葉ものとして、冬の人気野菜の筆頭である。

師走《しわす》の早朝。畑へ向かうのは石亀義一さんと奥さん。発祥地の小松川から少し東に寄った鹿骨《ししぼね》で、小松菜を代々作ってきた。昭和二十六年頃まではリヤカーで築地市場へ運んでいたというから、まさに小松菜一筋の人生である。鹿骨は地下鉄東西線葛西《かさい》駅から車で十五分、JRなら小岩または新小岩駅から同じく三十分。便利とはいえない立地が宅地化をゆるやかにしたおかげで、小松菜生産量全国一を誇る江戸川区の中でも主産地になった。

石亀さん夫婦の畑は八百坪。無農薬で作っている。界隈《かいわい》ではハウス栽培が進んでいるが、「じかに太陽にあててやりたい」と、露地栽培にこだわる。なかでも冬の菜がおすすめで、霜に耐えた葉はひときわ甘味とぬるみが増しておいしくなる。

小松菜は畑でふとんをかぶっていた。虫よけと風よけ兼用の和紙のシートで、めくると下は一面、緑のさざ波。十月に種蒔《たねま》きした小松菜で、大人の掌《てのひら》サイズに生え揃《そろ》い、しゃもじ形の葉が朝日にきらめいている。

「小松川の小松菜といえばなあ、昔から五寸（十五センチ）ぐらいに粒が揃うのが自慢なんだよ」だそうで、いまはいちばん頃合い。伸びすぎては値打ち半減なのだ。

ところで、小松菜はヘルシー度が再評価されて市場価値は上がるわ、成長が早くて周年栽培もOKと、農家にとっても魅力の野菜。福島県いわき市田人町《たびとまち》の荒川光弘さんは、十年前から無農薬のハウス栽培に取り組んでいる。

「この土地は空気と水がいいし、昼と夜の温度差もちょうどいい。野菜作りには最高なんです」

ハウスは、常磐《じょうばん》の海が遠くにきらめく山間部にある。新特産野菜にしたいとの意気込みどおり、荒川さんの小松菜は江戸川区のものよりスマートでのびやかだった。長さは三十センチほど。茎のライトグリーンが爽《さわ》やかで、葉裏の葉脈がくっきり浮き出ている。

「小松菜の味は水のやり方次第。多すぎても足りなくても駄目なんです」と語る荒川さんの脇《わき》で、おかあさんと奥さんがせっせと収穫しては束ねていた。ハウスだから、一年中育つけれど、甘味が増すのはやはり冬場だそうである。

その収穫したての束を抱えて急いだのは、いわき市の料理研究家・志賀京子さんの教室。さっそく教わったのは鮮度を生かして手早く作る産地ならではのメニューだった。

煮びたしは、がんもどきと組み合わせたおふくろの味。小松菜を食べやすい大きさに切り、油抜きしたがんもとサラダ油でさっと炒《いた》め、酒、醬油、みりん、砂糖、だしで調味して、仕上げにしらす干しを混ぜる。翌朝までおけば味が染《し》みてさらにおいしいはず。

スープには、干し貝柱の旨味《うまみ》がたっぷり。ねぎ・生姜《しょうが》のみじん切りをごま油で炒め、小松菜のざく切りを加える。戻した干し貝柱を戻し汁ごと入れ、スープの素、酒、塩、こしょうで調味してから、水溶き片栗粉でとろみをつけ、最後に溶いた卵白を回し入れる。貝柱を前夜から戻してさえおけば、朝でも気軽にトライできる中華風スープである。

もひとつ、わたし流のさらにスピードアップしたトマト入り洋風スープをご紹介しよう。玉ねぎの薄切り、小松菜・トマトのざく切りをオリーブ油で炒め、水を加えて塩、こしょうし、パルメザンチーズをパッパッ。これでもうできあがり。好みで牛乳を加えればいっそうマイルドになる。

煮びたし

石亀義一
tel 03-3679-5860
荒川光弘
tel&fax 0246-69-2107

さつま芋

朝ごはんとかけて、さつま芋と解く。その心は、食物繊維が豊富。教えてくれたのは先年九十八歳で亡《な》くなられた実践栄養学の長老・香川綾先生。拙著『日本の朝ごはん』（新潮文庫）にも登場していただき、その取材のなかでわたしは毎朝、必ず焼き芋を召し上がっている先生の食事風景を目《ま》の当たりにした。以来、わたしが朝食に焼き芋を欠かさないのはもちろんである。お腹の通りがよくなるのは無論のこと、それよりなにより先生の積極的な生き方の象徴と思えるのだ。焼き芋が、である。

「九里四里旨《うま》い十三里」という台詞をご存知だろうか。焼き芋屋の引き文句で、いわずと「栗より旨い」の駄洒落《だじゃれ》である。この十三里は別格としても、さつま（薩摩）芋には異名が多い。甘藷《かんしょ》、唐芋、琉球芋《りゅうきゅういも》。いつのまにか伝来ルートまで浮かび上がってくるのが楽しいところ。新大陸生まれのこの芋、ヨーロッパからマニラ経由で中国入り。沖縄（琉球）、南九州（薩摩）と北上し、江戸中期には蘭学者の青木昆陽が救荒作物として栽培を奨励したため、各地へ普及した。

甘藷先生こと青木昆陽が惚《ほ》れこんだのはエネルギー源になるでんぷん質の豊富さ。これに加えて近年は食物繊維、ビタミンC、カリウムが多いと判明。またさつま芋のビタミンCは特殊なタイプなので、加熱調理しても六割がたは壊れない丈夫さ。香川綾さんが焼き芋に惚れ込んだのも、このためなのであった。

ところで各地にはさつま芋どころが結構多い。四国の鳴門金時をはじめ、茨城、鹿児島などに名物芋があるけれど、これらの土地に生産量では譲るものの、江戸元禄期からの伝統と味を誇るのが石川県。日本海に面した五郎島町と粟崎《あわさき》町が産地で、五郎島金時の名で出荷されている。最近、京野菜に対抗して生まれたブランド「加賀野菜」のひとつでもある。

この五郎島金時、そもそもは薩摩から持ち帰った種芋がルーツ。で、現在の品種は高系十四号というほくほくタイプで甘味もたっぷり。これを母株にし、初夏、ウイルスにかかっていない健康な苗を定植すると八月末には成熟、十月半ばから旨味がのり始める。収穫後はただちに高温高湿の室に入れて表皮の雑菌や傷をクリアし、そのあと低温貯蔵する。この「キュアリング処理」により、市場でも掘りたての味として並べられるのである。

金沢市民の台所・近江町市場。五郎島芋を買い込みすぎて、ついつい籠《かご》を重くしてしまうのは青木悦子さん。料理学校の校長であり、郷土の味の探究家。加賀野菜を愛する心は誰にも負けない。

青木先生が案内してくれた芋畑は金沢の北西十二キロ。金沢港と河北潟《かほくがた》に挟まれ、五木寛之の小説『内灘夫人《うちなだ》』の舞台・内灘砂丘に隣り合う海べり。江戸の初め、藩主のお声がかりで始まった開墾地である。

いまは宅地化進行中ではあるものの、松林に囲まれた畑には一面に緑の蔓《つる》が這《は》い茂り、スプリンクラーのしぶきが爽《さわ》やか。靴がめり込むような砂地の感触。屈《かが》むと、指先に触れた土がしっとりはらり。この肌理《きめ》細かな砂泥が美味の秘密である。

さつま芋は砂地が大々好き。鳴門金時も鳴門わかめが干されている海辺の砂地が畑だったっけと、鳴門海岸を思い出していたら、青木先生が「適度な水はけが成育にぴったりなの。といって、砂ならなんでもいいわけじゃなく、粒が大きすぎると土が乾燥しやすいし、細かすぎると通気性に欠けるんです。その点、ここ五郎島の砂は最高」とお国自慢をひとくさり。五郎島の砂はさつま芋好みの粒子なのであった。

最近は機械収穫が進んでいるようだが、さつま芋は手で掘ってこそ楽しい……遠足で芋掘りした頃を思い出しながら、畝《うね》の茂りを払い、蔓を引っ張ると、鮮やかな紅芋がぞろぞろ。腰を伸ばして松林を仰ぐと、日本海の青空が広がっていた。

ちなみに、五郎島できんとんといえば芋きんとんのこと。栗は入っていない。「栗よりおらが芋が旨い」というわけで、もちろん青木先生も同意見。

「こぽこぽ。ほっこり。ほくほく。五郎島金時は複合的な味わいなんです」

そこで、おすすめ三点。いとこ煮はゆで小豆との煮物で、芋と豆それぞれの甘味の二重奏。作るには、まず小豆を二〜三回ゆでこぼしてから三〜四倍量の水で柔らかくゆでる。そこにさつま芋の輪切りを皮のまま入れて、砂糖と隠し味程度の塩で煮含め、薄口醤油で味を調える。朝ごはんの箸休《はしやす》めにもなる一品である。

炊《た》き込みご飯は鶏肉とぎんなん入り。さつま芋は皮を厚めにむいていちょう切りにし、ぎんなんは薄皮をむき、鶏肉は細かく切って下味をつけておく。以上を米と合わせてだし汁で炊き、蒸らしてから三つ葉を入れてひと混ぜする。

天ぷらも試していただきたい。衣に白ごま、片栗粉、ベーキングパウダー、ごま油を少々忍ばせるのが青木流。さっくり風味よく揚がるので、さつま芋のほっこり感が引き立つ。

朝ごはんには、翌朝、煮直すと美味である。

たきこみごはん

ＪＡ金沢市粟五支店
北部集出荷場
tel 0762-38-3711
fax 0762-38-9412

さやえんどう

春のおすしや煮物の彩《いろど》りにうれしい。しゃきっとした食感、品のよい甘味、ほのかな豆の香も春の気分にぴったり。そのうえ、カロチン豊富で、ビタミンCもたっぷり。旨《うま》味《み》成分のグルタミン酸もすばらしく多い。わたしはゆでたものを冷凍しておき、朝ごはんの炒《い》り卵に加える主義である。

中央アジア・中近東原産のマメ科エンドウ属の一・二年生草本。古代エジプトやギリシャ時代にすでに栽培され、ツタンカーメンの墓からも発掘されている。やがて地中海地方と中国で品種分化が進み、若い莢《さや》を食べるさやえんどうと、青い剝《む》き実を食べる実えんどうに大別されるようになった。

さやえんどうの代表はきぬさやの異名をもつ東洋種。この優美な名は、絹のようななめらかな肌からきたとも、莢がすれ合う衣《きぬ》ずれのような音からの名称ともいわれる。莢が平らで薄いものほど上等とされ、中身の豆はごく小さい。莢のアウトラインは、楊貴《ようき》妃《ひ》の眉《まゆ》を想《おも》わせるやさしい曲線。漢字の豌豆《えんどう》の「豌」は、曲線を意味する「宛」を「豆」と組み合わせた文字なのである。もうひとつ、オランダえんどうという大型種があり、こちらは西洋種。きぬさやをころんと太らせた形のスナップ（スナック）えんどうは、莢がやわらかいので莢と豆の両方を食べられるお得なタイプだ。

実えんどうの方は、つまりグリンピース。最近は甘味のあるシュガーピース系が多い。莢から剝くと固くなりやすいので、莢付きを求めるといい。なお中国野菜の豆苗《とうみょう》はえんどうの若いつるや茎葉のこと。これらも、ゆでて冷凍ストックしておくと、オムレツなど卵料理の色アクセントや炒《いた》めものに、あるいは味噌汁《みそしる》やスープの実にと重宝する。

産地だが、さやえんどう類も外国産が急増中。低温貯蔵可能な点が輸入量を後押ししている。国産では往年の特産地・東伊豆産が減り、鹿児島の奮闘が目立つ。みかんやさつま芋の代替作物として栽培が始まり、高品質を売りにして中国産と競争しているのである。

問い合わせた先はＪＡ鹿児島いずみの十部《じゅうぶ》正市さん。霜が下りないから半年間連続して収穫でき、土壌が鉄分豊富な赤土であるため連作がきくらしい。電話口できいた薩摩《さつま》弁《べん》の「空港から山ん中を抜けてくればよかと。ちょうど鶴もいっぱい来よっておる」という言葉に心をなごませつつ南へ飛んだ。

出水《いずみ》といえば熊本との県境、不知火《しらぬい》海に面し、シベリアからの鶴で名高い。観光客がさぞ多いだろうと思いきや、町はがらん。十部さんと隣の阿久根へ向かう海沿いの山道もしーん。まだ春は先というのに日差しだけは夏で、海が明るく光っている。

文旦《ぶんたん》が重たげに実る細道を抜け、着いたのは西不二男、シズ子さん宅。瘦《や》せぎす、小柄、くっきりした眼差《まなざ》しの薩摩隼人《はやと》&薩摩おごじょ。子供たちは独立し、夫婦だけでさやえんどうの露地栽培に励んでいる。八月の盆過ぎに種を播《ま》き、十一月から四月までは収穫に忙しいそうで、案内されたのは潮の香りが昇ってくる段々畑。細竹の支柱にテグスのような糸を格子《こうし》状に張ってつるを這《は》わせ、ちょうど人の腰の高さほどになるように育てている。いまはスイートピーそっくりの濃いピンクの花が真っ盛り。

はて、さやえんどうはいずこ？　けげんそうなわたしに、日焼け顔のご夫婦がそろって指差したのは下段。花が終わった後の萼《がく》から小さな緑の莢が初々《ういうい》しく下がっている。先端にはしぼんだ花が付いたまま。莢を手に受けたら、小さな小さな豆の連なりが透けてみえた。なるほど。さやえんどうは自家受精率ほぼ百パーセント。受精後、花の中でぐんぐん成長し、なんと数日後には六、七センチに育つ。その若い莢が絹のような表皮をもっているのである。

「冬場に育てるから、虫が出にくいんさ。だから花が咲いても薬はかけん」という西さんの言葉にほっとしているうちに、いよいよ収穫開始。お二人は指先で緑の莢をちぎり取っては腰のびくへぽいぽい。びくとは魚釣り用のあの籠《かご》で、そういえばここは海まで至近、半農半漁の集落なのであった。

収穫したては果粉で若緑の表皮が白っぽい。西さん宅の遅めの朝ごはんは、そんなきぬさやをどっさり入れたがね天（薩摩風かき揚げ）、いかとの卵炒め、ゆできぬさやのマヨネーズがけなど。豆の香りと甘味がふんだんで、しゃきしゃき感いっぱい。わたしは食べそこねたけれど、えびとの卵とじ、ポン酢かけなどもおいしいはずだ。

　満腹のお腹をさすりつつ、次に向かったのは大瀧一志《おおすきかずし》、和子さん宅。シルバー世代の夫婦農業というのは共通だが、こちらは定年帰農組で白花種をハウス栽培している。花が違ってもさやえんどうの味に差はなく、好みで赤花、白花を選ぶそうな。

　ハウスに入った。『ジャックと豆の木』のようにつるが元気よく伸び、咲き競う白い花々の陰にさやえんどうがしっかり育っている。「毎日ずんずん大きくなるから、かわいくてね」と、日差しの逆光のなかでご夫婦が笑った声がいまも耳に残っている。

ＪＡ鹿児島いずみ
tel 0996-84-4252
fax 0996-84-3604

椎茸

松茸《まつたけ》は別格として、きのこはいくらあってもうれしい。朝ごはんにも、なめこの味噌《みそ》汁《しる》が活躍するけど、やはり代表格は椎茸だろう。だが、しめじ、えのきだけ、舞茸と同じパターンで、最近は椎茸にまで菌床栽培が幅をきかせるようになった。

菌床栽培とは、おがくずに菌を植え付けて培養する方法である。見かけだけは立派に育つが、香りと食感どちらもいまひとつ。中国からの安価な輸入品も増えているが、これも見かけ倒しが多い。やはり、ほだ木――森の木陰に立てかけるあの原木に菌を打ち込んでじっくり育てた椎茸にはかなわないと思う。

幸いなことに、わたしは伊豆にご縁があり、そのつてでほだ木を分けてもらって、えんやこら自宅マンションに運び込み（一・五メートル長さのものを二本だけ）、ベランダに立てかけている。元祖きのこガーデニングである。

そのほだ木に、冬から春にかけて合計二、三十個の椎茸が顔を出す。はじめはむかごのような球体で、だんだんきのこ形に整っていく。なかなかに愛《いと》しい。雨上がりにはぴょこぴょこたくさん生えてくるし、乾燥した日が続くとまったく出てこないのも興味深い。そしてほだ木からちぎり取った椎茸からは森の香りがただよう。一瞬、わが家が埃《ほこり》まみれの都心にあることを忘れてしまう。たくさん取れたときは、糸に通して風通しのよい日陰に吊《つ》るす。

干し椎茸は生とはまったく違う風味である。乾燥させると生のときにはない独特の芳香が出てくる。水分が減るのに比例して酵素が働き、レンチオニンという香り成分が醸《かも》されるからだという。そのうえ、干し椎茸をもどして加熱調理すると、旨味《うまみ》成分の5－グアニル酸が増える。もともとが低カロリーであり、食物繊維やビタミンB類、Dが豊富で、コレステロールを低下させたり抗ガン効果も期待できるから、健康食品としては超一級。古くから中国へ輸出された人気乾物だったのもよくわかる。

でも、世の中さまざま。最近は干し椎茸の匂《にお》いを気にする人が多いらしく、癖のない生椎茸好きが増えている。味覚のソフト指向が嗅覚《きゆうかく》にまで広がってきたのだろう。

椎茸産地というと第一に思い浮かぶのは伊豆。首都圏至近という地の利があり、天城《あまぎ》周辺で盛んに栽培されている。中心地は修善寺。その歴史は三百年とも四百年ともいわれ、井上靖の『しろばんば』には椎茸栽培に賭《か》ける老人が叙情的に描かれている。

修善寺の温泉街からしばし走ると、右手に天城の山並み。山間《やまあい》の年川《としかわ》集落。三代続く椎茸農家の小柳出《おやいで》勝さん一家は、干し椎茸のほか生椎茸を出荷しており、袋掛けして育てるジャンボ生椎茸にも熱心だ。

椎茸は農産物ではなく特用林産物である。実際、小柳出さんの一年は林業かとみまがうほど山仕事の連続。椎茸床のほだ木をゼロから手作りしなければならないのである。仕事は秋、クヌギやナラを切り倒して長さ一メートルの丸太にすることからスタートする。春が来たら電気ドリルで穴をあけて種菌を打ち込み、そのまま山で寝かせておくと、ほだ木のなかで菌糸が成熟して、二年目の晩秋から椎茸が生え始める。

寒い時季ほどじっくり成長するので、肉厚で笠が半球形をした「どんこ」が採れるし、暖かい季節はその反対の薄型になる。

その一方で、シーズンが終わる晩春にほだ木を水に浸すと、びっくり効果で芽をだすことから、これをハウス栽培して通年出荷できるよう工夫してもいる。

椎茸は成長が早いので収穫は一日二回。傘の裏の襞《ひだ》が純白で全体に湿り気の多いうちがおいしい。時間との勝負になるから、朝採り品は昼にはもう東京へ向かっている。なお食べる二時間前にいったん陽に当てるとビタミンが五倍に増えるそうなので、ざるに並べて干すといいだろう。

収穫させてもらった椎茸を抱え、駆けつけたのは修善寺駅近くのごはん処《どころ》。おかみの遠藤温子《あつこ》さんに教わったのはまず椎茸ずし。小ぶりの椎茸を甘辛く煮含め、握った酢めしにのせた小粋《こいき》な一品で、酢めしを普通のご飯に替えると朝ごはん向きになる。また、椎茸に醬油をつけて直火でさっと焼き、おむすびにのせてかるく握り直してもおいしい。どちらもお弁当に喜ばれそうだ。

一手間かける余裕があったら、三色しのび揚げ。石づきを取った生椎茸に詰め物をして衣揚げする。詰めるのは、玉ねぎのみじん切り・カレー粉・酒を混ぜた合いびき肉、梅干しと青じそを加えたあじのすり身、おろし生姜《しょうが》と塩で調味したいかのすり身。からりと揚げ、熱いうちにほおばれば至福である。

なお、椎茸はバターと相性よし。石付きをとった笠に小切れをちょんとのせ、樹脂加工フライパンでソテーし、醬油を落とすと、ご飯にもパンにもおつ。

小柳出勝
tel 0558-72-4404
野村廣志＊
tel＆fax 0558-72-0606
Ｊラップ・野菜倶楽部＊
tel 0248-62-5899
fax 0248-62-3060

じゃが芋

一杯飲みながらの四方山《よもやま》話で、話題が朝ごはんに及ぶと、ほかほかのじゃが芋にバターをのせて食べるときが幸せ——という人が結構いらっしゃる。いままでじゃが芋嫌いの人には会ったことがないし、それどころか男性はすべて大のじゃが芋好きだと、わたしは認識している。

じゃが芋は南米原産、インカ文明を支えた食べもの。新大陸発見後、ヨーロッパに普及した。日本へはジャワ（インドネシア）から十六世紀末に伝来し、ジャガタライモ転じてジャガイモに。長崎で栽培されたのが最初のようだ。北海道は明治に入ってからの栽培。寒冷な気候がよく合い、大産地になった。

じゃが芋のほっこりしたおいしさは、加熱によってでんぷんが膨らみ、細胞壁を破ることから生まれる。つまりでんぷんが多い芋ほど美味ということ。そして、炭酸同化作用で作られた糖分は地下の塊茎（芋）ででんぷんに変わるから、低温でゆっくり肥え太った道産子芋こそ最高というわけである。

また、北海道は男爵《だんしゃく》、メークイーンの二大品種が育った地。ほくほくの男爵、ねっとりのメークイーンといわれるが、世界的にいうとどちらもでんぷん含有量大のほっくり系に属する。北海道は国内生産の約六割を占め、春植え秋冬出荷ものの大王国。なお、秋植え春夏出荷のいわゆる「新じゃが」では九州産の〝でじま〟という品種がメインである。

八月の終わり。空知《そらち》郡南富良野《ふらの》町。テレビドラマ『北の国から』の舞台から南へ下った〝北海道のへそ〟で、東京23区より広い面積に人口たった三千五百人。明治半ばからの開拓地で、大型農業が盛ん。過疎地《かそち》ではあるものの、ゆったりした田舎とでも表現した方がふさわしい。この地ではじゃが芋がメイン作物で、じゃが芋を作った翌年からにんじん、大麦、牧草と毎年植え替え、またじゃが芋にもどる。この四年周期の輪作が南富良野式農法である。男爵もメークイーンも五月初めに種芋を植え、六月に白い花が咲き、七月末から芋がつきはじめ、八月旧盆ともなれば地中は鈴なりである。

収穫の第一歩は、地表の茎葉を押し倒して枯らす作業。この一手間が芋への病原菌侵入や腐りを防ぐ。表皮も固く締まるから、機械掘りしやすく傷もつきにくくなる。

芋掘りはポテトハーベスター付きトラクターで。電動シャベルで掘り取ってはベルトコンベアで収納袋へ落とす専用農機で、赤や青の原色のマシンが黒土の畑を行き交うのは、アイダホなんのその、実にのびやかなシーン。乗せてもらうと、ダダダッと地震のような振動が全身に伝わってきて、五分も経《た》たないうちにぐったり。これじゃあ、開拓農家の嫁はとてもつとまらない。そういえば、最近は手伝いに沖縄の学生が大挙してバイトに来るそうな。北の産物を南の若者が収穫するという、民間レベルの南北交流が行われているのである。

九月初旬に最終の収穫を終え、二十日間ほど納屋《なや》で休ませてから一個ずつ磨き、大きさを選別して出荷する。この南富良野産、冬はマイナス三十℃、夏は三十℃を越えるすさまじい寒暖差と、水はけがよい土壌のせいで味自慢。一見、全国共通のじゃが芋顔ではあるものの、「病気が少なく、収穫量が多いんです」と町長さんが満足そうに笑うとおり、全国の農家から引っ張りだこの種芋なのである。

じゃが芋のおいしさを際立《きわだ》たせるなら素朴な調理に限る。北落合集落の村上ヒサさん、岩永かずえさんたち主婦グループがもてなしてくれた料理は、簡単でいながら舌のなごむ味だった。

塩煮とは、塩ゆでを粉吹き芋にしたもの。でんぷんの多い男爵でほっこり感を楽しむ。皮をむいてから塩を入れた湯で丸ごとゆで、箸《はし》が刺さるぐらいの固さになったら湯を捨てる。続いて、弱火の鍋のなかで転がしながら水分を飛ばす。熱々にバターをのせて、ふうふう……。朝ごはんにぴったりだ。

芋餅《いももち》は開拓時代からの伝統味。もっちりねっとりの奥にほの甘さがある。かつては米の代用食だったが、いま食べてみるとそれ以上のおいしさ。男爵、メークイーンどちらでもいいから、乱切りを塩ゆでにして、裏ごしして練るだけ。馬鈴薯《ばれいしょ》でんぷん（普通は「片栗粉」として通用している）を少量加えるとまとまりやすい。棒状にのばして切り分け、かるくゆでて甘辛のごま醤油《しょうゆ》かきな粉をかける。冷凍しておくと朝ごはんにも便利。

　肉じゃがは煮くずれしにくいメークイーンで。地元特産のにんじんをたっぷり加えるのが南富良野風。豚肉を炒《いた》めてから芋、にんじん、玉ねぎ、いんげん、糸こんにゃくと多彩な具をプラスし、だしを入れて砂糖、みりん、醤油で調味しながら炒《い》り上げる。

塩煮

岩永農園

tel＆fax 0167-52-3220

北島農園＊

tel 0166-87-3304
fax 0166-87-2751

狩野農園＊

tel 0126-24-1342
fax 0126-22-4201

春菊

しゃっきりしていながら、しなっとした食感。上品な緑、菊に似た清楚《せいそ》な香り。春菊は青菜のうちでもあざやかな個性の持ち主。味噌汁《みそしる》の青みによく、和風ドレッシングのサラダにもいい。地中海沿岸原産のキク科植物である。日本へは西域、中国を経て室町時代に渡来した。名前の由来は「春に花を開き、菊に似るが故……」と、江戸時代の百科事典『和漢三才図会』に記されている。関西では菊菜と呼ばれるが、この方が野菜っぽい名である。成長すると黄や白の花をつけるから、もしかして江戸っ子は菊の変種として鑑賞用に楽しんだのだろうか。

青菜としては香りが強烈なせいか、初めは東でも西でもなじまれなかったようだが、やがてそれが持ち味と認められ、カロチン、ビタミンB_2・C、カルシウム、カリウム、鉄分が豊富なこともあって、人気野菜にのしあがった。菊の葉にそっくりの葉は、品種によって大・中・小と三種。小形ほど葉の切れ込みがシャープで、香りが強い。中国地方・九州はもっぱら大葉タイプが栽培され、関東・関西は中葉のみ。小葉は栽培効率がわるいのか、幻の野菜になっている。興味深いのは、同じ中葉でも関東と関西では品種が違う点。関東の春菊は成長すると茎が立って分枝する「株立ち中葉」で、若い茎を葉と一緒に摘みとる。一方、関西の菊菜は茎が立たず、株が横に張りだす「株張り中葉」で、根から株ごと切り取る。

産地は、関東なら千葉、群馬、埼玉、栃木、茨城など。関西は大阪、兵庫、滋賀。九州なら福岡。大都市周辺に集中している。春菊は鮮度が落ちやすいため、消費地近くで栽培されるようだ。東京・大田市場で安全でおいしい野菜を扱う吉田弘幸、西牧敬司さんによると、「ピカイチは栃木県の矢板《やいた》産。団結して取り組んでいますよ」という返事。

地図で見ると、矢板は関東平野の北端、宇都宮の先。東京からは約百五十キロ。この距離なら葉がすきっと立っているうちに首都圏へ届くし、御料牧場のある高根沢が近いぐらいだから、作物には抜群の環境に違いない……。

とあれば、矢板に急ごう。真岡《もおか》、高根沢、氏家《うじいえ》と、北関東の農村を北上し、矢板に入った。観光ルートには登場しないが、この地域、いまだに石の蔵と屋敷門をもつ農家が点在し、古き日本の農村をしのばせる。訪ねた手塚庄三さん宅もそんな一軒。きーんと晴れわたった冬空に、蔵壁と柿の木が美しく、詩情を誘われる。

手塚さん宅には、春菊農家の仲間が揃《そろ》っていた。揃いのブルーのジャンパーが若々しいけれどシルバー世代。大正生まれもいらっしゃる。それにしては口も動作も賑《にぎ》やかで、元気なこと。秘密はこだわり春菊の栽培だった。ほとんどが定年退職組。農業と勤めの二足の草鞋《わらじ》を脱いでほっとしていた五年前に、同世代ながら農業一筋、春菊で実績を上げている塚原功さんに刺激され、第二の人生を春菊に賭《か》けた面々である。

それだけに目標は〝日本一〟。えぐみの元になる硝酸態窒素《しょうさんたいちっそ》を抑え、果物並みの糖度で、茎までやわらかく、サラダにも使える春菊を目指した。海藻ミネラルたっぷりの有機肥料や葉面散布剤を取り入れ、土作りと低農薬栽培を徹底する――と申し合わせて切《せっ》磋《さ》琢《たく》磨《ま》した春菊が東京の市場で注目され始め、メンバーの士気は燃えに燃えているところである。

手塚さんのビニールハウスは三棟。一つがテニスコートほどの広さで、年中無休の栽培。冬は重油暖房。日中二十五℃以下、夜間五℃以上に暖めてやる。「冬摘みは九月初めに種を蒔《ま》いて、発芽後約二十五日で定植する。主枝が二十五センチ長さになったら次々と収穫してやらんとね」という手塚さんを追って、わたしもハウスへ入った。

中は一面、清々《すがすが》しい緑のじゅうたん。ビニール屋根から太陽が気持ちよく降りそそいでくる。春菊は二十五センチぐらいの伸び。「株立ち中葉」というとおり、茎が一本ずつ立って枝分かれしている。ちょうど手塚さんの奥さんやお嫁さんがせっせと収穫中だった。中腰になっては葉をかき分け、下に葉を四、五枚残して鋏《はさみ》でぱちん。たちまちあたりに菊の香りが立ち昇る。残した葉のすぐ上から再び側枝が伸びてくるそうで、それが二十五センチに育ったらまたぱちん。これを三回繰り返しているうちに春が訪れる。春菊は春を連れてくる野菜なのだった。

さて大きな籠《かご》三つがいっぱいになったら、蔵の軒下の作業場で出荷作業を急げや急げ。春菊は鮮度が落ちると栄養価が激減してしまう。スピーディーに長さを切り揃え、計量して袋詰め。そして予冷庫へ入れてやるまで、農家は気を抜けないのである。

このあとは奥さんたちに春菊料理——春菊となめこのおろし和《あ》え、春菊と鶏肉の香味醤油和え、春菊の落花生和え、春菊とベーコンのサラダ、春菊の茎入りおにぎり、春菊の茎のきんぴらなどをごちそうになり、しゃっきり爽《さわ》やかに満腹。なかでも舌が歓喜したのは茎のきんぴらと茎入りおにぎり。普通は固くて捨てる部分がこれほど味わい豊かとは。帰京後、分けてもらった切り落としの茎で、さっそく北関東のひと足早い春を楽しんだ。

ＪＡしおのや矢板地区
園芸課　田城弘一

tel 0287-44-2311
fax 0287-44-2316

生 姜

朝の主食のアクセントに生姜《しょうが》がない暮らしなど考えられない。冷ややっこや、葛《くず》をひいた朝粥《あさがゆ》に欠かせないし、なにより食欲をアップしてくれるところがうれしい。ハーブと違って買いおきがきくのも利点である。

生姜は熱帯アジア原産。爽《さわ》やかな風味は辛味成分のジンゲロール（乾燥するとショウガオール）および種々の芳香成分から生まれる。日本へは中国経由で伝来。解毒《げどく》、消化促進効果で漢方薬となり、食材としても薬味の横綱に上りつめた。葉付きの若採りは谷《や》中《なか》とかはじかみと呼ばれて親しまれ、味噌《みそ》でかじってビールを一杯！はご存知のように夏の風物詩である。

谷中に代表される東日本の葉生姜は根、すなわち茎の付け根の塊茎が小粒なタイプ。その市場に三、四十年前から東上してきたのが近江《おうみ》生姜で、いまや根生姜といえばこの大形種があたりまえになった。なにしろ大きいから、すりおろすにも薄切りするにも楽。繊維が少ないし、辛味がマイルド。万事、好都合なのである。

その近江生姜、国内生産量一位は高知県。江戸時代から栽培されていたそうだ。南国生まれの生姜は高温多湿で日照時間の長い土地を好むのである。そこで高知にあらためて目を向けたら、これが大発見。近江生姜の上をいく超ジャンボサイズのオガワウマレという特大品種が誕生していた。風味の高さと調理のしやすさが東京・大田市場でも評判で、中国産に押され気味の生姜界にとっては頼もしい存在になっている。

オガワウマレは最新テクのバイオ種ではなく突然変異種。小田陽助さんというベテラン農家が発見し、株分けと試験栽培を営々と繰り返すこと十三年。平成六年に農水省の種苗《しゅびょう》登録をとり、晴れて新品種として認められた。

ちょっと風変わりな名は発見地の高知県高岡郡佐川《さかわ》町の旧字名、尾川《おがわ》にちなむ。佐川町といえば日本が誇る植物学者の牧野富太郎の故郷だった。その地で生姜の優良品種が生まれたとは奇縁。牧野博士も天国でさぞ喜んでいるに違いない。

高知の露地生姜は十月末から十一月中旬が収穫期。泥付きのまま十五℃前後を保って貯蔵し、三カ月後に表皮が濃い飴色《あめいろ》になったあたりで、根生姜として出荷する。周年出荷だが、ピークは六、七月である。春だけ出回るハウス栽培の根生姜もあるが、土中でじっくり太った露地ものと比べて、生姜らしさの点でいまひとつという声が出ている。ちなみに小田陽助さんのオガワウマレは露地栽培だけである。

高知市から西へ四十分、晩秋の山路を急いだ。めざす佐川町は四国の背骨、四国山地にあり、もう少し進めば平家の落人《おちうど》部落のあった越知《おち》町だから、かなりの山村である。

小田家は平家の時代からの農家で、還暦を過ぎたばかりの陽助さんは眉毛凜々《まゆげりり》しく、鎧《よろい》兜《かぶと》が似合いそうな方だった。生姜専業農家になったのは昭和四十年代からという。

栽培暦をうかがった。種にする生姜は一株につき六～七等分し、四月上旬に植えつける。魚粕《さかなかす》などの有機肥料を与え、ミネラルを補給しながら低農薬で育てると二カ月後に発芽。それからが忙しい。

「生姜は水もの。原産地が熱帯アジアだから、じっとり湿度が高いほど育つ。それで、暑くなると毎日水やりですわ。怠ると成長が止まってしまうからこっちも真剣です」

さいわい佐川町は仁淀《によど》川水系の湧水《ゆうすい》が豊富。しかも極めつきの軟水で、古くから酒造が盛ん。その名水をふんだんに浴びた九月からの成長がめざましい。茎は二本、三本と左右に枝分かれ（分けつ）し、多いものは十数本にも及ぶ。地中でも根茎が親から子、子から孫へと家族を増やしながら、一かたまりのまま横長に広がっていく。

さて。畑は背後に山を背負い、刈り入れの終わった田んぼを見下ろす高台。風に葉をなぶられながら、生姜が緑濃く茂っていた。腰まであるその茂みを草刈り機でばっさり落とし、茎を三十センチ残したところで、小田さんがスコップをぐいっ。息子の和男さんが手を貸すと、すっきりきりりっと香りを放ちながら生姜が現れた。

いやあ、でっかい。ウエイトリフティング選手の力瘤《ちからこぶ》のような塊が連なっている。一般種の二倍はあるそうで、一株が二キロ前後。手渡されるや思わずよろめいた。茎を切り落とし、下部に残っている親生姜を除いたら貯蔵庫へ。出荷するときは、いったんビタミンC入りの水に浸してから箱詰めする。

母屋《おもや》で奥さんのまき子さんが用意していたのは生姜の煮付け。贅沢《ぜいたく》にもかつおの生節（なまり）をだしに用い、生姜スライスを薄味で煮含めたもので、上品なライトイエローが食欲をそそる。しなやか、しゃきしゃき、爽《さわ》やかで、箸《はし》を十何回ものばしてしまった。薬味ではなく、野菜として味わえるのである。表皮に近い部分に香りがあるので、たわしでサッとこすり洗いしてすぐ使うのがコツとか。すりおろして薬味にすれば香りは最高だが、薄切りにしても色が鮮やかで食欲がそそられる。かつおやさばの生節と一緒に煮含めれば、爽やかな香味の朝ごはんメニューとなるだろう。また、せん切りをバターとともにゆでたてスパゲッティにからめるのもグッド。

東京青果㈱個性園芸室
tel 03-5492-2341
fax 03-5492-2408

大根

下手な役者を意味する大根役者という言葉は、大根にとってははなはだ失礼である。千六本、拍子木、短冊《たんざく》と刻めば味噌汁《みそしる》、浅漬けによし。すりおろせばじゃこを引き立て、分厚く切れば煮物に最高と、野菜界の千両役者なのだから。そのうえビタミンCや各種酵素の宝庫だし、葉っぱも白根に負けず劣らずビタミンCを含み、鉄もカルシウムもカロチンもたっぷり。葉をばっさり落として売っているのはまだましで、ハーフや三分の一のカット売りが普通になってしまったけれど、一本フルに活用すればこれほど頼もしい野菜はない。

スーパーの売り場を見回すと青首が圧倒的だ。ぬか漬けに最高の小ぶりな亀戸《かめいど》大根、たくわん向きのずんぐりした練馬大根といった地名を冠した品種は稀《まれ》である。上部が緑色をした青首大根は水分が多く、甘くて柔らかな肉質が特徴。おろし、サラダなど生で食べるには最高で、煮ても火の通りが早い。また、首からお尻《しり》までずん胴で、どこを切っても同じ太さになるし、中型だから箱詰めしやすいと、消費者にも流通関係者にも好都合。いまや一年中、青首一辺倒になった。

冬場の東京へは三浦半島から出荷されてくる。

京浜急行で品川から一時間あまり。半島の突端に近づくと、窓いっぱいに大根畑が飛びこんできた。なだらかな丘陵を一面におおう緑は大根の葉、葉、葉。土からせり上がった白い根が見え隠れし、遠くに冠雪の富士。左に目をやれば、きらめく相模湾《さがみ》。今日の油壺《あぶらつぼ》はヨット日和《びより》のようだ。首を回すと、延々と続く建売ハウス群。自然と開発が隣り合っている台地で、大根はすこやかに成長していた。

三浦にきたら名産の三浦大根を忘れてはいけない。色白、首が細く、下ぶくれのグラマー大根である。練馬大根から分化した伝統品種で、しっかりした肉質で煮くずれないから、おでんや煮物に最適。東京では暮れの数日間、おせちの煮しめ用に出回るだけの貴重品種になっているが、地元ではどうなのだろうか。

「いやあ、青首が増えて大助かりよ。三浦はおっきくて重たいから、抜くのも土を洗い落とすのも大変。首が細いから折れないように力も加減しなくちゃなんないし」

わたしの疑問は、大根農家の大井喜代子さんにあっさり否定されてしまった。三浦大根と反対に青首はずん胴だし、上部が地表に張り出しているため、首をつかめばすぐ抜けるとか。試しに抜かせてもらうと、軟弱なわたしの手でもひょいひょい。生産者の平均年齢が上がっている現状と、収穫の簡便さ。産地にとっても青首は大歓迎なのだった……。

大井さんは元三浦市農協婦人部長だし、料理講習会のリーダー。農協で消費拡大策を練っている君島京子さんとは、料理情報の交換で話が弾む。

「家で食べるのは規格はずれのB級品ばかり」と大井さんは笑うが、形はともあれ、掘りたての大根は肌がぴんと張り、目にもまばゆい純白。青首は一日たつと、みずみずしさが半減してしまうので、必ずその日のうちに一本丸ごと使いきるそうな。君島さんも同意見。時間に追われる共働きママだから、大根一本からサラダ、煮物、炒《いた》め物と、三種を四人分ずつ同時進行で作ってしまうとか。見習いたいものだ。

お二人に農協のキッチンで臨時講習をお願いした。

まず、大根を各料理に合わせた大きさに切り分ける。せん切りを塩でしんなりさせている間に煮物に取りかかり、煮ている間に炒め物に進むから、ロスタイムはゼロ。三浦は海辺の町なので、大根とバランスがとれるように、三崎港のまぐろやしこいわし（片口いわし）を取り合わせ、DHA（ドコサヘキサエン酸）やEPA（エイコサペンタエン酸）たっぷりのヘルシー献立にするのがごく自然らしい。ぜひ参考にしたい知恵である。

また、けっして葉を捨てない習慣も真似《まね》したい。大根の葉のビタミンCは根の部分より多いうえ、ミネラルやカロチンがすこぶる豊富なので、炒め物やサラダとして活躍させるのである。有機栽培の大根の葉が望ましいのはいわずもがな。

ということでクッキング開始。根の上部のもっとも甘い部分はしこいわしのサラダに。大根四分の一本分をせん切りにし、刻んだ葉と一緒に塩もみして、いわしの酢じめと合わせ、粒マスタード入りドレッシングであえる。つまみ食いしてみたら、活《い》きのいいいわしが舌にしこしこ、大根の甘味といいハーモニー。東京でなら、アンチョビで応用するか、いっそ大根だけで作ると朝食向きによさそう。

　煮物には、二分の一本分を厚めの半月切りにして下ゆで。まぐろのあらは一口大に切って熱湯に通しておき、大根・生《しょう》姜《が》の薄切りとともに、だし、酒、醤油、みりんで煮込む。あらは鮭《さけ》、ぶり、金目《きんめ》鯛《だい》など入手可能なものでOK。

　炒め物用は残りの四分の一本分。拍子木に切り、葉はざく切り。ごま油で白根、葉を炒め、牛薄切り肉の細切りを加えてオイスターソース、塩、こしょうで手早く味つけする。朝ごはんには牛肉の代わりに溶き卵を加え、柔らかく火を通しても美味。

特産・三浦野菜生産販売連合

tel 0468-88-3151
fax 0468-89-4165

玉ねぎ

どの家の台所にも常備されているし、和洋中華、朝昼晩どんなときにも欠かせない。玉ねぎなくしては味がきまらない料理も数多い。古代エジプトの頃にはすでに栽培されていたが、日本へは明治から。消費が伸びたのは昭和の後半。なのにこれほど普及し、これほど愛されている。

それだけに輸入急増中ではあるが、かたや国産が一年中あるのも身近な理由のひとつ。秋植え春採り、春植え秋採りの二種が日本列島で順繰りに栽培されているせいである。

貯蔵がきくのも強み。葉が枯れると球の部分の呼吸量が減って休眠し、その間は発芽しない。その性質を利用し、収穫したら葉を落として首のところをくくって乾燥させる。表皮がぱりぱり干からびているのは、休眠中の身をガードするためである。

でも、春から初夏に並ぶ新玉ねぎは例外。畑からすぐ出荷されるので、表皮はみずみずしくパール色に輝く。玉ねぎクッキングには涙がつきものだが、新玉ねぎには涙腺《るいせん》を刺激する硫化アリルが少ないので心配ご無用。なお、硫化アリルは辛み成分でありながら加熱すると甘みに転じる。玉ねぎを炒《いた》めると甘くなるのはそのためである。

変わりものには赤皮種の紫玉ねぎ、ペコロスの異名をもつ小玉ねぎもあるけれど、主流はおなじみの黄玉ねぎ。生産量日本一は北海道。秋採りである。春採りでは九州、それも佐賀県が伸びている。やわらかく甘みがあり、やや偏平な形が特徴。春の訪れが早く、肥沃《ひよく》な土が玉ねぎ好みなのである。とりわけ有明海の干拓地はもともと海底だっただけに、大きくいえば地球の栄養分が堆積《たいせき》されている。それで玉ねぎの糖度が果物並みに上がり、福富町は周辺をリードしてきた。またここは佐賀での栽培発祥地でもある。

佐賀市から有明海沿いに南西へ車で三十分。福富町は干拓地らしい平らな土地に広がっていた。潮風に土の匂《にお》いが混ざり、空気はクリア。緑がまぶしい。その緑はもちろん玉ねぎのものである。

それにしてもねぎ畑そっくり……というのも当然で、玉ねぎの球とは、実は長ねぎに似た葉が地下で肥大したもの。日照時間、地中温度、雨量に恵まれた土地で、雑草や排水に心を配ってやると、丸々と太るのである。付け加えると、まだ小太りのうちに若採りしたのが葉玉ねぎである。

迎えてくれたのは吉丸平、トミ子さん夫婦に田島扶美子、江口ひとみ、松本文代さんたち四十代ミセス。全員、夫や息子が勤めに出ている兼業農家。高齢者と女性が支えている日本農業の実情は、福富町の玉ねぎ農家にもあてはまる。

だが女性たちは「命があるものを育てるのは楽しい。子供にぜひ継いでもらいたい」

と、揃《そろ》って声を弾ませる。定年帰農の吉丸さん夫婦は別として、田島さんたちのグループは種蒔《たねま》きから収穫までの一切を夫に代わって担《にな》い、仲間と連係しながら作業を進めているそうな。有機肥料や土壌設計、野菜加工品などの相談もひんぱんに行う平成版〝結《ゆい》〟ともいえる女性ネットワークである。

いよいよ収穫。女性たちは襟もとまでがっちり覆《おお》った特製日除《ひよ》け帽子姿で、足元は長靴か地下足袋。玉ねぎ畑へ足を踏み入れてみて、そのスタイルを納得した。土がヘビーな粘土質だから、わたしのスニーカーはたちまち泥まみれ。すってんといきそうだ。わたしを尻目《しりめ》に、彼女たちは中腰で玉ねぎをすいすい抜いては畝《うね》に倒していく。なるほど、粘る土なりの工夫が必要なのだった。

と、畑に玉ねぎの香りがただよってきた。田島さんが「顔を風向きと反対にして抜きます。そうしないと、玉ねぎコロンにむせちゃってなあ」と笑った。

いま収穫している玉ねぎは無農薬の早生種。九月中旬に種蒔《ま》きし、晩秋に定植したもので、このあと低農薬の中生種、晩生種と続けて栽培する。といっているうちに玉ねぎは畝から運ばれ、葉をばっさり落とされる。

このタイプは青切りと呼ばれる新玉ねぎで、福富町では五月いっぱいが出番。中生種からは風通しのよい小舎《こや》で乾燥させたものが出荷される。田んぼ脇《わき》の吊《つ》るし小舎が玉ねぎで鈴なりになる頃、女性たちはようやく一息つけるのである。

　そんなときは玉ねぎ料理。朝の味噌汁にも玉ねぎを欠かさず、そうめんやうどんの薬味も玉ねぎという土地柄だから、地元の料理人は玉ねぎの腕には覚えあり。だるま寿司《すし》のおかみさんの自慢は、スライスをきゅうり、おかか、グリーンリーフと一緒に巻いたオニオンロール。玉ねぎの蒸し焼き辛子マヨネーズ添えも箸《はし》を何度も通わせたくなる味。朝ごはんに喜ばれるだろう。

　もう一軒は、佐賀の食材にこだわる諸隅佳余子《もろくまかよこ》さんのごはん処《どころ》、佐賀市の銀の鈴。ここでも朝の膳《ぜん》にぴったりのメニュー——白和《しらあ》え、納豆和えで玉ねぎの万能ぶりを再認識したし、海苔《のり》、じゃこ、ごまたっぷりのオニオンサラダに癒《いや》された。でしゃばらないけど主張のある甘味こそ、旬《しゅん》の玉ねぎならではの魅力なのである。

ＪＡ白石地区福富支所
営農販売課
tel 0952-87-3151
fax 0952-87-3586

のりじゃこごまのサラダ

とうもろこし

メキシコ料理のトルティーヤやタコスはとうもろこし粉で作る。とうもろこしは新大陸で紀元前から栽培されてきたイネ科植物である。交配しやすいため馬歯種（デントコーン）、硬粒種（フリントコーン）、爆粒種（ポップコーン）など種類が多く、コロンブスが上陸したときにはすでに主要品種が揃《そろ》っていたという。そしてヨーロッパを経てたちまち世界中に伝播《でんぱ》し、日本へは十六世紀末に伝わった。

ただ、わたしたちが焼いたりゆでたりしているのは、未熟な果実である。つまり、穀物ではなく、野菜としての甘粒種（スイートコーン）を味わっているということを忘れてはいけない。この甘粒種は、明治からはじまった作物である。

ということで、夏がくれば思い出すのはとうもろこし。ハーモニカを吹くようにかぶりつきたくなる。ナイフで粒をこそげとり、炒《いた》めて牛乳を注いで一煮立ちさせ、塩こしょうするだけの即席コーンスープは、朝食に最高だ。

収穫量は今、北海道が日本一である。札幌の屋台、南富良野の牧場、十勝の農園と、各地で忘れられないとうきび（とうもろこしの北海道方言）体験をしたが、共通なのは味《み》蕾《らい》をとろかす甘さ。この甘さは、長い日照時間と昼夜の激しい温度差から生まれる。たっぷり陽を浴びて光合成が進むから糖度はアップし、一方、夜間は気温が急低下するためエネルギー消費が少なくてすみ、養分をしっかり貯《た》められるのである。

道産子とうもろこしの泣きどころは「鍋《なべ》に湯を沸かしてから畑へ行け」と言われるほど、収穫後すぐに味が激変すること。呼吸によって糖分を消耗してしまい、味が落ちるのである。だが収穫後に即、冷蔵庫で冷やせば甘みを保てることが判明し、チルド輸送が普及。そうなればビタミンB_1、ミネラル、食物繊維が豊富という栄養価も保持できる。

品種だが、七〇年代から盛んに出回りだしたのはハニーバンタム。甘みが強く、それが長持ちする。この仲間で実が白く、皮がやわらかいのはシルバーコーン。黄色が濃いゴールデンコーンというのもある。また、黄と白の粒が入り交じったバイカラーはピーターコーンの名で知られる。補足すると、缶詰でおなじみのヤングコーン（ベビーコーン）は品種名ではなく、スイートコーンを小粒のうちに若取りしたものである。

ここで疑問がわたしに起こった。とうもろこしはなぜ生で食べないのかと。農業研究家の永田照喜治さんにお尋ねした。実に明快な回答。ご紹介しよう。

「それは肥料と水のやりすぎが多いせい。とうもろこしは肥料を吸い上げる力が強いので、えぐみが出てくる」

「だから、加熱しないと食べられないんですが、必要最低限の水と肥料を、もっとも効果的な時季にやるという方法があります」

「そうやって育てたとうもろこしなら、あくがないし、でんぷんの粒子が細かいので舌ざわりがなめらか。糖分も上がっている。生でぼりぼり食べるのが最高ですよ」

つまりとうもろこしの生命力を引き出してやれば、生のままでもおいしいとうもろこしが作れるのである。

石狩平野の北、新十津川町へ出かけた。父の代に富山県から入植し、三十年間米作でがんばってきた平田昇さんが、生食用としてスイートコーン――キャンベラ種を永田農法で育てているのである。

畑は樺戸《かばと》連山を望む丘の上だった。山の彼方《かなた》まで続いているようなとうもろこし畑が壮観。大人でも頭が隠れるほど丈がある。もし迷い込んだら出口が見つからないだろう。山の風が気持ちよく、足元は水はけのよい小石混じりの赤土。「こういう場所なら病害がおこりにくい」と永田先生が満点をつける立地だ。

このラビリンス（迷宮）の畑は、五月に種をまき、草とりしながら約三カ月で育てたもので、「とうもろこしは雌雄同株。てっぺんにできるのが雄の穂で、茎から斜めに出てくるのが雌穂。ふたつは開花時期がずれるからよその株と受粉し、五十日で実が完熟しよる。ひげが黒くなったら、もぐんです」と平田さん。

とんぼが旋回している一角を見回すと、なるほど、どのひげも見事な焦《こ》げ茶色になっている。このひげ、実は雌穂が枯れたものだとか。粒の数だけひげがあるそうで、どれもふさふさしているから粒の充実ぶりが楽しみである。

　平田さんが一本の茎からみしっと折り取った。薄緑の皮をはぎ、実の入りかたを確認する。わたしにぐいっと突き出した。お行儀悪くかじってみたら、すーっと歯が入る柔肌。爽《さわ》やかな甘みがじーんと広がり、さらりとした食感が清らか。まるでフルーツのよう。このままこそげてオリーブ油と酢をたらりでサラダに……、いやいや、いっそ塩だけで食べてみたい……。陶然としているわたしを置いて、平田さんはとうもろこしの迷宮のなかへ消えていた。

りょくけん

tel 053-428-5100
fax 053-428-3399

トマト

〔桃太郎〕がデビューして十数年。といっても野菜に馴染《なじ》みのない向きにはちんぷんかんぷん。きび団子の新種かと思う方もいるだろう。説明すると、桃太郎とは完熟桃色トマトの品種名。いまの日本のトマトはほとんどこれである。グルメブームや自然志向を背景に、野菜に味と質を求める時代風潮とフィットし、「完熟」を謳《うた》ってスターになったのである。

ここでいう「完熟」とは、文字どおり完全に熟れてから収穫しているとの意味。糖度、酸度、栄養すべてが最高値になっているため、旨味《うまみ》も色も香りも濃厚である。というと驚く人が多いだろう、八百屋に並ぶトマトは昔から赤かったじゃないか……と。でも、これが実は！　なのである。桃太郎以前のトマトは、頭がポチッと色づいたくらいの青二才を摘んで、輸送しながら追熟させるのが当たり前だった。つまり、見た目が赤いだけの未熟もの。そうでないと都会の店頭に届くまでにつぶれたり、腐ったりする恐れがあったからである。

その点、完熟の桃太郎ならカロチン、ビタミンCなどがみなぎっているうえ、肉質も充実。腰高丸玉の美形が丸ごと真っ赤になり、全部食べられる。糖度が平均六度と準フルーツ並みに甘いのも現代人好み。

皮の固さが玉に瑕《きず》だが、これは日持ちのよさ、実のつぶれにくさに通じ、流通にはかえって好都合。しかも温室用のハウス桃太郎が開発されて以来、通年栽培がＯＫになった。このとき、トマトの旬《しゅん》は夏という神話は消えたのである……。

とはいえ、日差しのまぶしさを感じる季節になると、トマトの丸かじりに心が踊る。トマトと太陽のイメージはペアでインプットされているのである。車を飛ばしたのは栃木県河内郡上三川《かみのかわ》町。東京から北に九十キロ、宇都宮市と小山市の中間にある近郊型の農村である。

鈴木武夫、廣江さんご夫婦。七棟の大型ガラスハウスで低農薬、有機栽培の桃太郎に取り組み、三年前からは輸入蜂を使って自然交配をはかっている。蜂の手（足？）で交配させると重量感のある実がつくからである。上三川町はもともと水はけのよい砂壌土なのでトマトにはうってつけ。そこをさらに、鈴木さんは水を控える「締め作り」農法で味、栄養を濃縮させている。

そういえばトマトの原産地は南米アンデスの乾いた高地。そんな性質に合わせ、農学者の永田照喜治さんが提唱する緑健農法のトマトや、そこから派生した糖度の高いフルーツトマト系は、どれも水を少なめにして育てるのが常道になっている。

話を戻そう。ハウスの収穫は二月末から七月上旬まで。旧盆過ぎからは夏秋トマトが採れ始める。鈴木さんは「露地だと雨で水を吸いすぎるから水っぽくなるし、防除に農薬もかけなきゃなんめえ。だから、ハウスは最高」と胸をはりつつ、黄金の産毛《うぶげ》をつけた真っ赤な実に鋏《はさみ》を入れた。

食べ方だが、冷やすとせっかくの甘味が消えてしまうと、鈴木さんはトマトを冷蔵庫には入れない。

ところがイタリア料理のパイオニア、東京・西麻布にあるレストラン・カピトリーノのオーナーシェフ・吉川敏明さんにとってはこの甘さが悩み。イタリア料理でいうトマトの旨味は酸《す》っぱみが味の決め手、国産トマトでは甘すぎるのだ。とくにトマトサラダが問題で、ドレッシングとしてオリーブ油、塩、こしょうだけをかけ、トマトの酸味を強調するのが純イタリア流なのである。加えて「熟れているけど固いトマト」を選ぶセンスもシェフの仕事のうちで、果肉の面でも国産トマトは柔らかすぎるという。食文化の違いはトマトの味にも反映しているのである。

吉川さん自慢のトマトサラダ・パルテノペ風(トマト料理の本場ナポリの古名)には、果肉のひきしまった小粒、完熟を厳選する。皮つきのままくし形に切って、アンチョビ、にんにくスライス、生バジルとオレガノをのせ、塩、こしょう、オリーブ油をかけて、刻みパセリをぱらりとやる。トマトの甘味をおさえ、地中海的な味わいを強調するわけだ。朝のテーブルにだす場合はアンチョビとにんにくを省いてもよく、わたしは自然塩とオリーブ油だけで充分に楽しんでいる。

もう一皿、トマトの香草焼きは、横半分に切って種を取り、詰め物をしたグラタン風。具はアンチョビ、ペコリーノチーズ、黒オリーブ、ケッパー、バジル、オレガノ、パン粉。詰めてからオリーブ油をふり、天火で焼く。具を簡略化してしまえば朝食向きに変身させられるだろう。

スパゲッティナポリ風には、サンマルツァーノ種という細長いトマトの水煮缶詰を使用する。にんにくをオリーブ油で炒《いた》めて香りをだし、トマト、バジルを加えて、塩、こしょう。五分ほど煮てソースがいい味になったところで、アルデンテにゆであがった麺《めん》にかければできあがり。休日のブランチにいかがだろう。

サラダパルテノペ風

JAうつのみや上三川
営農経済センター

tel 0285-55-1515
fax 0285-56-7945

りょくけん

tel 053-428-5100
fax 053-428-3399

なす

やさしい舌ざわりが朝の寝ぼけた胃にうれしい。味《み》噌《そ》汁《しる》、煮物、漬物が定番。夏が旬《しゅん》ということになっているが、秋ともなれば紫紺の色艶《いろつや》が極まり、これなくして朝の食卓は盛り上がらない。

「秋なすは嫁に食わすな」という有名な諺《ことわざ》は、美味を食べさせまいとする姑《しゅうとめ》の意地悪といわれる。確かに完熟したなすはおいしすぎるほどだが、その九十四パーセントは水分だし、栄養的にはカリウムが目立つという程度。だから、先の諺を裏読みすると、「栄養のない野菜を食べていたんじゃ、嫁のつとめははたせない。もっと力の出るものを食べるんだよ！」とお姑さんが思いやったとも思える。

でも、単に無用ものと思われては名誉棄損もいいところ。栄養こそ誇れないけれど、油の吸収性がすばらしく、しかもいくら吸ってもべとつかない。油と相性抜群ということ。油を含むほどに色艶は増してくるし、皮から独特の香りが生まれ出で、まして果肉はとろとろと風味絶佳になる。なすには食欲や肝臓機能をアップする成分も含まれているそうな。夏の疲れが出る時季だから、これほどうれしい野菜はない。

それならばと、日本一のなすを築地市場に尋ねてみたら、「びなん！」と即答が返ってきた。美男！ と喜んだのはわたしのあさはかで、岡山県備南農協の千両なすのことであった。千両なすは長なすと卵形なすの中間サイズ。気候や土壌を選ばないのに生産性が高く、調理法もオールマイティという点がうけ、各地で盛んに作られている。

ほかには、賀茂なすに代表される丸なすがあり、新潟県にはこのバリエーションが豊富。一方では山形の辛子漬の民田なすのような超小粒もあり、これがまあそれぞれにそれなりにおいしい。日本はなす王国なのである。

さて、岡山県児島郡灘崎《なださき》町周辺の千両なすは、昭和四十四年からの栽培。十年前には日本農業賞を受賞している。重粘土質という干拓地特有の土壌が千両なすの持ち味の色艶のよさ、薄皮、種が少ないという三拍子を確立させたのである。

また、自然条件だけでなく、備南農協はコンピュータ式選果機で品質、サイズともにそろった出荷体制をとっていることでも知られている。農協のある灘崎町は県南。岡山市からも倉敷市からも等距離の干拓地だった。大区画農地の広がりが、教科書でだけ知っているオランダの平野を連想させる。穏やかな風情《ふぜい》のなかにいきなり飛び込んできたのは、かまぼこ形ビニールハウスの波。これがなす栽培のハウスであった。

ハウスの中で収穫に忙しいのは橋田修さん。四十代半ばで脱サラしたそうで、頭にバンダナ、ポロシャツに短パン、スニーカー。お百姓さんには違いないが、ファーマーと呼びたいくらいの好感度。

なすは八月に苗木を植えて有機肥料で育て、開花したら人工受粉させる。九月から翌年六月まで次々に収穫できる。収穫のサインは、へたの下が太り、紫紺色が濃くなってきた頃合い。棘《とげ》に注意しながら鋏《はさみ》を入れていく。この棘の有無が鮮度を見分けるコツで、刺が指に痛いようだったら幸運も最たるもの。可及的すみやかに食べるべきである。悪例の典型は冷蔵庫に入れること。色艶が落ち種が黒ずむから、見ても悲しいし味の方もどうにも言いようがない。

橋田さんは鮮度を生かした酒肴《しゅこう》が得意。丸ごとのなすに一センチきざみに切り込みを入れ、ラップで包んでチンするだけという手順。削り節をのせてめんつゆをかければ、採れたての味が一層ふくらむそうだ。傑作なのは塩漬けのマル秘テク——下漬けしたなすを洗濯機で脱水するんだとか。おおざっぱに見えて実は効率的だし、おいしさを封じ込める効果もある。生産者の知恵はフレキシブルかつ現実的なのである。

東京・西麻布で腕をふるう日本料理の気鋭、野崎洋光さんも鮮度にはこだわり、「もぎたては、煮たらすぐとろけてしまうくらい。その柔らかさこそがなすの持ち味」と断言する。

おすすめは、ゆでなすを干し貝柱入りの薬味でシンプルに食べる法。貝柱が旨味と歯ごたえ両方のアクセントになるのが魅力である。なすは縦割りにし、みょうばん入りの湯でゆでて、盆ざる二枚ではさんで冷ます。その間に、もどした干し貝柱、わけぎ、生姜《しょうが》、貝割れ菜、大葉、みょうがをそれぞれ細かく切り、大根おろしと醤油で和《あ》える。これを冷めたなすにのせれば、ハイできあがり。

翡翠《ひすい》なすは色のよさを楽しむ逸品。なすは素揚げにし、氷水の中で皮をむく。それだけで見事な翡翠色になるから不思議。水気をふき、だし、たまり醤油で割った梅肉をかけ、長芋を添えてできあがり。

わたしと同じせっかち組には、変わり蒸しなすがいたって簡単。蒸したなすが熱いうちに裂き、醤油、たまり醤油、ごま油、半ずり炒《い》りごまを合わせたたれをかけ回す。その上にきゅうり、ねぎ、生姜などのせん切り野菜をのせる。香りの強い連中が、気の弱いなすを盛り立てるという趣向である。

ＪＡ備南
tel 0863-62-1521
fax 0863-62-1526

にんじん

緑黄色野菜の永久チャンピオン。キャロットジュースも売上げを伸ばしている。人気不動の秘密はビタミンB_1、C、それにβ《ベータ》-カロチン（ビタミンA効果）が豊富なところ。β-カロチンは体内の活性酸素をやっつけてくれる。がんをはじめ動脈硬化や糖尿病などの成人病には活性酸素がおおいに関わっているから、にんじんさえ好きになれば、健康で長生きできるという図式になる。

　朝のジュースは手っとり早いけれど、どうせなら料理にも活用したい。和風献立ならきんぴらがおすすめ。ごぼうとにんじんの比率をひっくりかえして、にんじんの朱色が目に飛び込んでくるようにアレンジする。きんぴらを作るときは油で炒《いた》めてから味付けするので、カロチンを効果的に摂《と》りやすい。カロチンは油と併用するとパワーアップするからである。

　また、カッターでささっとせん切りにして、レーズンやプラム入りのサラダにすると朝の気分にぴったり。ドレッシングはヨーグルト味が合い、セルフィーユなどのハーブで香りを加えればおしゃれ度が増す。運よく葉付きにんじんが手に入ったら、葉もハーブ感覚で使おう。ビタミンの宝庫なのだから。

また、前夜から準備できるときは、軽く炒めてから薄い塩味で煮てバターを落としたにんじんグラッセが、ソーセージなどの付け合わせにぴったり。これを牛乳やスープとともにミキサーにかけた簡単ポタージュもうれしい。

という具合にいろいろ楽しめるのだが、やっぱり世のなかにはにんじん嫌いが多い。特有の香りが嫌なのに無理矢理食べさせられたという幼児体験が理由の大半のようだ。だから、お酒の席で最後まで残っているのは野菜スティックのにんじんに決まっている。にんじんトラウマとは、かなしい。

ところが、いまのにんじんは香りがマイルドである。食べやすくなったとはいえるが、味はどうも感心できない。理由は明白。連作と化学肥料過多で土がやせ、香りも味も薄まる一方だからである。

そこで目ざしたのは四国・坂出《さかいで》。果物並みの糖度で、しかも無農薬のにんじんが作られていると小耳にはさんだのである。お椀《わん》を伏せたような小山がぽこぽこ。その間に溜《ため》池《いけ》が点々と続く讃岐《さぬき》平野を抜け、海岸方向へひた走る。

迎えてくれたのは松浦建夫さん。ブルーのナイロンヤッケが似合い、同色のニットキャップの下で細い眼が人なつっこく笑っている。小柄で、機敏そう。このあたりは保元の乱（一一五六年）で崇徳《すとく》上皇が流された地だそうで、上皇に付き従ってきた人々の後《こう》裔《えい》が農地を開いたのだという。都人ゆかりの松浦さんが柔らかな人当たりなのは少しも不思議ではない。

特産のにんじんも京都と無縁ではなかった。京野菜の代表、切り口まで真紅の金時にんじんが江戸時代から作られていたそうな。時代こそ下るものの、これも都から下ってきたにちがいない。ともあれ、砂地で水はけがよく温暖なこの地に、にんじんはフィットした。そんな歴史があるところにもってきて、近年の減反政策によりにんじん栽培はますます盛んになっている。

とりわけがんばったのが松浦さんたち十名の自然農法グループ。有機堆肥《たいひ》をどっさり入れ、農薬はゼロ。日照時間を充分与えるなどの努力の末に誕生した、糖度十一のスーパーにんじんである。

「わしら世代には農薬は身近なもんなんやね。じゃが、そんでは作物も自分らの身も危ないと思って真剣に勉強したん」

「十一月から十二月は金時にんじんで、そのあと春まで普通のにんじん。いまはそれや」

などときききながら、葉が茂る畝《うね》へ入り、わたしも一緒に抜かせてもらう。同じ産地でも北海道ではトラクターのような機械で一気に掘っていたけれど、松浦さんはいちいち手で抜くのである。

さて、抜きたての一本。軽く振っただけで砂土がさらさら落ちていく。鮮やかなキャロット色。思わず丸かじり。柿のような甘味に、野菜であることを一瞬忘れる。夢中になって次々に抜き、両手に抱えて松浦さんの納屋《なや》に戻る。水で土を洗い落とし、今度はスティックにして、何もつけずにポリポリ。やっぱり甘い。葉の方はおひたしにしたくなるみずみずしさ。白和《しらあ》えもいいだろうなあ。

帰京後、いただいたにんじんをジュースやサラダにしたが、秀逸はかき揚げ。油を吸い込んだにんじんがなんとも香ばしかった。翌朝は残りを天つゆでさっと煮て、にんじんかき揚げの小丼《こどんぶり》仕立てにしてみた。炊《た》き立てのご飯につゆが染《し》み込み、そこに甘辛味のにんじんがのっかって、なんとまありッチな朝じゃわい。にんじん嫌いの友人はなんというだろうか。

松浦建夫
tel 0877-47-1582
fax 0877-57-3071

ねぎ

ねぎと日本人は愛情関係にある。ねぎの代役はどんな野菜にもつとまらない。

その存在意義とは硫化アリルという成分のなす技であり、ツーンと目と鼻を刺激する香りと辛味で、肉や魚の生臭みを消し去る効用である。好例はどじょう鍋《なべ》。刻みねぎを山盛りにして煮るのは、ねぎでどじょうの癖をやわらげるのが狙《ねら》いである。また、朝ごはんの定番おかずの納豆に、何はなくとも刻みねぎを入れるのも、納豆の発酵臭を抑えるためであるといえよう。

とはいえ硫化アリルがパワーを発揮するのは生のうちだけ。加熱すると次第に失《う》せ、甘みに転じる。すき焼き、寄せ鍋などのねぎが甘いのはこのためである。ひっくるめていうと、ねぎはミネラルやビタミンをバランスよく含み、消化液を分泌《ぶんぴつ》させ、体を温める。梅雨寒や秋雨の季節に味噌汁《みそしる》や納豆でねぎを食べるのは理に適《かな》っているのである。

原産地は中国西部である。奈良時代に渡来し、西日本には京都の九条ねぎに代表される緑の葉ねぎ(青ねぎ)、東日本は白根の白ねぎ(根深ねぎ)が定着した。江戸っ子のわたしの場合、ねぎといえば白ねぎをまず思う。うれしいことに深川や浅草のすき焼き屋、馬肉屋ではいまも初冬になると、軒下にすらりとした白根の山が積まれ、周囲に香を放っている。うなぎ屋の煙じゃないけれど、美味の予感に胃袋が鳴ってしまう。

だが、同じような情景でも天才歌人・吉野秀雄となると「ふかや葱《ねぎ》　深谷の駅に積まれゐて　さきたまあがた　冬に入りけり」と詠《よ》むのだからすごい。深谷とは埼玉県北西部の深谷市のこと。ねぎは昭和初期からの特産品で、出荷量日本一。利根川沿いの沖積《ちゆうせき》土《ど》がねぎ栽培に最適なのである。

というのは、ねぎは一見、根と葉に分かれているようだが、じつは葉だけという植物だからである。短い地下茎から葉を筒状に伸ばして成長し、地表に出る葉は緑色になり、土の下の葉鞘《はざや》（葉柄）は白いまま育つ。つまり、根元に土をうず高く寄せて太陽を遮《さえぎ》り、軟白させてやってはじめて白ねぎができあがる。

そのため、耕土が深く、肥沃《ひよく》な沖積層の土が白ねぎ作りには絶対条件。江戸時代から主産地が川沿いに限られていたのはそのためだろう。荒川沿いの千住ねぎからはじまり、各地へ広まるにつれ、土地の名前が頭に付いた。その代表が深谷ねぎなのである。

深谷のうちでもわたしの贔屓《ひいき》は〝宏太郎ねぎ〟。西田宏太郎さんというねぎ農家が父の代から品種改良してきた優良品種で、「すき焼きからサラダまで」の謳《うた》い文句どおり、煮ればあくまで柔らかく、生は生で歯切れがよい。下仁田ねぎに負けない甘さ。病気や寒さにも強い。

ある霜の朝に訪ねてみたら、畑は利根川の向こうに赤城山を望む河川敷にあった。ほっこりした土のもと、ねぎはきれいに列をなして緑の葉を天に向けている。

先祖が治水奉行というだけに、西田さんは郷土への愛着心ひとしお。「霜と赤城おろしにあうほどに甘味が増す。うちのねぎはメロンといい勝負」と誇らしげに笑い、葉先を指さした。表面の白い粉はブルームである。農薬ではなく、ねぎのエッセンスが吹き出したもので、これが多いほどねぎが健康な証拠とか。さらに近づいてみると、蜜《みつ》の玉がぽつぽつ。舐《な》めると、蜜蜂も飛び上がりそうな甘味。ねぎ蜜と呼ぶそうだ。

白根はいずこと根元を見ると、どの畝《うね》も大人の膝《ひざ》の高さまで土が寄せられ、まるで土塁である。と、地下足袋の西田さんが踏み登り、両手でむんずと一株引き抜いた。冬日を浴びた白根の長いこと、太いこと、しなやかなこと。「肉質が緻密《ちみつ》で、ずっしり重い」のも〝宏太郎ねぎ〟の特徴なのである。

とっておきの食べ方を奥さんの八重子さんに教わった。まずは深谷の伝統的な食べ方、ねぎの蒸し焼き。焚《た》き火に突っ込むから表皮は黒焦《くろこ》げだが、一皮むいて火の通った白根にかぶりつくと、ねぎとは思えない甘味、ねっとり、まったり。えも言われぬ味。オーブンで一本丸ごと焼けば家でも真似《まね》できそうだ。

郷土の味ならねぎの煮ぼうと。手打ちの幅広うどん（ほうとう）を生のまま、ねぎ、にんじんと一緒に醤油味または味噌味で煮込み、薬味に刻みねぎをたっぷり添える。冷凍うどんで応用すれば、冬の朝には格別だろう。

温まるといえば、ねぎ鍋もいい。土鍋に昆布を敷いた湯豆腐仕立てで、ねぎと豆腐だけのシンプル味をポン酢でさっぱりと味わう。ねぎの香りと甘味を堪能《たんのう》できる。休日の和風ブランチにいかがだろう。意外なところではしば漬け。一口大に切って赤梅酢に一晩漬けるだけだが、ほの酸《す》っぱさにねぎの香味がミックスし、しなやかな食感が新鮮。蜂蜜で甘味をつけてもいい。

朝のおかずにもお弁当の一品にもなるのはナムル風。ねぎのせん切りを強火で炒《いた》め、豚肉またはハムの細切りを加え、醤油《しょうゆ》、みりん、酢、赤唐辛子を合わせた中に漬けるだけ。また、しめじやぎんなんとともに強火でさっと炒め、醤油をちょろりと落としたねぎ炒めも忙しい朝にはおすすめ。

ナムル

西田宏太郎・八重子
tel&fax 048-587-2168

ハーブ

ハーブの語源はラテン語で野の草のこと。野草のなかで香りに個性と品格があり、薬効のある草が特別扱いされたと思われる。古代エジプト人はすでに効用を知っていたらしい。日本のハーブ元年は六〇年代。サイモンとガーファンクルが『スカボロー・フェア』をヒットさせたとき。「パセリ、セージ、ローズマリー……」の歌詞が妙に新鮮に聞こえて誰もが英和辞典を引いた、あのときだったらしい。耳慣れない単語がパセリの仲間であり料理の風味づけ用の植物だということを初めて知ったのである。

そのうちにデパートや高級スーパーにフレッシュハーブが並び始め、レストランにもバジル（バジリコ）などハーブの名の付いたメニューが登場。園芸ブームも後押しし、この三十年間でハーブはすっかり暮らしに溶け込んだ。さらに老化防止やがん予防に効果のある抗酸化作用や抗菌作用が解明されるに至り、一躍、注目の食材になったのである。

元気が出るとなれば一日のスタート食にはうってつけ。サラダやオムレツに加えれば爽《さわ》やかだし、ドレッシングの香り付けにも格好。トーストにのせるだけだって楽しい。ハーブ園も増えている。旅すれば必ずぶつかるといっていい。もともとが野草だから、育てやすいのだろう。だが無農薬有機栽培となると草取りが手間だし、交配しやすいから多種を純正に育てるのは至難。そんな苦労を〝ハーブを愛する心〟で乗り越えているのは静岡県袋井《ふくろい》市郊外の日研フード・システム農法研究所。設立は、親会社の創業会長が農学博士であり、ぜんそくなどの食事療法を研究していたことに由来する。実験用植物を自社農園で栽培するなかに、老化制御の研究対象としてハーブを加えたのである。

三十アールにざっと四十種。露地物は四月に種を播《ま》き、一カ月後に定植して、七月上旬から収穫を始める。ちょうどその盛りに訪問した。

掛川駅から車で五十分。茶畑を渡る風になごんでいると、案内されたのはスイートバジルの畑。一面、濃い緑、緑。バジルはイタリアではバジリコといい、鮮やかな緑の葉とひきしまった香りが特徴。パスタやピッツァはもちろん、モッツァレラチーズの薄切りとトマトを重ねたサラダにぴったりのハーブで、オリーブ油との相性が抜群である。

膝丈《ひざたけ》まで育ったバジルの生命力に感嘆しながら、畑に入る。足裏にやさしい感触。甘ずっぱい堆肥《たいひ》の匂《にお》い。モンシロチョウが低空飛行し、抜き残した雑草がちらほらあるのが、いかにも無農薬の証《あかし》らしくて頼もしい。あらためてバジルの葉を見ると、わが家のプランターのバジルに比べ、色にも香りにも力が百倍こもっている。収穫するのは柔らかくて香りのいい新芽だけだそう。

籠《かご》いっぱいにバジルを摘んだあとは、イタリアンパセリの畑へ。パセリ特有の縮れがなく、にんじん葉のような切れ込みの入った葉が特徴である。説明をまぶしく聞いた。スタッフにはベテラン主婦もいる。

「袋井はパセリには最高の土地。香りがいいうえ、葉も茎も甘く育つんです」

「カルシウムやビタミンが豊富なので、わたしは野菜ソテーやかぼちゃスープに毎朝たっぷり添えます」

隣に回ると、その一列はセージ。夏というのに霜のベールをまとったような白っぽい葉で、豚肉やソーセージと似合いの味。老化防止に効きめ大と教わった。

さらにマスタードグリーン、ルッコラの畑をはしご。縮れ葉でぴりっとした辛みのマスタードグリーンも、ごま風味のルッコラも個性的な味がやみつきになる野菜である。

「いえ、香りも風味もすばらしいので、野菜ではなくハーブに分類しています。どちらも発芽直後から防虫ネットをかけますから、無農薬でも虫食いがなく、遮光《しゃこう》効果で葉も柔らか。ルッコラは肉料理やパスタ、ピッツァ、カルパッチョにもおすすめです」とのこと。

ミント系ではペパーミントと和ハッカ。ともにクールな香りで、畑に立つだけでハーブ浴になる。葉はよく似ているが日本原産の和ハッカの方が大きめ。メンソール含有量も高く、昔はハッカ飴《あめ》に使われていたそうな。日本の風土に根づいているハーブもあるわけで、わたしは朝のミネラルウォーターに浮かせるのが好み。目覚めがすっきりする。

和風の香味といえば、オレガノを忘れてはいけない。ミントをぐんと小粒にしたような葉だが、香りは青じそ似。トマト味に合うが、醬油《しようゆ》味にもわるくない。

最後は、太めの松葉のようなローズマリー。じゃが芋や肉料理を引き立てる深遠な香りで、「老化制御に最強。一日一〜二本で効果あり」とか。その一言にわたしはローズマリーをどっさり摘んで帰京。翌朝のポテトとソーセージのサラダにたっぷりあしらった。

日研フード・システム
農法研究所（宅配は要相談）

tel 0538-49-0702
fax 0538-49-0127

ハーブアイランド＊

tel 0470-82-2556
fax 0470-82-4142

白菜

鍋《なべ》の具に、箸休《はしやす》めの漬けものにと、冬の人気ナンバーワンは白菜できまり。朝餉《あさげ》に、塩梅《あんばい》よく漬かった白菜漬けがあると心はずむ。しんなりした純白の肌と、歯にしみとおる冷たさが寝ぼけた頭にカツを入れてくれる。この白菜、色白ながら、ビタミンC、カルシウムや鉄分などのミネラルを含むうえ、水分九十五パーセント以上というみずみずしさが魅力。調理すると水分が漬け汁や煮汁とうまく入れ替わるため、味がよく染《し》みこむというメリットもある。

白菜はかぶとツケナの交配種。日本では明治後期、日清・日露戦争からもどった農村青年が広めたようだ。中国大陸で出会った白菜の滋味を故郷に持ち帰ったのである。

ところで白菜は一個三~四キロと、お相撲さん並みのビッグ野菜。重さだけでなくかさばり方でも横綱級だから、丸ごと一個買いは台所でも持て余すのが常。そこで近年は、半割りや四分の一のカット売りが幅をきかせ、その名も舞の海という一キロ以下のミニ白菜まで作り出されている。白菜の芯《しん》といった形のベルギーチコリのように、掌《てのひら》に収まってしまう超小型が生まれる日も近いかもしれない。

しかし時代遅れの大型ぶりにも捨てがたい魅力がある。浅緑の外葉を一枚ずつはがしながら色白のむっちり肌に触れていくのはときめき。冬の台所仕事の醍醐味《だいごみ》である。

採れたての白菜を抱きしめたいと、つくば学園都市に隣り合う日本一の白菜産地——茨城県結城郡《ゆうき》八千代町へ向かった。日本一の理由はひとえに立地。北関東特有の平坦《へいたん》な地形、火山灰土が栽培に最適で、十一月初旬から初霜のおりる気候は味にも好都合。甘味とみずみずしさが高まるうえ、出盛りが都会の鍋物シーズンと重なるのも具合がいい。

冬日の射《さ》しはじめた八時過ぎ。安田芳治さんは奥さん、長男夫婦、そしてパートの女性数人を率いて、賑《にぎ》やかに作業中だった。麦作りから白菜栽培に転じて五十年。現在では八千代町きっての白菜農家で、外食産業の仕入れ担当者も買い付けに馳《は》せ参じるそうだ。安田さんによると、畑作業が大人数なのは手間がかかるせい。収穫はすべて手でするうえ、あの重さ、大きさを畑から運びだすのは大仕事なのだ。畝《うね》に沿って屈《かが》んでいるのはパートさんたちで、葉牡丹《はぼたん》のような外葉を地面に押し広げ、結球した中心部だけを裸にする。ぐいと押し倒し、根元を包丁でばっさり。

脇《わき》にどんどん積み上げていくが、このとき北風を避けて白菜のお尻《しり》を南に向けて並べるのが習い。女性に似て白菜のヒップも冷え性のようで、日差しを受けて純白のお尻が延々と連なっているのは、美しくも悩ましい光景である。

安田さんが作るのは、芯が黄色いつくば、大福、新理想など柔らかく甘い品種ばかり。

十月下旬から収穫を始め、三月まで出荷する。「ほれ、葉の筋が盛り上がっているのが新しいんさ」とのことで、触ってみるとセロリの葉脈のようにくっきり。お尻の底が湿っているのは収穫まもない証拠らしい。

そうそう、最近の白菜はカット売りが大半なので財布のチャックをあけやすい。もっと消費を拡大させるのが安田さんたち生産者の願いなので、地元農協の婦人部でも新メニューに意欲的である。主婦代表、今西清子さんたちはあらかじめ下ゆでしてから料理する主義。かさが減ってたくさん食べられるからで、たっぷりの湯に入れ、芯の白い部分が透き通ってきたらゆで上がり。三通りの料理を教わった。

まずは白菜のクリーム煮。白菜はざく切りにしてゆで、水気をきる。油で軽く炒《いた》めてからスープ、塩でひと煮し、生クリームまたは牛乳を加えて、水溶き片栗粉でとろみをつけ、せん切りハムと炒めたチンゲンサイをあしらう。

煮物は油揚げで巻くのがコツ。油揚げを一枚に開いて油抜きし、ゆでた白菜とわかめを重ねてのせる。ベーコンを芯にしてくるくる巻き、もどしたかんぴょうで三カ所を結ぶ。これをだし、醬油《しょうゆ》、砂糖、みりんで煮含め、切り分ける。冷めると煮汁が染みていっそうおいしいから、前夜に作って朝ごはんのおかずにするのがベスト。

ごまみそ醬油かけは、朝サササッと作れる一品。白菜、ほうれん草をそれぞれゆでておき、ほうれん草を芯にして巻きすで巻いて、水気を絞ってからひと口大に切り分ける。煎《い》りごまをすり、味噌、酒、みりん、砂糖で調味し、白菜巻きにかければできあがり。一手間抜くなら、白菜だけでもよいし、巻きすで巻くのを省いてもかまわない。また、ポン酢やドレッシングで食べるのもわるくない。味が染みやすい特性を生かして好みの味でやれるのが白菜のいいところなのである。

冬の朝にうれしい白菜漬けも気ばらずに作れる。葉を一枚ずつはがしたら、二～三枚重ねてざくざく切り、塩をまぶしてよくもむ。しんなりしたら、赤唐辛子や柚子《ゆず》の皮を入れて冷蔵庫で一晩おくだけで、翌朝には白菜の浅漬けの完成である。また、ざく切りを唐辛子の輪切りとごま油で炒め、酢を回し入れて冷ましただけの中華味もおつで、生姜《しょうが》のせん切りを混ぜるといった変化球は工夫次第。

ＪＡ常総ひかり八千代
地区センター

tel 0296-48-0711
fax 0296-48-0880

ピーマン

不思議なことに、じゃが芋、トマトなど世界中で愛される常備野菜はコロンブスが新大陸から伝えたものが多い。ピーマンもそのひとつ。彼がこしょうと見誤った真っ赤な辛い実――唐辛子こそ、実はピーマンのルーツである。

唐辛子類の特徴は、その土地にすぐ根づき、風土になじみやすいこと。ヨーロッパで栽培されているうちに大型に変異し、辛みが薄れていった。その後アメリカで野菜としての改良が進み、辛み成分のカプサイシンが薄れた代わりに、甘みと芳香をもつ品種が誕生。これがピーマンと呼ばれ、明治時代に日本へ伝播《でんぱ》した。そして洋風料理の一般化とともに広まったのである。

普及を推進したのは特有の匂《にお》い、肉厚、大型をひと工夫したこと。減香・肉薄・中型化である。いま、野菜生産量は減少しているのにピーマンは上り調子である。野菜のうちでは割合に日持ちがよく、半割りして種をとるだけでそのまま炒《いた》めたり、煮物にできる手軽さも魅力。それだけに、忙しい朝ごはんどきに活躍してくれる。

ピーマンという名称は仏語のピメントに由来する。スペイン語ではピミエントで、英語ではベルペッパー。名前からしても唐辛子の直系なのである。

イタめしブームもピーマン人気を後押ししてきた。バルサミコ酢でマリネする焼きピーマン、アンチョビ風味のディップで味わう生ピーマンのスティック……。思い浮かべるだけで、頬がゆるむ。メニューが増え需要が増えるにつれ、輸入品のジャンボ、肉厚タイプが目立ちはじめた。すさまじくカラフル。緑はもちろん、赤、黄、オレンジときて紫、黒まで揃《そろ》う。それにインテリア小物になるくらいファッショナブルだし、生で丸かじりしても甘い。

そんな輸入ものに負けてはならじと、完熟するまで木なりさせた国産赤ピーマンが出回りだした。果物並みの糖度を目ざす農家もあらわれている。宮崎、茨城、高知がそのご三家で、トップの宮崎は有機栽培でもリードしている。躍進を見守ってきたのは野菜流通界のご意見番、江澤正平さん。野菜市場が神田にあった時代からの長老である。

江澤さんによると「宮崎のお百姓は向上心が強くて、勤勉。粒を揃えたり包装を工夫するのにも熱心。カーフェリー輸送で東京まで近くなったのも、市場には好都合だね」

その中心は西都《さいと》市。昭和三〇年代末に高知から栽培法を学んでスタート。温暖で日照時間、降雨量もピーマンに適し、生産量が伸びた。地図を広げてみると、西都市は宮崎県の真ん中にある。江戸時代は薩摩《さつま》藩の領地。はるかに遡《さかのぼ》ると、茶臼原《ちゃうすばら》古墳と西都原《さいとばる》古墳が残るように、コノハナサクヤヒメなど神々の住まう日向《ひゅうが》の国であった。その後裔《こうえい》たちが励むピーマン栽培とは——。

のどかな情景を想像しながら、フェニックスの海岸を経て山路に入り、西都に着いた。空港から北西へ三十キロ、車で五十分の距離である。

南の高台、都於郡《とのごおり》に登る。遠く北西は九州山地の山並みか。眼下の西都平野は古墳のある丘陵に四方を囲まれ、川がゆるやかに縦横に流れていた。その水を引き入れた水田が広がり、春霞《はるがすみ》が施設園芸のビニール屋根をやわらかく包んでいる。ピーマンのハウスに違いない。連なりの一角に、目ざす緒方利文さんのハウスもある。

翌朝、ハウスに入った。バレーコートが何面もとれそうな広さ。茎が元気よく頭上まで伸び、葉が茂っている。畝《うね》は数えられそうもない。そして空気までひりっ辛いほどの青臭さ。やはり唐辛子なのである。

眼が慣れ、緑に赤がちらちら、白がぽつぽつ混じっているのに気づいた。赤は完熟した実。白は五弁の可憐《かれん》な花。品種が違うわけではなく、若もぎが緑ピーマン、完熟が赤ピーマンだった。実は下向き。育ての親の有機土におじきしているようだ。その土を握るとパラリ、しっとり。適度な湿り気は麦飯石《ばくはんせき》をくぐらせたミネラル水の効果だろう。

緒方さんが緑を、奥さんのきぬ代さんが赤を摘んで掌《てのひら》にのせてくれた。スマートな中型。「京ゆたか」という品種で、ぴんとしているのに柔らかな肌がおいしさを伝えてくる。宮大工から農業に転身、有機完熟肥料だけで栽培するグループを結成し、八軒のリーダーとして軌道にのせた努力の結晶である。

「ぼくらのピーマンは糖度が五～六度もあって普通の三倍。ピーマン嫌いの子供でも喜ぶんです」という二人に、春の陽がやさしくふりそそいでいた。

集会所で八家族と一緒にピーマン尽くしの朝めし。丸焼きは焼いて削り節と醤油をかけるだけ。「種がうまいし、栄養があるんです」と緒方さん。厚すぎず薄すぎずの皮が歯に心地よく、ワイルドな甘み。じゃこ入りマッシュポテトとの手巻き。めんたいマヨネーズ和《あ》え。大粒きんかんと大豆とのサラダ。さば味噌焼きは、味噌と一味唐辛子で調味したさば缶のフレークを詰めて焼いたもの。

カロチンやビタミンCをたっぷり補給した帰路のわたしの細胞のみずみずしかったこと！

めんたいマヨネーズ和え

緒方利文
tel & fax 0983-44-5932

ほうれん草

ベーコンを刻んでカリカリッと炒《いた》める。ちぎったほうれん草と混ぜて塩、こしょう。食べる寸前、レモンをじゅっ。シンプル料理の見直しをきっかけにほうれん草サラダはすっかりポピュラーになった。このひと皿、要はかつお節をかけたおひたしの感覚。ほうれん草料理はどれも作り方簡単、材料は手軽。主役にはなれないけれどサイドディッシュには最高。現代人の「青い野菜を摂《と》らなくっちゃ」の強迫観念を解決してくれるし、事実、ほうれん草はカロチンや鉄分の宝庫として知られている。

といって、ソテーもおひたしも、イージーに作るとひどい味になる。ほうれん草の良否が味を左右するのだ。もともとほうれん草はいたって癖が強い。癖とはアクで、アクの素はシュウ酸。西アジア原産のアカザ科植物という特性を残しているのである。

イランから東西に分かれて伝播《でんぱ》したほうれん草は、ヨーロッパ経由は葉の丸い西洋種となり、中国経由は葉に切り込みのある東洋種となった。それぞれ別ルートで日本に入ってきたが、現在は西洋種が圧倒的である。

話を戻すと、東西どちらの品種にしろ、ほうれん草は茹《ゆ》でて食べるのが鉄則。日本でもわたしの母の世代までは、とりあえず茹でてからおひたしやごま和《あ》えにし、味噌汁《みそしる》や鍋《なべ》にも下茹でするのが普通だった。洋風料理にしてからが、代表格のフローレンス風グラタンも茹でたほうれん草にゆで卵の輪切りをのせ、ホワイトソースをかけて焼くものだった。生食は近年、シュウ酸の少ない品種が生まれて以来の食べ方。が、この手はひょろひょろやわやわで、ほうれん草特有のミネラルっぽいテイストに欠けるし、生で食べるとなると、環境ホルモンや化学肥料過多から生じる硝酸塩過多が気がかりだ。

そんなとき出会ったのが九重《くじゅう》連山の裾《すそ》野、南小国《みなみおぐに》町のほうれん草。濃いグリーンに葉脈くっきりで、そのままむしゃむしゃやりたくなるくらい生命力に溢《あふ》れている。農業学者・中嶋常允博士が地元で指導しているときき、すぐに熊本行きの飛行機を予約した。博士に久しぶりにお会いしたくなったのである。

「農薬や化学肥料で土は疲れ、こちこちになってしまった。チッソ、燐酸《りんさん》、カリをやりすぎているから、ほうれん草の葉が黒ずんでいたり、えぐいんです」

「土壌というのは有用微生物がびっしり共存共栄していてこそ健全。そういう土なら野菜も果物もすこやかに育ちます」

「農業は、牛や山羊《やぎ》や鶏を飼い、米や麦を作り、季節の野菜を次々と栽培するという複合的なものです。それが近代化の名のもとに、やれ農薬を使え、農機具を買えと工業側の論理を一方的に押しつけられ、効率重視の単一作物生産へ変わってしまったんです」

「そのあげくが、自給率の低下とまずい野菜のはびこり。これを変えるには土の健康をとりもどしてやるしかない。そのためにわたしは土壌を科学分析し、亜鉛やマンガンなどの微量ミネラルを補給したり、有機栽培の指導をしております」

空港まで出迎えてくれた中嶋先生の話はうなずくことばかり。何度も点頭しているうちに、車は阿蘇の雄大な草原を駆け抜け、南小国町満願寺集落へ着いた。全六戸が佐藤姓のため「幸治《ゆきはる》」とか「郁雄」と名前で呼び合う。ほうれん草はその全員が心を一つにして育てている。生食専用種ではないが、生で食べてもマイルドで、とりわけサラダにおすすめなので〝サラダほうれん草〟と名付けた。雨よけのビニールハウスで無農薬無化学肥料で栽培する。土がすこやかだから成育がスムーズ。年七〜八回収穫できるが、春先がもっとも旨《うま》いそうである。

楽しいのはパウンドケーキにもいけること。集会所のこたつで奥さんたちがもてなしてくれたもので、電動カッターですりつぶして生地に混ぜ、型で焼いただけのシンプル仕上げ。切り口の緑色は春の野のようだし、香りも爽《さわ》やか。えぐみがまるでない。それなのに野性的。朝のテーブルなら、パンケーキミックスに混ぜて焼き、メイプルシロップをかけるとよさそうだ。

急に食い気がつのり、熊本市のレストラン泥武士へ。オーナーシェフの境真佐夫さんは、アメリカ西海岸でオーガニックに開眼し、いまは中嶋農法野菜の熱烈ファンである。

メニューの白眉《はくび》はほうれん草サラダと、ほうれん草が主役の野菜しゃぶしゃぶ。サラダは茹で卵添え。食べやすく切って、ちょっぴりのオイルとビネガー、自然塩、荒挽《あらび》きの粒こしょうで和えただけ。葉っぱが白い皿に映えて美しい。くし形に切った茹で卵の黄色がよい彩《いろど》りで、それをほぐしてほうれん草に混ぜながら食べると、ハイカラモダンな味わい。ほうれん草サラダにはベーコンが必須と思い込んでいたのは、わたしの不覚であった。トーストにも合いそうだから、朝食に試してみたい。

しゃぶしゃぶは、アクがないほうれん草ならではの美味。昆布だしに薄味をつけた中でさっと煮るだけだが、一口ごとに大地の栄養素を身内に取り込んでいくかのような爽快《そうかい》さがわきあがってくる。朝なら、スープ仕立てにして、気に入りの漆のお椀《わん》で食べたい気分だ。

ＪＡ阿蘇小国郷サラダほうれん草部会代表・佐藤幸治
tel＆fax 0967-44-0275

ホフ青山宅配サービスセンター
tel 03-3433-0230
fax 03-3438-0340

みかん

日本のみかんは田道間守《たじまもり》が伝えた橘《たちばな》から始まったといわれる。元来は小粒で種が多かったのだが、変異種に改良を重ね重ねて温州《うんしゅう》みかんが生まれた。変な話だが、温州みかんは入院見舞いに最高である。病人でもすぐにむけるし、香りは爽快《そうかい》。クエン酸、ビタミンC、E、カロチンに富むのもうれしい。数年前の入院体験以来、わたしはすっかりみかん党なのである。

というような長所は朝ごはんの果物としても好都合。デザートというより献立のなかに組み入れていいくらいだ。皮がむきやすいのは時間がない朝でもぽいぽい口に入れられるというメリットにつながるし、芳香は朝の目覚まし効果として抜群である。栄養価のすばらしさはいうまでもなし。

もっとも、わたしは冬の露地みかん党である。温室みかんは酸味が乏しくコクもないので買わない。ま、いくら小うるさく好みをいっても、日本は柑橘《かんきつ》王国だから大丈夫。伊予かん、はっさく、ぽんかん、ネーブル、デコポン、甘夏といった具合に、柑橘の盛りは長く、次々と楽しむことができる。この章のタイトルは「みかん」となっているが、うんとおおざっぱに考えていただいてよろしいのである。

一方にグレープフルーツやオレンジなど輸入柑橘類もある。これらもそれぞれおいしい。レモンも国産品が無農薬で作られ始めているので、もっと応援したいなあ。

まんがいち柑橘類の消費が伸びないと、農家は転作のためにみかんの木を切らねばならない。となれば、みかんの向こうにきらめく海が広がる——文部省唱歌の景色も消えてしまう。世紀にまたがって生きているわたしたちに、日本のノスタルジアを左右する権利はないはずだ。

ともあれ、わたしは無茶々園の無農薬みかんが好きだ。愛媛県明浜《あけはま》町で環境を配慮し、おいしくて安全をモットーに生産している農家集団のものである。くりかえすが、個人名ではなく集団の名称である。

初めて食べたとき、わたしは一房目で口をあんぐりしてしまった。酸《す》いと甘いがいいバランス。濃厚。豊潤。メリハリ。それと、表皮がラフなのは艶出《つやだ》しワックスを塗るなんぞという小細工がないゆえ。どちらかというと小粒な方だが、ずっしりどっしりと実の充実ぶりが頼もしい。

それにしても無茶々園とはずいぶん気取った名称だ。スペイン語で「娘さん」の意味のムチャーチャから名付けたらしいが、連想はまず日本語の無茶苦茶のほうにいく。二十五年間も無農薬を貫いてきたこと自体、めちゃくちゃな冒険だからである。どこのみかん産地だって、そんな損な商売はやらない。とにかく〔みば〕次第で値がつくのだから、消毒薬を使わないなんて利口者のやることじゃない。

あえて損をしようという馬鹿者の顔を見たくて、松山空港から明浜町へいちもくさん。南伊予《いよ》の物産集散地として賑《にぎ》わった卯之町《うのまち》から海へ向かうと、眼下は豊後水道のリアス海岸。その宇和海は、真冬というのに陽光がまぶしい。道はくねくね。濃緑の山に、みかんの黄が点々。海を見下ろすと、ちりめんじゃこがざるの上で日向《ひなた》ぼっこ。あじ、鯛《たい》もとれ、真珠養殖も盛んなようだ。そんな隠れ入江のひとつ、狩浜地区へ着いた。

無茶々園の集会室。窓の外はのたりのたりの海。生産者五十二名の親分格、片山元治《もとおさ》さんはくりっとした眼のやんちゃな団塊世代だった。いつでもどこでも素足に下駄、腰に手拭《てぬぐ》いスタイル。正岡子規の伊予気質《かたぎ》とはこういうものなのかしらん。宮崎大農学部卒業後、みかん農家を継ぎ、仲間四人と一緒に無茶々園を創設。いまは都会からの農業研修者まで率いている。

片山さんたちが農家を継いだ頃の日本は高度成長驀進《ばくしん》中。愛媛県の瀬戸内海側には工場が進出しており、公害が広がり始めていた。こんな事態にすばやく反応したのが彼らだった。有吉佐和子さんが『複合汚染』で主張した環境汚染の警鐘に対応し、無農薬にいちはやく取り組んだのである。

温暖少雨、水はけと日当たりが抜群、ミネラルを含んだ潮風と、柑橘類には絶好な土地柄。何代にもわたって築いてきた段々畑の石垣は、カルシウム豊富なメッカラ石だったため、土壌はいつのまにかミネラルの宝庫になっていた。

「先祖が作り上げた環境をなんで俺らがこわさなくちゃいけないのか。そう思ったのがきっかけ……」

片山さんは、活動の歩みを早口で語ってくれた。その後《のち》、黙ったまま、背後のみかん山へすたすた。わたしは、急勾配《こうばい》の石垣をあえぎあえぎ追いかけた。てっぺんで振り返ると、眼下は宇和海。光る海。石垣の整然とした段々畑は世界遺産級のすばらしさ。

片山さんのご先祖たちが営々と石を積み、築いてきたのである。そんな畑に実るみかんのもぎたては、甘くかぐわしく天界の果実そのものだった。

無茶々園

tel 0894-65-1417
fax 0894-65-1638

レタス

パリッサクッの食感と爽《さわ》やかなグリーンが朝の食卓に似合う。レタスはいまでこそサラダの定番になっているが、かつては高級西洋野菜だった。そもそもは昭和二十年、日本にやってきたアメリカ人たちが野菜が肥やしで育てられているのに仰天し、寄生虫卵や病原菌を恐れたのが発端。彼らの食事には生野菜サラダがつきもので、とくにレタスは必須アイテムだった。そこで急遽《きゅうきょ》、化学肥料で清浄栽培する技術が開発され、それをきっかけに日本人の食卓にも入り込んできたのである。

産地の代表は長野県。レタスの清浄栽培には化学肥料のみならず、クリーンな水や清潔な農機具が必要なうえ、大量の計画出荷も求められる。その点、長野は明治三十年から栽培の経験があり、種々の厳しい条件に順応できる土地だったのである。

「あの当時は〝ちしゃ〟と呼んでいてなあ。いまのよりは小さくて味も苦かったの」と小柄な身をのりだしたのは黒岩文子さん、八十歳。毎朝四時起き。ときにはヘッドランプを灯しながら朝霧の畑でレタスを収穫し、その後に朝ごはんという暮らしをいまも続けている。

先年亡《な》くなったご主人とともに南佐久郡南牧村野辺山《のべやま》へ入植したのは五十年前。野辺山は八ヶ岳の裾野《すその》、標高千三百メートルの高冷地で火山灰土だから、なにを植えても育たず、どうやら根付いたのは白菜、キャベツ、レタスだけ。黒岩さんはレタスに着目し、火山灰土のハンディを土壌改良で克服しつつ、品種改良に励んだ。おかげで野辺山はいま、レタス生産量日本一の長野県のなかでも大産地。黒岩農場は天皇家が訪れるほどの模範大型農家となっている。

レタスの出荷は六月から。地元の農協組合長でもある長男・勲さんによると「昼夜の温度差が大きく、霧が湧《わ》くのがレタスにいいんだね」。寒暖の差で結球が促進され、甘味もアップ。高原の霧はレタスにみずみずしさと香りを与えてくれる。

ところで、レタスの歴史は五千年。キク科の一年草で、切り口からたらたらと流れ出る白い汁が乳にたとえられ、ラテン語の lac（牛乳）が語源となって lettuce という英名ができあがった。和名のちしゃも乳草が訛《なま》ったものらしい。またレタスの汁には食欲増進効果があり、カルシウム、ミネラル、ビタミンA、そして鉄分を多く含んでいる。汁がたれるぐらいの新鮮なうちに食べるのが栄養的にも望ましいが、昨今はサラダ用に細かくプレ処理された袋詰やハーフカットものが出回り、せっかくの風味や栄養をみすみす逃している。惜しいことである。

一口にレタスというが、種類は多彩だ。結球する玉ちしゃ（パリパリ歯ざわりのよいクリスプ型、バターを塗ったような艶《つや》のあるバター型の二種)、葉ちしゃ(葉先が赤紫のサニーレタス、縮れたグリーンリーフ、襞《ひだ》の多いプリーツレタスなど)、茎を食べる茎ちしゃ、葉を一枚ずつはがす掻《か》きちしゃ(別名サンチュ、包菜。焼き肉を包む葉としておなじみ)などが各地で栽培されている。

でも、日本ではレタスというと玉ちしゃのクリスプ型を指すのが一般的。バター型はサラダ菜と呼ばれる。黒岩一家もクリスプタイプを作っており、良品の見分け方を尋ねると、「結球がふんわりとしていて軽めのものが新鮮だね」と勲さんがアドバイスしてくれた。とにかく、あっという間に鮮度が落ちるそうで、収穫後ただちに真空予冷という鮮度低下防止の冷却処理をし、保冷車で出荷する。われら消費者としても、買ったら駈《か》けもどって調理するぐらいの覚悟でないと、おいしいレタスは食べられない。ゆめゆめ冷蔵庫の野菜室で死蔵しないようにしたい。

JRの駅でいちばん標高が高いのが小海線・野辺山駅。駅近くで黒岩一家の次男・和人さん夫婦がホテルを経営している。初夏からのメニューはレタスが主役となり、「レタスの本当の味を知ってもらいたい」と、奥さんの和子さんが腕をふるう。

サラダはもちろん欠かさないが、そのとき葉を手でちぎるのが気くばり。切り口のぎざぎざで表面積が増えるぶん、ドレッシングを含みやすいからである。

意外な美味はおひたし。半割りにしてさっとゆで、冷水にとってから水をきり、ざくざく切ってかつお節をのせて醤油とレモンで。洋野菜と思いきや、和風味も大いにいけるのである。

　そして洋風ならミネストローネ。キャベツ・セロリ・にんじんの角切り、ソーセージにローリエを入れてスープ煮にし、最後に刻んだレタスをたっぷり加えて塩、こしょうで調味する。作りおきしておき、朝には温めたところへ卵を落としたり、粉チーズをふるのがおもしろい。

　前夜の残りものの活用には手巻きレタスがグッドアイディア。牛肉の甘辛煮、なすとピーマンの味噌《みそ》炒《いた》めなどなんでもかんでもを、レタスやサニーレタスの葉で巻くだけ。油揚げや椎茸入りのおこわを巻くのが黒岩一家の好物とうかがった。

おひたし

リゾートイン黒岩荘
黒岩和人・和子

tel 0267-98-2264
fax 0267-98-3050

れんこん

能登の旅館「さか本」の朝ごはんとの出会いが、わたしの朝ごはんライフワークの事始めだった。「さか本」で食べた献立の数々のうち、地味だが滋味だったと、この頃あらためて思うのは、れんこんの煮物。あるじ・坂本新一郎さんのおかあさんが、庭の蓮池で泥につかりながら抜いたれんこんを、分厚く切って煮つけたものである。れんこんといっても白くはなく、ほとんど紫色の輪切り。アクというか、旨味《うまみ》のもとの成分が煮ているうちに滲《にじ》みでてきたのだろうか。あるとき新ちゃんが「うちのはまああの味かと思うけど、もっと旨いれんこん料理があったら教えてほしい」と、まわりくどく尋ねてきた。あるはずないと、彼は内心で思っているのだ……。

蓮は各地にある。城下町を夏に訪ねたらラッキー。早起きして城のお堀の蓮の花を楽しんでから朝ごはんにとりかかる。まさに極楽気分だ。

「さか本」のある能登半島の入り口にもすばらしいれんこんどころがある。金沢郊外の小坂《こさか》周辺。日本海に臨む河北潟《かほくがた》の干拓が進んで栽培面積が広がり、車で通うようになったれんこん農家も多い。なお有明海沿いの佐賀県白石干拓地にも抜群のれんこんがあり、ここも泥付きを売り物にしている。

ところで、れんこんといえば穴。輪切りにすると「先が見通せる」ところから、おせちをはじめ縁起料理として喜ばれる。食物繊維やビタミンC、カリウムに富むほか、健胃効果まであるヘルシー野菜である。露地ものの収穫は夏からだが、寒い季節になるにつれて味が乗ってくる。シャキシャキした口あたりのようでいて、その奥にむっちり粘性を秘めているのも特徴。かすかなエグみも魅力である。

れんこんは地下茎だが、なぜ穴があいているかご存知だろうか。穴は茎から根まで酸素を送るための空気パイプ。泥田のなかでは根は息ができないからである。穴の数のほうは、産地によって違うという説もあるが、はっきりはわからない。でも、加賀藩のご城下、金沢でおいしい小坂れんこんが採れるのは知る人ぞ知る事実である。

蓮田は幻想世界である。極楽浄土で蓮の花に座っているのは阿弥陀《あみだ》さま。白い大きな花が夢のように水面から伸びあがって咲く。花が終わる頃、泥の中では地下茎にでんぷん質が蓄えられ、おなじみのれんこん形にふくらみはじめる。

れんこんの収穫は機械式のポンプ掘りが一般的だが、小坂れんこんはすべて手掘り。膝《ひざ》まで埋まる泥の中をさぐりながら掘っていく。息を切らしながらの作業は、泥地獄といっていいほどに過酷である。

小坂れんこんと名が付くのは小坂町、疋田《ひきだ》町、横枕《よこまくら》町などで採れるものだけで、藩政時代から金沢の特産物だった。砂壌土と粘土が混ざった土質がれんこんに最適だったし、近代になってからは品種改良がすすめられ、色白にも肉厚にも磨きがかかった。

疋田町では本《もと》一郎、誠一さん親子二代がれんこん作りに励んでいる。そろそろ花が終わり、実が熟しはじめる夏の明け方。奥さんが葉を刈り取り、一郎さんが掘り、誠一さんが掘りあがった泥つきを籠《かご》で運ぶ。

本さんの家は河北潟にもれんこん田をもち、そこではポンプ掘りをしているのだが、ここ疋田町の田ではすべて手掘りである。泥付きでないと、金沢の人は見向きもしないのである。実際、泥が付いていると多少時間がたっても味が落ちない。それだけに、冷たい水で泥を洗い落とすのは金沢の主婦の歳時記になっているくらいである。

本さんの家では掘りあげたれんこんの先端をスライスし、氷の上に並べて刺身のようにわさび醤油で味わうのをいちばんの美味とする。

また、小坂れんこん独特の粘性を生かすため、すりおろして用いることも多いとか。すりおろしを油で焼いてお好み焼き風にすればシンプルに風味を味わえるし、そのまま味噌汁に落とせばねっとりとろりとした口当たりがたまらない。つなぎを入れなくてもまとまるのが、小坂れんこんの特徴である。

でも、すりおろしたれんこんを味わうなら、はす蒸しが最高。これは加賀料理の定番でもある。金沢の郷土料理研究家、青木悦子さんの調理法は——すりおろして溶き卵を加え、塩、みりんで味つけ。これを鰻《うなぎ》の蒲焼《かばやき》、椎茸《しいたけ》、銀杏《ぎんなん》などの具と合わせ、器に入れて蒸す。熱々に薄味のあんをかけ、青みを添えれば、目にも鮮やかなできあがり。

家庭向きのバリエーションには、団子汁がおすすめ。体があたたまる。すりおろしと片栗粉を合わせ、すりおろしたときの汁を煮詰めたものを加えて、塩味をつけて団子にまるめる。沸騰《ふっとう》しただし汁に落とし込んで味噌を溶き混ぜ、薬味に葱《ねぎ》を散らす。熱いうちがごちそうである。

穴のあいた形を生かすなら、海老のはさみ揚げ。海老のすり身に卵白、塩、片栗粉、生姜《しょうが》のみじん切りを加え、薄切りのれんこんでサンドし、衣をつけてからりと揚げる。朝食には天つゆで煮直そう。もっと簡単にはスライスをごま油で炒《いた》めて醤油《しょうゆ》とみりんで調味したきんぴら。しゃきしゃきの食感が目覚まし効果になる。

団子汁

本誠一
tel & fax 0762-58-1279

コラム　金のジュース銀のジュース

この前の夏は西瓜《すいか》、梨《なし》、桃、葡萄《ぶどう》を追いかけて東北の畑を駆《か》けめぐった。おかげで、行く先々で摘んできた果物が、わたしの狭い台所で小山となった。冷蔵庫には入りきらないし、ジャムにするには多すぎる。そろそろ黒ずみはじめたのもあった。ほんとにくやしかったなあ。

それじゃあ、どうしたらいいか。ジュースにしてじゃんじゃん飲んでしまおうか。果糖は朝食にはいちばんだし、ビタミンはいつだって歓迎だ。せっかくたくさんあるんだもの、贅沢《ぜいたく》にきゅっきゅと手絞りすることにした。ガラス製のスクワイザーに押しつけてひねるだけで、幸せなぐらいたくさん果汁がしたたたってくる。思わず、指についたのまでなめてしまったものである。

実は、いままでだって由布院《ゆふいん》の玉の湯や、那覇の沖縄第一ホテルはじめ、旅の朝ごはんではフレッシュジュースに感激していたのだが、いざ自宅で作るとなるとジューサーなどの後始末が面倒だったり、オレンジやグレープフルーツはそのまま食べるほうが好きだったりで、自分で絞るところまではいかなかった。在米の友人、川上孝子さんをカリフォルニアの家へ訪ねたとき、絞りたてオレンジジュースで始まる朝ごはんでもてなされ、オレンジの芳香とすばらしいコクに感動したのがトラウマになっていたのかもしれない。

朝のジュースというと果物と思いがちだが、健康志向の強い現代では野菜ジュース党も増えている。とくに青汁、にんじんジュースのファンが多いようだ。いわゆる青汁製品はキャベツの祖型のケールが主原料になっていて、ビタミンA、Cやカルシウム豊富な点が魅力のよう。にんじんジュースはカロチン人気による。でもわたしは、既製の野菜ジュースにあまり積極的にはなれない。原料の安全性がわからないし、輸入野菜が多用されているのも不安。海外では一部の国を除いて農薬の使用規準が法律化されていないのである。

それなら国産のにんじんなどをもっと活用すればよさそうなものだが、それはそれで生産者側にとっては迷惑らしい。こんなことがあった。北海道のにんじん産地を取材したときである。大型ハーベスターでダダダッと抜き取られたあとには、機械に引っ掛からなかったにんじんがごろごろ。朽ちるのを待つだけだったし、抜き取った方だって、見栄えのよいものだけが選別されて残りはポイ捨てされるのが普通。農協が出荷を受けつけてくれないからである。

誰かが無駄にしようと思っているわけじゃない。農協に融通という言葉がないのがいけない。それにしても、一本買えばきんぴらからジュースにまで無駄なく使いたいという消費者の心理とはまるでずれている。もしかすると生産者の心ともギャップがあるのかもしれない。

そんなこんなだから、朝のジュースにはみずから選んだ果物や野菜を絞るのが理想的なのだが、そうもいかないのが都市生活。くさっていたとき、たまたま長野県松本市のナガノトマトの製品を見つけ、缶ジュースを見直した。トマトの青臭さが、そのままおいしさに昇華していたのである。この会社は日本の無着色トマトケチャップの草分けで、信州の野菜や果物に愛着し、ジュースでも長野県産原料のすっきりした飲み口の製品を作っている。わたしには朗報だった。

なお、近頃は、トマト、りんご、みかん、ブルーベリーなどの産地で、ジュースを手掛けるところが増えている。安全性と味を確認できたら、まとめて取り寄せしておくと、朝ごはんのテーブルが爽《さわ》やかになるだろう。岡山・東粟倉村《ひがしあわくらそん》の小さなホテル、〔田舎の日曜日〕ではこうしたジュースを朝食に出してくれる。糊のきいたテーブルクロスで味わう一杯は最高だ。ちなみに朝食べるフルーツは金の効果、昼のフルーツは銀だという。それなら朝はジュースにした方が摂《と》りやすい。どのジュースだって、栄養的にいえば黄金色なのである。ブランチに飲めば銀になるはずだ。

ここでわたしの特製ジュースをご紹介してしまおう。ほんとは料理研究家・三田村節子さんの受け売りなのだが、少しずつはアレンジしてきているので、オリーブ（わたしのニックネーム）流モーニング・ジュースといってさしつかえないだろう。

という前置きのわりに作り方は簡単で、冷蔵庫にある青菜なんでも（ほうれん草以外）と、パセリ、セロリなどの香味野菜をすり鉢《ばち》でどろどろになるまですりつぶすだけ。オレンジジュースかりんごジュースで薄め、はちみつとレモン汁を適宜加えて飲めばそれでよろしい。わたしは食物繊維なしでは困る体質なので目をつぶって全部飲む主義だが、どろどろを布でこすだけでずいぶんマイルドな味に変身するはずである。

ナガノトマト
tel 0263-58-2288
fax 0263-58-3332

第2章　朝ごはんのおなじみ食材

――海の幸山の幸

いつもの食材のさまざまな顔

朝ごはんは食の縮図である。各地の、いろいろな職業の、年代さまざまの、ライフスタイルとりどりの朝食体験を重ねるにつれ、その思いがつのる。焼酎《しょうちゅう》をひっかけて朝食を始める北海道の酪農家。さんまのたたきに湯をかけてすする漁師。立ち食いそばが朝の胃袋には最高というサラリーマン。日本人は雑食の民でもある。

主食からみると、ご飯はもたれるのでパンがいいという声がすっかり定着しているようで、支度の簡便さからもご飯離れが進行している。そばやうどん、そうめん、スパゲッティなどを朝から食べる家庭も結構ある（ベトナムの朝ごはんの定番はフォーというどんである）。そのうえ、牛乳を注ぐだけで即食べられるコーンフレークなどのシリアル（穀物の圧扁《あつぺん》加工品）、電子レンジで解凍するだけでＯＫの冷凍パンケーキやおにぎりなどの愛用者も増えている。

一方で、「旅館の朝ごはん」や「市場の朝ごはん」といったイメージが人気になっていて、誰もがよだれを流すのも事実である。湯気の立つご飯に、豆腐とわかめの味噌汁《みそしる》、ぱりっさくっの嚙《か》み心地のたくあんと浅漬け、ほどよい塩気の焼き鮭《さけ》、よく糸を引く納豆、大根おろしと白す干し、海苔《のり》、梅干し。自ら否定してきたはずの定番の朝の食卓に、いまは老いも若きも心躍らせるのである。

わたしもその一人。朝ごはんの原稿を書いているうちに、明日は早起きして、だしをとり、あれ食べよう、これ作ろうという気持ちになる。そしてあらためて認識したのだが、わたしも結構、朝から雑食らしく、おなじみ食材を数えていくときりがない。次ページ以降に記しているほかにも、目刺し、みりん干し、油揚げ、ゆば、がんもどき、辛子めんたいなど、好きなおかずがすらすら並ぶ。稀《まれ》だけど、にんにくをきかせたモーニングステーキだって食べるほどだ。

それにつけても、わたしは和風、洋風、エスニック風と気まぐれに食べるばかりで、スタイルが定まっていないのが恥ずかしい。でも、そんな朝ごはんであっても毎朝食べているからこそ、忙しい仕事を続けてこられたのだと思う。そして、生産者との交流が生まれたおかげで、朝の食卓はにぎやか。梅干しをなめると都城の徳重さんの顔が思い浮かび、海苔でごはんをくるめば、お米の佐藤さん、海苔の島内さん、斎藤さんや溝畑さんの声を思い出すという具合。日本の朝ごはんならではの楽しみなのである。

そんなおなじみの食材の中から、本書では三十一品目をご紹介したい。

うどん

ご主人の転勤でアメリカ西海岸に暮らす友達を訪ねたときのこと。「朝ごはんには、うどんをゆでるの」という彼女の言葉にびっくりした。和食が恋しくて豆腐や納豆を食べるのはわかるけれど（七〇年代後半にアメリカでは自然食品が見直されて豆腐が人気になり、製造販売されていた。豆腐クッキングの本も人気だった）。

その後、日本人の朝ごはんの実態を調べてようやく納得できた。めん類はのどごしがよく、即効エネルギーの炭水化物なので、寝起きに食がいまひとつ進まない頭脳労働者にはうってつけの食材なのだ。食事時間が後ろ倒しになりがちな都会生活者にも同じことがあてはまる。

遠距離通勤サラリーマンは寝起きのままとりあえずターミナル駅まで来て、そこでようやく胃袋が目覚める。立ち食いうどんをすすってからオフィスへ行くと、ちょうど具合がいいのである。わたしもついこの前、渋谷から茨城の陶芸家を訪ねるため、乗り換えの取手《とりで》駅のホームで立ち食いをして、都心から田舎町へと逆方向ではあるものの、サラリーマンと同じ胃袋体験をした。初めにかけうどんを注文してから、生卵を追加する自分に笑いもした。わたしの場合は到着後ただちに始めるインタビューのためのエネルギー・アップが目的だったが、きっとサラリーマンのみなさんも会議や営業活動のリキをつけるために卵を注文するんだろうなあ。

ともあれ二十一世紀に入ってますます朝の立ち食いそば屋は大盛況だし、ウイークデーのみならず休日も朝からめんという家庭は多いようだ。寝坊して起きた朝でもお湯を沸かして乾めんをゆでるくらいなら気軽にトライできるからだろう。

わたしは各地のめんをストックしており、そばも大好きだが、朝ごはんにはうどんの方がしっくりくる。うどんは気取りがないのだ。駅そばだってほとんどが、そば粉は三割で七割は小麦粉だから、おおむねうどんといっていい。

小豆島《しょうどしま》の森本商店製の半生《はんなま》手延べうどん。小豆島は日本有数のそうめん産地だけに、もともとはそうめん業だったが、手延べの技をうどんに応用し、いまやそうめんをしのぐ人気商品に仕立てた。というのも生まれ育った小豆島は、香川県高松市から高速船で三十分と、讃岐《さぬき》とは目と鼻の距離。讃岐うどんの全国区ぶりに、森本さんはめん職人として闘志がわき、あっちが包丁でぶっとく切るなら、こちらは得意の手延べで細くやろうとなったのである。

ところで小豆島はオリーブの島でもある。が、船が土庄《とのしょう》港に近づくと岸壁にはごま油工場の看板が目立つし、ごま油の香りがぷーん。四百年続く名産そうめんにごま油を用いているからである。同様に、うどん玉の手延べにもごま油が不可欠。つるつるさせてやってこそ生地は延びやすくなるのである。酸化を防ぎ、風味をアップさせる効用もある。かたや、マスプロメイド品は小麦粉をこねた生地を機械仕掛けのカッターでしゃかしゃか断ち切るだけなので油はいらない。

森本商店は、『二十四の瞳』の舞台に近い内海町《うちのみ》にある。醤油《しょうゆ》や佃煮《つくだに》の工場(小豆島は醤油と佃煮も特産)が連なる一角で、森本さんのところも一見、町工場風。二階では扇風機が回っている。森本さんは天日干し礼讃《らいさん》ではないからである。砂埃《すなぼこり》が付着するのがいやで、室内乾燥にしたのは二十五年も昔のこと。天井の扇風機の回転数をその日の気温で調節してやれば、天日干し以上の製品が生まれるそうだ。

また、うどんの理想乾燥度を二十三パーセントと見きわめ、味が最高のその時点で出荷するため、製品がわかわかしい。小麦粉は香川県産と豪州産の中力粉を混ぜたもの。塩水でこね、熟成させてからひも状に縒《よ》り、油を塗って筵《むしろ》を編むように二本の棒に掛け渡し、天地に引っ張って、徐々に細く延ばしていく。

この作業がいわゆる手延べで、小麦粉のたんぱく質——グルテンもそのまま延びているから、弾力感が籠《こ》もっている。カッターでグルテンをずたずたにしてしまう機械生産との違いはこの点にある。

仕上がったうどんは長いまま折り曲げられ、袋に収まっている。鋏《はさみ》でちょきんちょきん。ゆでると、干しうどん特有の日なたくささがなく、やわやわとやさしい。それなのにしたたかな歯ごたえがあり、固ゆでの場合なら、うどんアルデンテとでもいう快感を堪能《たんのう》できる。小麦粉のほのかな甘味と、打ち立ての讃岐うどんにも負けないレア感もこころにくい。

こんなうどんだから、忙しい朝には釜揚《かまあ》げが一番のおすすめ。これをざるに取り、生卵をからめて醬油をちょろりと落としたうどんカルボナーラもすばらしい。

なお同じ手法による生手延べそうめんやオリーブ油使用のものもある。

毎日、森本さんは午後から海釣り三昧《ざんまい》とうらやましい暮らし。でもそれは午前零時起床、午前一時から粉をこね始め、十四時間がかり、すなわち午後二時までぶっ通しで仕事をした後の釣りライフなのである。釣りの前の第一食め、つまり朝食が自前のうどんなのはいうまでもない。

森本商店
tel 0879-82-0043
fax 0879-82-3951

梅干し

海外旅行には誰もが持参する。日本旅館に泊まると、朝、おねえさんがお茶と一緒に運んでくる。日本人の食生活の原点といえる必需品である。幼い頃のわたしも、茶の間の蓋物《ふたもの》に入った小梅に砂糖をまぶして毎朝食べていた。酸《す》っぱくて甘くて――。いま思うと、そんな習慣が昭和という時代そのものをあらわしていたのかもしれない。種を庭へぽい捨てしていたし、見つかってお行儀がわるいと叱《しか》られたような気もする。

この梅干し、八代将軍・吉宗の紀州が有名だが、薩摩《さつま》にも逸品がある。もっとも、こちらは徳重文子さんひとりの奮闘である。

徳重さんの紅梅園をわたしはイチオシにしたい。食品づくりに人生を賭《か》けている方はたくさん知っているが、一直線に、突っ張って生きてきたとなれば、まずこの人だ。前著『日本の朝ごはん』の表紙写真の梅干しももちろん徳重さんのものである。

紅梅園は、自家農園・自家製・直販の梅干し屋さん。でも徳重さんの名刺には『百姓』と肩書がついている。梅干しを作るためには、まず梅の木を育てるべしという主義だからである。百姓は百姓でも梅百姓といったほうがふさわしい。

「わたしの梅干しは無添加に間違いありませんが、その前に、材料の梅そのものが自然のままなのが特長なんです」

娘時代から有機農業を実践し、中年期の病いも更年期の憂鬱《ゆううつ》も、梅干しと手作り野菜で完璧《かんぺき》に乗りきったと笑いとばすだけに、その一言には迫力がある。六十代後半だが、十歳は若くみえる。

梅園があるのは宮崎県都城《みやこのじょう》市郊外。霧島山麓《さんろく》のこのあたり、江戸時代は薩摩藩のお膝下《ひざもと》だったし、廃藩置県後一世紀半たっても隼人《はやと》の風に満ちている。

紅梅園の花は純白。木の周囲にはびっしり堆肥《たいひ》がはいっていて、足元がウォーターベッドのように弾むから、長靴をはかなければ樹下に近寄れない。干し草と油粕《あぶらかす》の効果で地中には有用微生物が元気にうごめき、土が呼吸している。それゆえのやわらかさなのである。

早春。梅の花がほころび始めると、徳重さんから電話がちょくちょくかかってくる。開花時期の早い遅いや花の咲き加減などが、実の出来に結びついているからである。

梅のころ、わたしも駆けつけたことが二度三度。梅の樹の下で花を見上げ、土の匂《にお》いをかぎながら、梅干しのおにぎりをほおばると、寿命が五年はのびる気がする。

梅の花がこぼれ散り、剪定《せんてい》をすませると春が過ぎ、五月末には青梅がふくらんでくる。漬け込みシーズン到来である。

大切に育《はぐく》んだ箱入り梅だから、漬ける塩にも吟味を尽くす。原産地の中国・福建省まで足を運んで納得したという塩は、古代製法で海水を干したもので、六十八種類ものミネラルを含む。この塩でほんのり黄ばんだ梅を下漬けする。塩分量は十二パーセント。流行の減塩タイプは七〜八パーセントだから、かなり塩気がきつい。でもひと昔前の梅干しは二十五パーセントが普通だったし、最近の全国平均も二十パーセント。紅梅園の十二パーセントという数字は、梅の風味・保存性の両面から割り出したベスト塩分量なのである。

さて、下漬けした梅は南国の陽で何度も干してはひっくり返す。土用干しは三日三晩というが、徳重さんは延べ五日ほども干す主義である。皺《しわ》がほどよく寄ってきたら本漬けにかかる。下漬けの副産物の梅酢と赤じその葉を一緒に桶《おけ》に漬け込むのだが、このときの赤じそも有機栽培したもので、色が濃くてビタミンAに富む。

漬け上がった梅干しは大ぶり。紀州梅の小柄、色白、柔肌ぶりに比べると無骨だし、日焼け肌で皮も厚い。だが、ひとたび口に含めば梅酸っぱさと塩味が大きくまあるく広がる。文字どおり塩梅《あんばい》がよい。

梅干しのクエン酸はエネルギー代謝を活発にしてくれるそうだ。またリンゴ酸が多いほか、たんぱく質、カルシウム、鉄分、ビタミンもたっぷり。たとえしゃぶりつくしたって種を捨てる気にはとてもなれない。

　そのせいで、台所のガラス壺《つぼ》に種がたまりにたまってしまい、ついに金工作家の友達に頼んで〝種〟ブローチを作ってもらった。銀の四角い網の中に種をとじこめたり、銀の針金でぐるぐる巻きにしてと、調子にのって五パターンぐらい頼んだ。徳重さんにも当然、プレゼントした。口に入れたものをさし上げるとは、なんとも失礼な話だが、これこそエコロジカルな発想ではないかと、わたしはひとり悦にいっている。

　朝はそのまま口に入れればいいが、ここでは、わたしが好きな梅茶漬けをおすすめしよう。梅干しをほぐして、揉《も》みのり、揉《も》んだかつお節、おろしわさび、醤油と混ぜる。これが梅茶漬けの素になる。ご飯にのせ、お茶でもだしでも白湯《さゆ》でも、好きなものをかければいい。朝のお茶漬けさらさらは気分がいいもんである。

紅梅園

tel 0986-22-6325
fax 0986-22-2809

かまぼこ

板わさ――つまり、かまぼこにわさびを添えれば、そば屋の品書きの一品になるが、ときたま旅館の朝餉《あさげ》でも対面する。ぷりぷりしているのにしなやか。咀嚼《そしやく》するうちに頭がはっきりし、そこへきーんとわさびがきいて、陶然としてしまう。箱根や湯河原あたりの宿で出会うことが多いのはあったり前で、小田原という天下のかまぼこ産地のお膝《ひざ》元《もと》だからである。瀬戸内の広島や山口の家庭で朝ごはんをごちそうになったときも、かまぼこが並んだことがあるから、かまぼこ自慢の土地では朝からなじみ深い食材なのであろう。

漢字では蒲鉾と書く。魚をたたいてすり身にし、手近な串《くし》に塗りつけて焼いてみたらおいしかった……。その形が蒲《がま》の花穂に似ていたし、武器の鉾《ほこ》にも見えるというので、当て字したのだろう。それにしても蒲の穂とは風流な。東京人が連想する板付け蒸しかまぼことは様子が違うみたいだし、関西以西に一般的な簀《す》巻《ま》き焼きかまぼことも異なる。棒に巻きつけて焼いたあたりは、竹輪《ちくわ》のネーミング伝説に近いような気もする。全国蒲鉾水産加工業協同組合連合会会長にして、築地の佃權《つくごん》四代目金子喬一さんにうかがうと、あれもこれもすべて「かまぼこ」と呼んでかまわないらしい。「はんぺんも、伊達《だて》巻《ま》きも、つくねを揚げたいわし玉も、かまぼこのうちと解釈してますし、九州のさつま揚げや四国の天ぷらも同じです。つまりは魚の美味なる保存法として海辺で育《はぐく》まれてきた練り製品がイコールかまぼこなんです」とのこと。

確かに、海辺を旅すればお国自慢のかまぼこにしじゅうぶつかる。だが、スケトウダラの冷凍すり身が普及して以来、形は違えど味は全国おっつかっつ。混ぜ物も気になる。回り道してまで買いたいかまぼこにはなかなか出会えない。

すると、水産練り製品の碩学《せきがく》で、かまぼこ博士ともいえる志水寛《しみずゆたか》高知大学名誉教授（二〇〇〇年二月逝去《せいきょ》）からうれしい連絡。原料は生のえそだけ。えそが入らない日は休んでしまう一徹な店が存在するというのだ。それは高知市近郊、赤岡町の矢間《やざま》かまぼこ店。夫婦とおばあちゃんだけなので生産量もわずか。それなのに、車で駆けつける客が絶えないという。

「いつ訪ねても、ぴかぴかに磨いた道具で、実に清潔に仕事しているんです」と、志水先生は手放しである。そのにこにこ顔がかまぼこのおいしさを語っていて、わたしは赤岡町へ駆けつけたくなった。

赤岡町は高知市から東へ十九キロ行った海辺。泥絵師の絵金の屏風《びょうぶ》絵と、生じらすのどろめを肴《さかな》に大酒を競う春のどろめ祭りで知られる。さらに進めば阪神のキャンプ地・

安芸《あき》で、野球選手がわざわざ練習に来るくらいだから、冬でも温暖。なにしろ目の前は黒潮の土佐湾なのである。

そして、黒潮でもまれて育ったえそという魚こそ、かまぼこになるためにだけ網にかかる魚。小骨が多いのでそのままでは食べづらいのだが、白身の肉は旨味《うまみ》の宝庫。すり身を蒸し上げると、しっとりしているのに腰のあるかまぼこができる。

朝八時半。師走《しわす》というのに赤岡町は初夏のような陽射《ひざ》しである。戸を開け放ったタイル貼《ば》りの作業場で、夫婦はまな板に向かっていた。足元のトロ箱には氷詰めのえそ。ざっと二十センチ長さの体は薄茶の格子《こうし》柄が小粋《こいき》。見るからに引き締まっている。その頭をとんと落としては腹を裂き、わたを抜く。別のトロ箱で赤い鱗《うろこ》をきらめかせているのは赤はぜという小魚。えその旨味の引き立て役で、二割量ほど加えるとかまぼこにふくらみが出るそうな。

「えそでないと、土佐のかまぼこの味は出んと、親父、よくいうてたなあ」「魚に傷つけたらあかん、というのも口癖やったね」と、夫婦。先代のいごっそう（信念を曲げないという意味の高知弁）な職人魂を二人はきっちり守っているのである。

下ごしらえがすむと採肉機で皮や骨を除き、水にさらして漉《こ》し袋で水をきる。これを御影石《みかげいし》の石臼《いしうす》ですりつぶし、塩とみりんで調味。そして杉板にこんもり塗り付けて蒸し上げる。表面をきつね色に炙《あぶ》り、巻き簀で形をととのえると、手仕事はようやく終わりである。なお、休みは日曜と、原料の魚が入らない日。焼きかまぼこは板付けと、切り口が丸い大丸の二種。蒸しかまぼこは大丸のみとのこと。

　さて、店先で厚切りをがぶり。しこっふわっとした食感ですっきり塩味。奥に天然の甘味がひそんでいる。

うっとり顔のわたしに、おかみさんが「うちのかまぼこはお刺身感覚で食べられるんです。薄切りにしてもいけますよ」と、掌《てのひら》にのせてくれる。その潔《いさぎよ》い美味に、わたしは坂本竜馬の生きざまを重ね、二切れめに手をのばした。

　帰京後、無添加の生ものゆえ、さっさとたいらげたのだが、親子丼《どんぶり》風に卵でとじてもおいしかったし、朝ごはんに板わさと洒落《しゃれ》てみたら、ビルの谷間のわが家までしばし潮騒が届いた。

矢間《やざま》かまぼこ店
tel & fax 0887-54-2045

牛乳

ミルク飲み人形を抱えていた年頃から、わたしは牛乳好きである。牛乳瓶の紙蓋をこじあけて飲んで、学校へ飛び出していった朝もあったっけ。背が伸びたのはきっとそのせいだし、体質からいえば脆弱《ぜいじゃく》な方なのに、ン十年も仕事をこなしてこられたのも、少女期からのミルク貯金のおかげだと思う。牛乳はビタミンC以外のすべての栄養素を含む完全完璧《かんぺき》な栄養液であり、なかでもカルシウム源としては最高だと信じてきた。

だが二十年ほど前、ハワイ出身のある日系女性に「牛乳は砂糖、小麦粉と並ぶ三白のひとつ。色が白いものは体に悪い。牛乳は飲みません」と断言されたときは、たじろいだ。食物や化学物質アレルギーの頻発を予知したアメリカ映画『セーフ』を見たときもぎくっ。アレルギーに苦しむヒロインが牛乳好きという設定だったからである。

いまのわたしは、条件付きの牛乳ドリンカーになっている。条件とは、飼育環境と餌《えさ》が牛の健康を配慮したものであること。人間にストレートに影響するからだ。そしてノンホモジナイズ（高温高圧で牛乳の脂肪球を砕くことをホモジナイズといい、成分は均一化するが、変質するといわれる）で、低温殺菌の製品が好ましい。しあわせなことに、現在はさまざまなノンホモ低温殺菌が流通するようになっている。

筆頭は岩手県岩泉町の中洞《なかほら》牧場産のエコロジー牛乳。牧場は北上山地の過疎《かそ》地にあり、中洞正・エク子さん夫婦が四人の子供たちと一緒に、五十ヘクタールの土地に五十頭の牛を放牧し、しぼった乳は工場で六十二℃三十分で低温殺菌処理する。販売もしている。規制緩和で生産者が直接出荷することが可能になったからである。

このエコロジー牛乳を、スーパーの安売り超高温殺菌牛乳と飲み比べれば、違いは瞭《りょう》然《ぜん》。焦《こ》げ臭がなく、甘く、喉から胃へ落ちるや体へスムーズに染《し》み込んでいく。低温殺菌とはパスチャライゼーションのことで、パスツール博士の名に由来する。病原菌だけが死滅する程度の低温で殺菌するため、害のない菌は多少生き残るのだが、それらが開封後に侵入してくる悪い菌と闘ってくれるため、普通の超高温殺菌牛乳よりむしろ日持ちがよい。だから、伝統的な酪農国では風味と安全性との両面から低温殺菌が常識である……。

中洞さんから教わった牛乳知識のうちでも衝撃的だったのは、一般に流通している牛乳のうち本物はごく一部だということ。乳脂肪分を減らしたり、バターや脱脂粉乳などを混ぜ合わせた加工乳が大半のうえ、さらにカルシウムやコーヒーを添加した乳飲料も多いらしい。あの二〇〇〇年夏の食中毒事件は、賞味期限が切れた脱脂粉乳製加工乳をを超高温殺菌して再利用したのが原因であったという。

だけど、世の中、捨てたもんじゃない。志を高くもち、規模極小で安全な牛乳をめざすメーカーもある。飛驒《ひだ》古川の牧成舎《ぼくせいしゃ》もその一つ。岐阜県高山市郊外、乗鞍《のりくら》を望む丹生《にう》川《かわ》村が発祥地で、大正十年、古川に移転して販売を開始。牧成舎という古風な屋号はそのときからのものだそうで、わたしも屋号に引かれてのご縁。そもそもは……六本木で見つけた最中アイスの皮に〝牧成舎〟の名と十四弁の菊花がデザインされていて、その古めかしさが妙に新鮮でつい買ったことがあった。皮をパリッサクッと嚙《か》むとアイスがトロリとろけてミルクの風味が広がり、さらりとした甘味。問い合わせると「牛乳メーカーですから、牛乳も飲んでみてください」との応答。よし、行ってみようじゃないか。実は、飛驒古川に心誘われたせいもある。高山の素朴さだけを集約したような町で、旅情たっぷりと聞いていたのである。

駅から川沿いに歩くとすぐ。牧成舎は、事務所にも工場にも配達車にも、大切に使い込んできた様子がありあり。それが堅実な経営姿勢をあらわしていた。

三代目・牧田昭信さんは古稀《こき》間近とは思えないエネルギッシュな方だった。天領だった土地ゆえ、旧家の旦那《だんな》といった風もあって、北海道や東北の純酪農家とはひと味違う。それでいて、「赤ちゃんから病人、お年寄りまで安心して飲める牛乳を目指してます」という言葉からは、酪農家魂が熱っぽく伝わってくる。一方、後継者の次女・礼子さんもモダンな顔だちのおっとり美人なのに、家業となると秘めたる情熱を発揮する。

牧成舎の牛乳は、本物のおいしさを消費者に届けたいという願いから、六十五℃三十分間の低温殺菌をほどこすだけ。焦げ感はゼロ。甘みと爽《さわ》やかさが心地よい。こんな大胆な製法は、原乳の品質に自信がなければ踏み切れない。そのため、代々付き合いのある飛騨の酪農家たちとあらためて専属契約を結び、愛情深く育てられたホルスタインの乳だけ集めるのである。礼子さんに案内された一軒では、牛は鼻輪なしのまま、柔和な顔で餌を食《は》んでいた。

牛乳工場へ戻ると、飛騨の山並みがステンレスの牛乳タンクに緑あざやかに映っていた。その前で、「昔のように自社牧場で放牧したいんです」と、牧田さん父娘は口を揃《そろ》える。そして、「こういう牛乳をね」と、コップをわたしに差し出した。すぐに、ごくりといただく。高原の草の匂《にお》いと太陽の香りが、喉から全身に染みていった……。

中洞牛乳

tel 0193-87-5959
fax 0193-87-5678

牧成舎

tel 0577-73-2226
fax 0577-73-4763

紅茶

目覚めの一杯はコーヒーにして、紅茶はティータイムに楽しむ。紅茶をがぶ飲みする朝もあるけれど、それはきまって風邪《かぜ》の前触れ。わたしの朝の紅茶は体調異変のサインなのだ。体からの自然な欲求である。紅茶は風邪ウイルスを抑えることが実証されている。成分中のカテキンの一種、テアフラビンジガレートがその役目をするそうだ。この成分は牛乳のたんぱく質と結合しやすいので、ストレートで飲む方がよく効くらしい。

コーヒーとの相違は、カフェインがカップ一杯あたりコーヒーの約二分の一ということ。そのため、覚醒効果がゆるやか。でも、疲労回復効果が負けず劣らずなのは頼もしい。また、コーヒーは気分を高揚させるが、紅茶はリラックスさせる。脳波をチェックすると、飲んだ後はα《アルファ》波がよく出るそうな。

そういえば、良質でおいしい紅茶の普及に全力投球している方々は、仕事ぶりはエネルギッシュなのに、どなたも恬淡《てんたん》としている。もしや、一日に何杯も何杯も飲むうちに、解脱の境地に達するのであろうか。

アイルランドの老舗《しにせ》・ビューリーズ紅茶を輸入するネイチャーズウェイの萩原秀樹さんもそんな一人。わたしはマスカットの香りに譬《たと》えられるダージリンが好みなのだが、萩原さんの〝アイリッシュ・ブレックファスト〟は、このダージリンにコクのあるアッサムをブレンドしてある。そのぶん風味がくっきりしていて、朝のもやもや頭をすっきりさせるのにうってつけ。赤ワインのような深みのある色も印象的である。

「消費量が多いせいで、アイルランドの紅茶は原料が新鮮。インドやケニアの契約農園から、旬《しゅん》の茶葉をまめに買い付けては製茶しているんです」と萩原さんが力説しているし、日本への輸入時に残留農薬チェックをしているのも安心だ。

アイルランドは、国民一人当たりの紅茶消費量が世界一。ビューリーズは一八四〇年創業で、首都ダブリンにあるビューリーズ・カフェはJ・ジョイス、W・B・イェーツなどが常連だった。中国原産、学名カメリア・シネンシスという常緑照葉樹の新芽が「茶」として中国で飲まれはじめたのは三世紀より前といわれ、十七世紀初めに海路でヨーロッパへ伝来。やがて東インド会社がイギリスへ運んで貴族に紅茶愛好の風が生まれ、十九世紀からは各社の紅茶運搬船（ティークリッパー）が新鮮な茶葉を本国へ運ぶレースを繰り広げ、一般庶民にも浸透していく。ビューリーズは、その時代からの老舗なのである。

なお、紅茶用語でよく耳にするオレンジペコ（OP）とは、紅茶の種類やオレンジの香りがする茶ではなく、葉をカットしていないホールリーフの意味。また、ファーストフラッシュは一番摘み、セカンドフラッシュは二番摘みのこと。缶入りや瓶詰の紅茶は、ブレンドされているものがほとんどである。

意外なことを聞いた。「十七世紀のヨーロッパ人にとって、お茶は東洋のミステリアスな飲みもの。ウーロン茶に似た半発酵茶だったらしく、茶葉を煮出していたようです」というのである。なるほど、そりゃそうでした。紅茶といえど、原料は日本の緑茶と同じカメリア・シネンシスの葉。①摘む②しおらせる③揉む④発酵させる⑤乾燥させる⑥ブレンドという紅茶作りのうちで、①〜③までは緑茶、ウーロン茶、紅茶にほぼ共通。④の途中で加熱して発酵をストップしたのがウーロン茶である。もっとも、茶栽培が発達するにつれて、それぞれの茶に適した品種が栽培されるようになっており、紅茶では葉が大きく厚めのアッサム種がメインとされている。

国産だが、日本へは幕末に伝わり、明治政府はヨーロッパの紅茶人気に目をつけ、九州、高知、静岡などに紅茶製造伝習所を設けて生産を奨励し、ロンドンへも輸出した。品質がともなわず計画は頓挫《とんざ》したのだが、最近の紅茶ブームで再び国産が注目されているようだ。わたしも、緑茶取材で各地を回ったとき、秘蔵の自家用紅茶でもてなされたことが二度三度ある。「緑茶は摘んだらすぐに蒸さないとあかんけど、紅茶はしばらく置いておけるから楽だ」と、楽しげに作っていたのが共通だった。

忘れがたいのは熊本県水俣《みなまた》市の茶農家、天野茂さん宅の炉端でごちそうになった一杯。不幸な海の体験を決して繰り返すまいという覚悟のもとに、水俣では海辺の漁師も山間部の農家も、安全な食品作りに一心不乱である。農家は無農薬栽培があたり前。茶農家でいえば、とにかく安全で旨《うま》い茶をめざそうと研究熱心である。

そのうちでも、水俣の最奥部の石飛《いしとび》地区の天野さんの畑は、蜘蛛《くも》の巣が張っていたり、虫があちこちでうごめいているからすごい。こんな、夜は真の闇《やみ》に包まれるビノトープ（自然を残した生態園）で育つだけに、在来種主体の山茶ともいえる紅茶はあくまで力強く、野趣横溢《おういつ》。天野さん宅の炉端で、焼き芋とともに味わった一杯は、炭のパチパチ爆《は》ぜる匂《にお》いとともに記憶に鮮烈である。なお、水俣では肉桂（シナモン）が穫れるため、シナモンティがあるのもうれしい。

ネイチャーズウェイ

tel 03-3343-1666
fax 03-3343-1661

天野製茶園

tel & fax 0966-69-0918

コーヒー

♪昔、アラブのえらいお坊さんが……というコーヒー・ルンバがリバイバルしているが、わたしも朝、つい口ずさんでしまう。スターバックスやドトールで出勤前のひととき、コーヒーをぐいっとやっているサラリーマン、OLもそうなのだろうか。それにしても都会の外食朝ごはんは、ますますコーヒー一杯ですませる傾向が強くなったように思える。ファミリーレストランが朝食に力を入れてるし、ファーストフードや牛丼《ぎゅうどん》屋も同様。駅そばも元気。だがそれ以上に目立つのがモーニングカフェなのだ。コーヒーのカフェインは習慣化するのである。

わたしも飛行機で取材にでかける朝は、羽田で飲んでからチェックインする。でも、こんど沖縄へ飛ぶときはコーヒーはやめておくつもり。島へ着いたら、滞在中になんとか再訪し、再体験したいと熱望しているコーヒーがあるからで、そのためのコーヒー絶ちである。実は、わたしの朝は窓辺のコーヒーの鉢植えに「おはよ」と声をかけることから始まる。沖縄から抱えてきたもので、いつかこの豆で自家焙煎《ばいせん》のモーニングコーヒーとしゃれるのが秘《ひそ》かな夢なのである。

その味だが、苗と一緒に分けてもらった豆をほうろくで煎《い》り、ミルでごりごりやって、ドリップでいれてみたところ、酸みと苦みがうまく押し相撲をして、いいバランスだった。ジャマイカの高地でとれるブルマンの気品と香りはないけれど、おおらかさでは優《まさ》り、黒糖をつまみながら口に含むと、気分は南の島になる。

といっても木はまだ高さ二十センチ、てっぺんに葉が数枚あるだけ。カップ一杯分を収穫するには数年かかりそうだ。だいいちコーヒーの木は、赤道を挟んで南北緯二十五度幅のいわゆる「コーヒーベルト」が栽培適地と聞く。東京ではたして実をつけてくれるものやら……こころもとない。

でも、いい。毎朝水やりするだけで充分、満足である。葉脈がくっきり見える濃いグリーンの葉から、苗の親の和宇慶朝伝《わうけちようでん》さんの溌剌《はつらつ》ぶりが気功の遠隔治療のように伝わってきて、コーヒーを飲むのと同じくらい爽快《そうかい》なのだ。

朝伝さんは沖縄中部、東海岸にある具志川《ぐしかわ》市郊外のコーヒー園の主。地元の農林高校の先生を定年退職し、コーヒー栽培を趣味と実益で始めて三十年になる。いま九十歳だが、身の丈一四二センチの身体《からだ》はシャッキリシャン。多めに見積もっても七十代半ばにしか見えない。

五時起床が日課。千五百坪の畑で千五百本のコーヒーの木を育て、実を収穫・脱穀するのだが、自宅の庭も苗木の鉢で埋めつくされている。苗も出荷しているからだ。家族は「コーヒーはオジイの楽しみだから」と手をださない。最近は豆の人気が高く、東京からも引っぱりだこ。家でもめったに飲めないのが家族としては口惜しいらしい。

朝伝さんとコーヒーの出会いは定年後の生き方を手さぐりしていた頃。ブラジルに移住した親戚《しんせき》を訪ねた妹さんがコーヒーの生豆《きまめ》を土産に持ってきた。庭にまいたら、四年目に実をつけたのである。「北緯二十七度の沖縄でもコーヒーが育つんじゃ」と、朝伝さんはサンパウロへひとっ飛び。国立コーヒー試験場で栽培法をみっちり習得し、持ち帰ったニューワールドという品種で、六十歳から新世界へワープした。日本初のコーヒー栽培だった。

甘い香りの白い花は春から初夏まで。やがて若緑色の実がつく。赤く熟する十二月から三月までが収穫期。手で一粒ずつ摘む。この種子がコーヒー豆である。

朝伝さんはみずからコーヒーを栽培してしまったが、普通はコーヒーに魅せられた男たちは焙煎法を究めることに熱中するようだ。そば好き同様、マニアックな傾向があるのがコーヒーマニアである。そんな一人に西伊豆・松崎町で出会った。

高田啓治さん。奥さんの病気で数年前、東京から一家で移住し、無農薬の稲や野菜作りにチャレンジ。一方、コーヒー豆業界で働いた経験を生かし、個人輸入した豆を自家焙煎し、都会へ宅配便で販売する間菜舎《まなしゃ》を始めたのである。「コーヒーは生鮮食品」というのが信念で、眼鏡にかなった豆はブラジルの下坂農園産ボルボン種。じんわりまろやかに生豆のよさを引き出したフレンチローストである。

陽光がまぶしい海沿いの道から集落へ入ると、急にひんやり。古い民家がひっそり寄り合っている。その奥まったところが高田さん一家の住まい兼コーヒー工房。

本当のコーヒーのおいしさを知ってほしいからと、訪ねた人へはみずからネルドリップでいれてくれる。ドリップの細やかな配慮はまさしく職人芸。銀座の名コーヒー店のランブル流にたっぷりの豆にたぎる湯を糸のようにたらたらと注ぐのがコツ。その一杯は原始の森を思わせる香りとコク。とっておきの朝のために取り寄せたいコーヒーである。

和宇慶コーヒー園

tel 098-973-7675
（苗木の台風被害のため休業中）

間菜舎

tel 0558-43-0667
fax 0558-42-3663

ごま

「おっはー」は「おはよう」のこと。スマップファンならずともご承知だろうが、スマップの香取慎吾扮《ふん》するところの慎吾ママが突然、とある町のとある家庭に現れて、朝ごはんを作る設定の番組中で使われた言葉。二〇〇〇年の流行語大賞をとるほどに流行した。朝ごはんを食べたい、でも、作るのは面倒だという人たちがいかに多いかを示唆《しさ》しているといえるだろう。それにしても、明るい響きが朝の気分にぴったり。わたしもつい、ごまの瓶に「おっはー」と言いたくなる。

というのも、最近、朝ごはんに欠かさないのが黒練りごまのペーストなのである。なぜなら、いつまでも黒々ふさふさとはいかないのが緑の黒髪というしろもの。これをなんとか維持したい。そこで、大《おお》さじ一杯のごまペーストに期待するのである。そのままペロリでもおいしいし、青菜を和《あ》えてもいい。パンなら塗るだけ。蜂蜜《はちみつ》を重ね塗りすればいうことなしのリッチな味になる。

わたしがにわかにごま党信者になったのは、浪花《なにわ》のごま師、田中洋治さんに出会ってからである。この方、還暦過ぎというのに、一見、四十代。そして自前の黒髪がふさふさ。得意の台詞《せりふ》は「五十歳を過ぎたら、毎朝、黒ごま大さじ一杯。それが僕の若さの秘《ひ》訣(けつ)」だった。「ごまは料理の名脇役。味付けに用いると、俄然(がぜん)、料理が旨(うま)くなるので、ごまかすという言葉ができたんです」と付け足すのも忘れない。誤魔化すとは、味を
〝ごま化する〟ことなのであった。なるほどねえ。

　さっそく大阪市の南の端にある田中さんの工場を訪ねた。ごま師というのはわたしが名付けた秘《ひそ》かな敬称である。田中さんは六十年以上もの歴史を誇る練りごまメーカー、大村屋の社長さんである。練りごまとは、その昔、おばあちゃんが縁側ですり鉢を抱えてごりごりやってた、あのねっとりとろりのごまペーストのこと。その製法で特許をとり、製造販売しているのである。

　ごまは、紀元前三世紀以前からナイル川流域で栽培されていたゴマ科植物の実。枝ごと刈り取って乾燥させ、上から棒で叩《たた》くと小さな粒がぱらぱらとこぼれ落ちる。アジアへは〔ごまの道〕と呼ばれる経路で中近東、インドへ。縄文晩期に中国、朝鮮から日本へ伝播《でんぱ》した。

　初めは灯油として使われ、平安時代から食用になった。当時は貴重品扱いされていたから、平安貴族がどんなごま料理を食べていたのかしらと想像すると楽しい。室町時代になると豆腐、麩《ふ》などをごま油で揚げた料理が作りだされ、その後南蛮人が油を使った菓子を伝え、さらに天ぷらが生まれてごま油はますます普及していく。一方、十七世紀

中頃に黄檗《おうばく》宗の普茶料理が中国から伝わり、ごま豆腐などの美味なごま料理が広まった。現代でもごま豆腐が精進料理の代表なのはいうまでもない。

ごまには野性種と栽培種がある。田中さんによると、現存する野性ごまはアメリカのグランドキャニオンの渓谷にあるものが代表とか。ふだんわたしたちが食べているのは栽培種なのだが、色別でいうと、白、黒、茶、黄、黄金、緑など実に多彩。日本で使われているのは白、黒が圧倒的で、あとは金、茶が少し。また国産はあっても自家用程度だから、市販のごまイコール輸入品といっていい状態。

田中さんは黒ごまは中国などから、白ごまはグアテマラ、ホンジュラスなどからと、みずから現地へ飛んで仕入れる主義。なお、黒ごまには一枚皮と二枚皮があり、日本に輸入されているのは一枚皮がほとんどだが、田中さんは二枚皮にこだわっている。すりつぶしたときに真っ黒になるのはこれに限るそうである。

ごまは、健康食品の元祖でもある。「開けごま!」で岩が動いたアラビアンナイトや、中国や日本での仙人食伝説がその証拠。ビタミンE、リノール酸、オレイン酸、リグナン酸（セサミノール）、カルシウムや鉄分などが豊富なためで、すべて仙人にも現代人にも共通する大切な栄養分である。

その通りだということが工場の中へ入った瞬間にわかった。プーンと香ばしいごまの香り。皮むきに始まる加工作業は、ほとんど女性スタッフによる。しかも六十代以上が大部分でそれが全員、お肌つやつや、足腰ぴんしゃん。髪は乙女の黒髪そのものであった。彼女たちが毎朝、練りごまをたっぷり食べているのは間違いない。

なお、白ごまでいえば、外皮をむく一手間が大村屋の自慢。炒《い》り上げ、クリーム状にすりつぶして瓶や缶に手で詰める。昔ながらに石臼《いしうす》で挽《ひ》いたり、裏ごしした商品があるのもうれしい。白と黒は好みで使い分けてよいが、髪には黒の方がより効果的だそうな。説明する田中さんの頭上はその日、常に増して黒々としていた。

田中さんが伝授してくれたごま朝食メニューは、ごまミルク、ごまハニートースト、ごまドレッシングサラダの三種。ごまミルクは練りごま、牛乳を混ぜるだけ。ごまハニーも同様。ドレッシングは醬油《しょうゆ》入りの和風味が合う。これら、すべてに重宝するのがクリーム状の練りごまなのである。

大村屋
tel 06-6622-0230
fax 06-6629-1040

米

旅の感動は数々あるが、DNAが震えるようなシーンといえば、田植え直後の田んぼと、稲穂が波打つ秋の里の光景。越後や秋田の米どころもすばらしいが、高知の檮原《ゆすはら》土佐山村、福岡の星野村、丹後の宮津など、里山にまぎれた隠れ田では呆然《ぼうぜん》と立ち尽くしたものである。

もうひとつ、福島のいわきで見た田んぼは別の意味で印象的だった。赤、紫、黒、緑と、畝《うね》ごとに色の異なる稲穂が秋風にハミングしていたのである。もちろん無農薬の稲田。稲はコシヒカリより丈があるようだし、のびのび育っており、そして穂に触れたら刺《とげ》がある！　現代の米では退化した、針のような芒《のぎ》を一粒一粒が持っているのであった。

色さまざまだが、これらはすべて古代米。といって種類が明確に分かれているわけではないらしい。ポピュラーな赤米は種皮が赤く、五分づきにすると薄紅色の米粒になる。日本で栽培されているのはジャポニカ種（短粒）の粳米《うるちまい》で、縄文時代後期に大陸から伝わったそうな。お赤飯の起源ともいわれる。白米よりもたんぱく質、ビタミン、ミネラルに富んでいるとは、さすがご先祖さまだけのことはある。

田を案内してくれた相馬屋の佐藤守利さんが「卑弥呼《ひみこ》も食べていたんですよね」と、

さりげなくつぶやく。他県に先駆けていわきを古代米産地に育てあげたロマンチストの米屋さんである。その佐藤さんが、古代米に続いて惚《ほ》れ込み、農家に委託栽培してもらって、日本で初めて販売したのがミルキークイーンという米。農水省のスーパーライス計画から生まれた新品種で、コシヒカリをしのぐといわれる。冷めても甘味、粘り、艶《つや》があって、もっちりした食感はおにぎりにするのに最高だそうだ。

食管法改正で米が自由販売されるようになった現在、日本の米は多種多彩。産地、品種、栽培法へのこだわりのほか、研がずに炊《た》ける無洗米のようにプレ炊飯とでもいう便利な米まで出現。選択の幅が広がっているぶんだけ、おいしさを選ぶ尺度を自分なりに持たねばならない。

わたしなりの希望をいえば、顔が見える生産者の米を食べたい！　めんもパンも、シリアルだって変化球としては楽しいが、日本の朝ごはんはしょせん米に行き着くというのが、いまのわたしの実感である。

話は変わるが、ＮＨＫの日曜昼ののど自慢は現代の田舎をいながらに観察できる秀逸番組。会場の様子も出場者のファッションも都会とまったく同じなのに、出場者のコメントが地方色豊かなのが楽しいいし、ときに農家が自慢の作物をステージで披露するのもうれしい。

今日の昼もそんな場面に出くわし、わたしは突然、福島県の伊藤俊彦さんを思いだした。今頃は武者顔のあご髭《ひげ》をなでながら、田植えの指揮でさぞ忙しいことだろう。須賀《すか》川《がわ》市で農業生産者グループ・ジェイラップを率いる、男盛りの農家の当主である。

伊藤さんたちの作物は米、椎茸、いちご、桃、梨、きゅうり、トマトと多彩で、しかも安全、高品質。そのためには並外れた苦労があるわけだが、本人たちはそんなのは農家として当たり前だと思っている。それどころか作物を自前システムで効率よく直販し、日本の農家を元気づけたいというのが彼らの願い。意気盛んだ。

須賀川は白河から北へ車で小一時間。県内では中通りと呼ばれる平野部に位置する。那須連峰と阿武隈《あぶくま》山系にはさまれ、稲の熟す時期に昼夜の温度差が大きくなるため、糖度の高い米がとれる。また猪苗代《いなわしろ》湖からの安積《あさか》、新安積両疎《そ》水《すい》や阿武隈川支流が南北に流れているので水利がよく、土壌も豊かだ。

とくに稲田集落は文字通り米に最適な地。だが好環境に甘んじないのが彼らのすごいところで、土を疲れさせないように収穫量を欲ばらない。堆肥《たいひ》や栄養液は稲藁《いなわら》、籾《もみ》がら、米ぬかなどからの自家製で、化学肥料ゼロ。低毒性除草剤を一回きり。微生物がうごめく肥沃《ひよく》な土で稲がたくましく育つことに腐心する。そんな仕事をはじめて十八年になる。

また米は苗のよしあし次第。そこで種子は農薬ではなく、独自の強酸性水で病気予防したのちに蒔《ま》く。そして他県から運んだ粒子の粗い弱酸性赤土で成長を助けてやり、土着の病気も防止する。

稲の収穫後はもっと工夫がある。温室のようなガラス屋根の倉庫で二日間、天日をあてて太陽熱乾燥。正倉院の高床倉庫をヒントにした貯蔵庫で籾のまま蓄え、注文が来るたびに精米する。

わたしは、宅配便が届くのが楽しみ。稲田のお米は炊くと粘りがあって艶やか。米が銀舎利としてあがめられていた時代を思い、梅干し三個でお代わり三杯となってしまう。普通よりでんぷん中のアミロース比率、たんぱく質量が少なく、これが粘りと弾力性の源である。コシヒカリが主力なのに、品種神話に頼らず、すべて「稲田米」ブランドで出荷しているのも潔《いさぎよ》い。

相馬屋

フリーダイヤル 0120-12-3140
fax 0246-43-2948

ジェイラップ

tel 0248-62-5899
fax 0248-62-3060

桜えび

好きな宿といえば浮かんでくる一軒、伊豆・修善寺のあさば旅館。ここの朝ごはんの定番おかずは桜えびの炒《い》り煮である。現代美術とエスニックな骨董《こっとう》が溶け合ったロビーやサロン、池の向こうに能舞台を望むテラス、女将《おかみ》と若旦那《だんな》母子《おやこ》の「自分たちが気持ちいいことを、お客さまにもしてさしあげるだけ。料理も、自分たちが気に入ったものだけお出ししています」という姿勢が、献立にも味にもすがすがしさを与えている。

毎朝作る桜えびの炒り煮は、鮮度のいい桜えびを醤油《しょうゆ》、酒、みりんで甘辛に炒り上げたシンプル料理で、椎茸《しいたけ》の網焼きやわさび漬けという天城《あまぎ》の二大おつまみと並んで静岡の誇る味覚である。

旅情が盛り上がったついでに、帰路は三島に出て東海道を少し西へ。桜前線が北上しはじめる頃、春の桜えび漁がまっ盛りになる。日本一の水揚げ港は、駿河湾の内ぶところの由比《ゆい》町。桜えび一色に染まった町だ。東海道の宿場町で、沼津と静岡のまん中にあり、旧街道沿いには昔を伝える格子《こうし》造りの家もぽつぽつ。路地を折れると東海道線のガードで、そのすぐ先が漁港だった。

〝駿河の海のバレリーナ〟と讃《たた》えられる桜えびは、小指よりふたまわり小さく、すんなり姿。クルマエビ族サクラエビ科に属する一年生の甲殻類。透きとおった桜色の殻を羅《うすもの》のようにまとっているのが名の由来である。

本来は深海性だが、駿河湾では富士川、安倍川、大井川の河口近くの水深二百～三百メートルが住処《すみか》。川が運んでくる栄養分で、餌《えさ》になるプランクトンが大繁殖しているためだときいた。そして闇夜《やみよ》ともなれば夜遊び気分で二十～三十メートルまで浮遊してくる。長いひげを揺らしての群舞である。だから、漁は夕方に出港し、二隻《せき》でペアを組んで網をかける。

船が帰港するのは深夜で、競《せ》りは午前六時から。桜えび満載のトロ箱がところ狭しと積み上げられ、港は勢いづく。殻に粘りけがなく、透明感のある桜えびが上質とされる。しゃがみこんで選っているのは地元の加工業者たちだった。

「天日干しにするんですよ」と答えてくれた今村昇司さんは桜えび専門店の三代目。最近は生のまま冷凍したものや釜《かま》揚げの出荷も増えているが、やはり主流は由比伝統の素干し。生桜えびをそのまま天日でカラリと干し上げたものである。

干もの類は機械乾燥が常識の時代に、あえて天日干しにこだわるのは、甘味が増し、色がすばらしく仕上がるため。「おてんとさまなら燃料費もいらんから」という点も大メリットで、晴天日の多い静岡県海岸地方ならではの干し方なのだ。

由比の浜辺に東名高速が通って以来、干すのは富士川河川敷である。今村さんも、家に戻るや奥さんとおじいちゃんを車に乗せて川原へ。干し場は各人のスペースが決まっており、黒ネットが一面に敷かれている。

道具はプラスチックのトレイ。底が四～五センチ角の格子状になっているので、桜えびを平らに詰め、胸の高さに掲げてゆすりながら小走りすれば、ピンクの小えびがばらばらと程よい間隔で落下していく。

一心不乱に繰り返すこと一時間。富士山がくっきり麗姿をあらわす頃、河川敷は天日干し作業の人々でいっぱいになった。その足下にはきれいな桜色のカーペットが広がっている。その桜色に濃淡があるのは、今村さんのような無着色派と色付け派が混在するため。着色えびの中には、桜えびとはまったく別種の輸入小えびもあるそうな。

丸ごと食べるだけのことはあって、桜えびの栄養は完璧《かんぺき》。たんぱく質、カルシウム、リンに富み、ＥＰＡやＤＨＡもたっぷり。由比の船主の奥さんで漁協婦人部長の鈴木志《ゆき》子さんにおすすめ料理をうかがうと、一に沖あがり、二にかき揚げ、三にご飯で、常備菜なら炒り煮との即答。弾んだ声からおいしさが伝わってくる。

沖あがりは土地に伝わる名物で、浜に戻った漁師が冷えた体を温めた料理。いまでも漁師の酒席には欠かせない。醬油、砂糖、酒を割り下風に煮立てて、生桜えび、豆腐、ねぎを入れ、味が染みるまで煮る。桜えびのひげは除いておく方がいい。

かき揚げの桜えびは生、釜揚げ、素干しのいずれでもよく、素干しの場合は軽く水で戻しておくと風味が格別。塩味をつけた衣にねぎと一緒に混ぜてカラッと揚げればできあがり。めん類に添えると喜ばれる。

ご飯は生桜えびを酒、塩、昆布とともに炊き込んだもの。米には一割量のもち米を混ぜて口あたりをやさしくするのがコツ。ご飯をよく蒸らしたら昆布は取り出し、ゆでたグリンピースを混ぜる。

わたしの好物、炒り煮には素干しを利用する。砂糖、醤油、水、酒を煮つめた中で桜えびを炒りつけ、七味とごまをふる。なお、贅沢《ぜいたく》するのだったら、修善寺のあさば風に生桜えびで作りたい。今村さんから急速冷凍したものを取り寄せれば、すぐに桜えび三昧《ざんまい》の春の朝が迎えられるのだから。

炒り煮

今村義一《ぎいち》商店
tel 0543-75-2279
fax 0543-75-2962

鮭

平成の食卓にいちばんおなじみの魚は鮭《さけ》だろう。朝食の塩焼きはもちろん、コンビニのおにぎりや弁当、ファーストフード店の朝定食、ホテルの朝食バイキングにまでぺらぺらの薄切りが並ぶ。孵化《ふか》事業がすすめられた結果、川に帰ってくる鮭が増えたし、養殖も輸入も盛んになって、びっくりするほど値下がりしたのである。たんぱく質、脂肪、ミネラル、ビタミン、DHAやEPAが豊富。だが、いざ選ぶとなると種類が多すぎて迷ってしまう。

そこで「鮭茶漬けの素」の元祖であり、高品質な品揃《しなぞろ》えに定評のある新潟・加島屋《かしまや》の門を叩《たた》いた。越後では年越しのごちそうは鮭が主役。北洋から日本海へ、さらに三面川《みおもて》などへ戻ってきた鮭を食べ親しんできたからである。当主・加島長作さんによると「日本の鮭といえば白鮭」。昔はただ〔鮭〕で通っていたが、紅鮭、銀鮭、キングサーモン、アトランティックサーモンなど外国種が流通しだし、混同をさけるためにはっきり白鮭と呼ぶようになったとのこと。

ひとくくりに白鮭といっても、獲《と》れる場所や成熟度の違いで品質はさまざま。一般的なのは、まだ体に銀色をとどめているギン（ギンケ）、産卵間近になって婚姻色と呼ばれる赤味が現れたブナの二種。晩秋だけに獲れるメヂカ（メジカ）は、ギンよりもっと若い魚群。さらに年若で稀《まれ》にしか獲れないケイジ、春から初夏だけの美味となるトキシラズを加えた五種が白鮭の仲間。鮭はエネルギーを脂肪として貯《たくわ》えているから魚体が若いほど脂《あぶら》がのっているし、卵に栄養を取られないオスの方がおいしい。尾びれの切れ込みが深く、銀のうろこがはがれやすいものが良品らしい。

北海道で秋鮭や秋あじと呼ばれるのは白鮭のこと。秋鮭の定置網漁まっ盛りの雄武町《おうむ》へ急いだ。雄武はオホーツク海に面した海辺。網走と宗谷岬の中間にあり、オウムと読むのはアイヌ語に由来し、北見山地から流れてくる幌内《ほろない》川の河口がある。鮭をカムイチェプ（神様の魚）と敬ったアイヌにとって、海から帰ってきた鮭の入場門にあたる雄武は特別な場所だったに違いない。

旭川から車で三時間。ホルスタインが草を食《は》み、澄み切った空にサイロの原色が映える酪農地を抜け、黄昏《たそがれ》の沢木港へ着いた。かもめが旋回する岸壁には二十トン未満級の漁船が数隻《せき》。明朝、乗せていただくのはその一つ、第58八重山丸である……。

女性はご法度《はっと》のところを、たっての願いでかなえてもらった乗船である。星が瞬《またた》く午前四時。港はライトが煌々《こうこう》、出航準備の男たちが行き交っていた。第58八重山丸には十一人が乗り込むそうで、腰に小刀を下げた彼らの後から、いざ船へ。ロープに足をとられないようにと、船長からきつい注意。当然である。定置網は六カ所もあり、どれも海底まで届こうかという巨大な網なのである。

　氷を山のように積み込んで出航。さいわい海は凪《なぎ》。水平線が曙《あけぼの》色に染まってきた。ベテラン、若者とりどりの漁師たちは、まず一服。それも束《つか》の間。北東三キロの沖合。五時二十八分。船が停まると、右側の船縁《ふなべり》へ全員が並び、海中からロープをいっせいに引き始める。体をくの字にしならせた、渾身《こんしん》の綱引きである。潮の香。汗の匂《にお》い。彼方《かなた》に日輪が顔を見せ、海はたちまち桃色浄土。見惚《みと》れているうちに網が船縁に寄せられてきて、中で銀鱗《ぎんりん》が踊っている。鮭だった。

　それからはスピーディー。船縁から突き出した木枠に網を引っ掛けて鮭を集め、たも網ですくって船倉へどさっどさ。その数ざっと二千匹。上から下へ下から上へと逃げまどい、ジャンプする。その上に氷をぎっしりまき、保冷完了。網にからまった海藻をホースで洗い流した後、船長が「いがなあ」と見回してエンジンをかけたのは五時四十七分。次のポイントへ着いたのは六分後。同じ重労働を営々と繰り返すこと四回。欠伸《あくび》がでて、空腹感がきわまった七時二十分、船はようやく陸へ船首を向けた。「最終漁計は七千……」。船倉がほぼ満杯となったので、港と交信する船長の声が明るい。

　秋晴れの港に戻ると、十二畳分はゆうにある台が岸壁に据えられ、周囲には潮焼け顔がずらり。鮭の選別要員である。鮭が台に吐きだされるとみごとな連係作業がはじまった。まずギン、ブナに分け、腹を裂いて卵の有無でオス、メスを選別し、メスの卵巣はそっと取り出す。これを塩漬けにしたのが筋子である。この道四十年の筋子職人、石山昭二さんが表面の薄い膜の血を竹べらで除き、飽和塩水に浸した後、ポリシートを内側に敷いた簀《す》の子《こ》状の木箱の中で熟成させる。イクラの場合は、ネットの上で卵巣をこすってぱらぱらにほぐしてから塩漬けにする。

そして魚体はすべて塩鮭に加工される。塩漬けは腹をよく水洗いしてから塩をがっちりまぶして大型容器で数日漬ける。最近は塩をしてすぐ一尾ずつ木箱に入れ、そのまま冷凍保存する箱漬け（箱切り）法が急増している。

取材が終わり、幌内川の河口へ向かった。旅立って四年、沖の網をくぐり抜け、いま産卵のために故郷へ帰ってきた鮭たち。その疲れ果てた姿を思い、わたしは川岸をいつまでも離れられなかった。

加島屋

フリーダイヤル
tel 0120-005050
fax 0120-007070

ジャム

各地の朝食を追跡しているけれど、プライベートな朝ごはんにはとくに決まりはない。目覚めの胃袋具合と気分次第で純和風、コンチネンタル、麵《めん》とバリエさまざま。どんなときにも欠かさないのは、フルーツをざくざく切ってプレーンヨーグルトに混ぜ込んだ一品。ジャムと蜂蜜《はちみつ》を加えて食べる。もうひとつ、深煎《い》りコーヒーもなければ目が覚めない。

ジャムあるいはマーマレードは、ゲル化剤、保存料抜きが基本条件。ジャムはもともと果物を保存するために砂糖で煮詰めたのが始まりで、たとえば北欧では短い夏に実るベリー類を砂糖煮にして台所や納屋《なや》で貯蔵する。新鮮なうちならば果物に含まれたペクチンだけでとろみがつくから、ゲル化剤は不要だし、ひとたび開封したらフルーツの風味が生きているうちに食べきるので保存料も必要ない。

ジャムはけっこう試してきた。フランスやイタリアのブランド品はゴージャスな風味がうれしいけれど、値段が立派すぎる。でも、この頃は安全志向の食品スーパーが、欧米の知られざる、しかも安い逸品ジャムを掘り起こしているから、輸入品コーナーをいちどのぞいていただきたい。

また、国産の村起こし品は価格はリーズナブルでも、おおむねはピーンと胃袋に響かない。たとえばブルーベリージャム。紫色の実に含まれるアントシアニンが目にいいと注目されたせいもあり、中山間地の減反用転作作物として各地が飛びついた。生のままの出荷では需要が限られるので、当然ジャムなどに加工する。ところが、生産者の方々にとってはブルーベリーなんぞ馴染《なじ》みがまったくない植物だから、どんなテイストに仕上げたらいいかわからない。そこで農協などが指導するのだが、となると販路拡張とか、日持ちの問題など余計な品質管理がのしかかってきて、とどのつまり、砂糖以外になにやらかんやらを添加したジャムになる。

一方では、果樹農家が規格外で出荷できない果物を活用してジャムを手がけるケースが増えている。この場合は、果物一筋の篤農家であればあるほど加工にまで手が回らず、ジャム業者に外注することになる。だから製造法も味も没個性だし、安全性への配慮も省略しがちである。

その点、デザートや料理にもと、ジャムの楽しみ方を知り抜いている方々のジャム——いわばホビージャムはすばらしい。わたしは、白馬からはクラフト作家・横山穰《じょう》さんのりんごジャムを、神城の「ホテル山の森」の室伏義郎さんからは杏《あんず》ジャムのおすそ分けにあずかっている。幸せすぎてこわいぐらいである。

ジャムのプロフェッショナルは、さらにその上をいく。

東北新幹線の小山駅から車で二十分の茨城県下館にはジャムの達人がいる。鉄炮塚精四朗さん。日本を担《にな》う農家になろうと、十代のうちからさまざまな作物を手がけてきた。ジャムに的を絞ったきっかけは鎌倉の料理研究家・辰巳芳子さんとの出会い。百年前に日本へ伝わった英国生まれの「ジャムのためにあるような」ビクトリア種のいちごの苗を譲りうけ、無農薬で育てた後、自分でことこと煮て草苺ジャムという名品を完成させたのである。やがて柚子《ゆず》マーマレード、キウイジャム、マロンペーストにもレパートリーを広げ、品格のある引き締まった味に仕上げた。どのジャムもわたしがついついパンに厚塗りしてしまうおいしさである。

果物王国の信州では、飯島浩一さんのジャムがおすすめ。信州名菓〝みすず飴《あめ》〟の飯島商店三代目である。初代は北国街道筋の米屋だった祖父。古米を活用して水飴製造をはじめ、風味のよさで評判をとった。その水飴で開発したのが〝みすず飴〟。父が飴の売り上げを伸ばして、浩一さんにバトンが渡された。それじゃあ自分も何か新製品を、と浩一さんが作ったのがジャムなのである。

原料の果物は〝みすず飴〟で培《つちか》った独自の仕入れルートがあったし、なにより浩一さん自身が京大農学部で農芸化学を修めた自然食品愛好家だったから、〝みすず飴〟では使えない果実をジャムで試そうという野心もあった。軽井沢や野尻湖の外国人は故郷の味をしのんでプルーンやルバーブを育て、ジャムにする――その美味に浩一さんは子供の頃からあこがれていたのである。

　また、上田はかつて養蚕が盛んで、桑畑がいたるところにあった。その桑の実は北欧のベリー類に匹敵する、ペクチンたっぷりのジャム向きの果実。あるいは三宝柑《かん》のように栽培に手間がかかるため、味がよいのに消えつつある伝統果物をジャムとしてよみがえらせたいとも思った。

　そんな志からスタートしただけに、材料にはこだわる。砂糖は最高級の白ザラ糖のみ。果物は糖度と鮮度を吟味する。そのふたつをじっくり煮詰める。いま、〝四季のジャム〟はぶどう、紅玉、三宝柑、金柑、桑の実、ぶんご梅、杏、すもも、白桃など十五種になった。いずれも銀の匙《さじ》ですくいたくなる味である。

鉄炮塚精四朗

tel 0296-22-3500
fax 0296-22-3529

飯島商店

tel 0268-23-2150
fax 0268-25-3755

卵

　朝の卵といえば思い出すスタローン主演の映画『ロッキー』のファーストシーン。朝のトレーニングを終えたロッキーが生卵をでっかいガラスコップに十個ほども割り入れ、かっぽかっぽと飲み干すあれである。卵の栄養価ってすごいんだ、そして、そのわりに安価な食べものなんだなあと、変に納得したものだった。

　それにしても卵はすばらしい。脂肪、カルシウム、鉄分、ビタミンを含む完璧《かんぺき》栄養食品。一日一個はとりたいから、朝ごはんメニューに入れておけば食べそこねることもないし、しかもリーズナブル。なぜなら、前著『日本の朝ごはん』でも述べたように、朝食の効率的な取り方は、①即効性スタミナ源、②ジワジワ型のスタミナ源、③やる気源を揃《そろ》えること。①のクイック効果のある栄養源は炭水化物で、ごはん、パン、めんである。②は脂肪であり、③はたんぱく質。卵は②③を兼ね備えているから、早い話、ご飯に生卵をかけるだけでも、卵雑炊でも一日のスターターとして申しぶんない。

　わたしももちろん時間のあるときはオムレツ、スクランブル、目玉焼というホテルブレックファーストの三種の神器のどれかを作り、白い器でいただく。

　となるとにわかに気になるのが卵の質である。遺伝子組み換えの穀物飼料だったり、窓のない超大型鶏舎でマスプロ生産されていたりすると、卵を食べても栄養になるどころか、かえってアレルギーの原因になったり、サルモネラ中毒になる心配があるから恐ろしい。

そのせいで、安心をうたってヨードやカルシウムを強化した、ほとんど加工食品のような特殊卵が目につくようになった。「生命が宿っている卵」というイメージでそそる有精卵、自然卵、地卵、放し飼い卵などが氾濫《はんらん》気味である。これらは値段はなかなか立派なのだが、殻が茶色主体というせいもあり、なんだか身体《からだ》によさそうでつい買ってしまう。

でも、富山の伊勢豊彦さんのおかげで目が開いた。伊勢さんによると、賞味期限表示が義務づけられたとはいえ、薬漬けで運動不足、餌《えさ》にも問題の多い鶏卵がまだまだ幅をきかせていて、付加価値卵もイメージ先行で実態は一般品と大差ないらしい。有精卵というのもおかしいそうだ。八十パーセント以上の受精率を得ようとすると、普通でもメス十羽にオス一羽が必要なのに、そんな比率で飼っている養鶏場は見当たらない。万一受精した場合でも温度管理が重要で、店頭に並ぶまでに胚《はい》は死んでしまうことが多いという。

伊勢さんの卵はセイアグリー健康卵といい、社名はセイアグリーシステム。誠実のセイ、農業のアグリカルチャーのアグリから名付けたそうで、卵づくりを〝雛《ひな》の飼育から始まる農業〟と定義し、それを誠実に実行するのがモットーである。

伊勢さんはチューリップのふるさと、砺波《となみ》平野の福岡町出身。そして六十代半ばのいまも故郷をホームベースにした富山人である。父は中部地方の養鶏の草分けで、伊勢少年も鶏の世話に明け暮れし、青年期は雛の雌雄鑑別や優良鶏の改良一筋だった。一年間毎日卵を産み続ける鶏作りによって産卵世界公認記録をつくったのもこの時代である。

やがて悟ったのは「親鶏は子孫をつくるために卵を産むのであり、人間に食べさせるために産むのではない。良い卵は健康な親鶏から次世代への贈り物」ということ。卵には生命を育《はぐく》むための栄養が過不足なく詰まっていることも実感した。

だから、飼育哲学は鶏の生理に基づいている。餌には薬や添加物（卵の黄身の色は餌に着色料を混ぜればオレンジ色からライトイエローまで自由自在！）を一切混ぜず、とうもろこしや魚粉を独自に配合し、鶏が子孫を残すのに充分な栄養を与えてやる。

「ALL IN ALL OUT」と呼ぶ生産管理システムもすばらしい。雌はサルモネラ菌に強く、多産な単冠白色レグホン。この雛を砺波の育成農場で四カ月間育てた後、能登半島の十三軒の農場へ送り出し、開放型鶏舎で十五カ月間、卵を産ませる。やがて鶏が使命を終えると鶏舎を空にして天井から床まで水洗いと消毒をし、一カ月間農場はオフ。そして再び砺波から若鶏を入居させるのである。

さて、能登で誕生した卵は福岡町へ戻り、選別して出荷される。このとき洗浄しないのが伊勢さんの誇り。サルモネラ菌汚染の心配がまったくないからである。それに卵の品質維持のためにも、殻の表面をカビや細菌からガードしているクチクラというたんぱく質の膜を洗い落としてはいけないのである。

こんな卵だから、ぷるんと弾力のある白身に黄身がこんもり鎮座して神々《こうごう》しい。白身が二層に分かれているのも健康卵の証《あかし》で、朝ごはんの卵かけご飯には最高。あったかご飯に目玉焼きをのせ、醤油をちょろりとかけ回して食べるのもいい。

また、この卵白の力を発揮させたのが長男・鐵彌さんの菓子工房フェルヴェール製のシフォンケーキである。膨張剤を用いず、泡立てた白身だけで焼きあげるもので、ふわふわふんわり、和《なご》みの味。そのやさしくもおおらかなおいしさは休日のブランチにうってつけだと思う。

セイアグリーシステム

菓子工房フェルヴェール

共通フリーダイヤル
tel 0120-30-2372
fax 0120-30-5578

たらこ

この十年来、宅配便による美味お取り寄せがブームである。草分けは料理研究家・塩田ミチルさん。食の新しい楽しみ方を教え、生産者と都市生活者がダイレクトに交流できる術を開拓した功労者といっていい。おかげで、楽しみのために、あるいは家族や大切な人の健康のためにと、取り寄せは日常茶飯になった。

北海道・オホーツク海のほとりの紋別《もんべつ》では、朝ごはんに京都の漬物と宇治茶を、地元産ほっけのスモークやトマトジュースと一緒にごちそうになった。伊豆・修善寺の山の上に住む友人の家では、故郷の金沢から味噌《みそ》、醬油《しょうゆ》をはじめとする調味料一式と佃煮《つくだに》や漬物を送ってもらい、かたや取り寄せ記事で目星をつけたものを全国へ注文するから、朝ごはんのときは名産おかずをお膳《ぜん》がたわむほど並べる。そういえばこの二軒、どちらも東京からの脱出組だった。宅配便取り寄せの効用は、地方生活者にとってはいっそう大きいようだ。

そういえば、紋別でも修善寺でも、たらこが朝食の献立の一品にはいっていた。北海道の特産品だから紋別の家庭にあるのは当然だが、魚の豊富な伊豆に住んでいても、たらこは魅力のある食べものなんだと変に感動した。同時に、彼女の「土地の名産、それも極上品は何でも東京へ行ってしまうのよ」というつぶやきが忘れられない。

人間は、子供の頃からの食べものと、その後に出会って舌に刷り込まれた美味の両方の記憶で生きている。その両方の意味で、取り寄せの注文をしては悦にいるのである。そうとあれば、日々せっせとおいしい出会いを見つけた者が勝ち。たらこでいえば、わたしは厳寒の道東・標津《しべつ》で食べた味がまっ先によみがえる。創業五十年、〝たらこの鬼〟と称せられる社長で、七十九歳の現役、笹川安弘さんの「作品」である。

標津は、釧路《くしろ》からひたすら東へ走り、根室湾沿いに北上して国後島《くなしりとう》が迫ってくるあたり。秋は鮭《さけ》漁で人が集まるが、冬は雪と氷に閉ざされ、飲み屋の前で凍死体が一冬に一人や二人発見されるという土地柄。一杯やったあとに眠りこけ、そのまま天国行きの人たちが出るのである。笹川さんが二十～四十代の頃は、冬季は完全な陸の孤島と化した。たらが産卵で岸辺にうじゃうじゃ近づいてきても、陸は雪に、海は氷に覆《おお》われて春まで漁はできない。そのため、お腹《なか》の子も熟しきってしまい、ほとんど水子の状態になって商品価値は下の下だった。

そこで笹川さんはたらこ作りの先進地だった道南・噴火湾沿いの仕事を手本にしながら、最高のたらこを志した。目指すは刺身感覚のたらこであった。やがて交通事情がよくなるとともに、原料たらこにはとれとれぴちぴちのたらの子を用い、普通より三割がた塩分をひかえる工夫をした。せっかくの新鮮な前浜産（目の前の海で獲れたという意味）のたらこを直ちに塩漬けするのだから、素材の持ち味そのものを味わってもらいたかったのである。もちろん、ロシアやアラスカ産の安価な冷凍卵が出回っても、見向きもしなかった。そして次には、ずっと気にしていた無着色・無発色品も手がけるようになった。

元水産大学学長で農学博士の天野慶之先生がすでに四十五年前、『おそるべき食物』（岩波出版サービスセンターで復刊。良い食品づくりの会編）で添加物や着色料の怖さを警告しているのに、食品の無用な加工は大がかりになる一方。たらこやめんたいこは、赤く染めるばかりでなく、着色効果を上げる発色剤、化学調味料、たんぱく加水分解質、酵素、各種エキスなどをどっさり混ぜた調味液を使うのが常識である。

補足すると、ここでいうたらとは、助宗だら（スケソウダラ。スケトウダラともいう）のこと。同じタラ科の真だらが文字通りたらふく貪欲《どんよく》に食べるせいであんこ型のお相撲さん体型なのに比べ、こちらはほっそり引き締まっているのが特徴。力士の寺尾関のようなものである。その代わり、お腹の卵は立派で、ぷつぷつした粒には旨味《うまみ》成分がたっぷり。それだけに、昔からたらことといえば助宗だらの子供と決まっていて、漁師たちは「こっこ」と呼んで愛してきた。

フリースを二枚重ねても寒い早朝の工場。ステンレスの作業台にはたらの子が艶《なま》めかしく広げられていた。普通のたらこの倍の大きさで、サーモンピンクの表皮に赤い血の筋がぬめぬめ付着している。昨日、車で三十分の知床半島の羅臼《らうす》沖のはえ縄漁で獲った助宗だらである。水揚げ後すぐに夜間作業で腹を割かれて卵だけ取り出された。そのたらこが、オジロワシが空を舞う羅臼港から届いたところなのである。

このうち笹川さんの眼鏡にかなうのは一割。完熟卵を真水で洗い、塩をまぶして、隠し味に純米酒を加えて熟成させる。その間、毎日冷蔵庫から出してはたらこをもみもみしてやって、粒々にまんべんなく漬け汁をゆきわたらせるのである。

こんなたらこだから、焼くなんてとんでもない。スライスしてそのまま熱いご飯に乗せるのが一番で、醤油や柚子《ゆず》の汁を落とすことをおすすめする。なお、おにぎりに入れても、ふんわりした生っぽさが生きる。

笹川商店

（下は販売先の加島屋の連絡先です）
フリーダイヤル
tel 0120-005050
fax 0120-007070

チーズ

旅で出会った忘れられない朝ごはん。清貧な食卓なら「延齢草《えんれいそう》」に勝るものはない。信州・伊那谷《いなだに》の大鹿《おおしか》村で、日本のフェルミエ（酪農から手がける自家製牛乳のチーズ屋）の草分けのアルプ・カーゼの小林俊夫・静子さん一家が営む農村体験型民宿。村の木造中学校の廃校を悲しみ、手弁当で移築してきたもので、自炊もできる。グリーンツーリズム日本版ではあるが、反骨精神旺盛《おうせい》な小林一家のことゆえ、かた苦しさはゼロ。窓から赤石岳《あかいしだけ》などの峰々が目線の高さに望め、白い雲にぴょんと飛び乗れそうな標高千メートル地点。元職員室だった食堂で朝ごはんがいただける。

延齢草は長女・野花《やおい》さんが切り盛りしていて、料理も彼女の手になるもの。俊夫さんが絞った自家製ミルクのほかは、ご飯、味噌汁《みそしる》、生卵、漬物というごくあたり前の和風献立。無農薬の米はともかくとして、野菜などの食材はほとんど手作り。わたしが魅《ひ》かれるのは、和食なのに洋風の山家ぶりがテーブルにかもしだされていて、それが窓の外の日本アルプスと絶妙にマッチしていること。たとえば、湧《わ》き水の沢に自生しているクレソンを塩とオリーブオイルであえたサラダに彼我のセンスが融合している。スイスの農家にチーズ職人見習いで寄宿し、彼の地の農村民宿を体験した野花さんならではの世界である。

食後は摘みたての香草でいれたフレッシュハーブティーと、産みたて卵で作ったシフォンケーキで癒《いや》され、その後、歩いて二分のチーズ工房でチーズを購入する。帰り道は、汚濁の下界へ下りるのがつらい。

こんな付き合いが生まれて十五年たつ。日本のナチュラルチーズを調べていたときに、白馬のクラフト作家・横山穣さんから紹介されたのがきっかけ。屋号のアルプ・カーゼとは〔アルプスのチーズ〕という意味で、南アルプス山中にあるそうな。JR飯田線・伊那大島駅から山道を車で小一時間も入った秘境（当時のわたしはそう思った）で、春秋に催される地芝居〔大鹿歌舞伎〕のとき以外は渓流釣りの人しか訪れない云々《うんぬん》。

わたしが興味しんしんだったのは「日本一小さいチーズ工場」ということ。小林さん夫婦と二人の娘さんの四人だけで乳牛を育て、乳を搾《しぼ》り、その乳だけを用いてチーズを作っているというのである。訪ねてみたら、まったくそのとおりだった。

「飲む牛乳ならば味をごまかせるが、チーズに使うミルクはよしあしがすぐわかる。体調をくずした牛の乳はきれいに固まらないんです」と小林さんは明言した。だから、餌《えさ》の牧草は無農薬の自家製。スイスで学んだ本場の伝統手法そのままなのである。

アルプ・カーゼは村のいちばん奥まった山裾《やますそ》にある。牛四頭、山羊《やぎ》五頭。牛小屋の上に住居があるという暮らし。アルプスの麓《ふもと》、フランスのサヴォアやドーフィネ地方で訪ねた酪農家の家と同じ構造であった。広々とした草原、草を食《は》む牛。村にはお地蔵さまや道祖神、農村歌舞伎用の舞台が付いた神社が点在しているというのに、ここだけは別世界である。

チーズ作りは、夕方の乳搾りを終えてから深夜までの作業。牛乳を沸かし、レンネット（凝乳酵素）で固めて、小さな穴のあいた型に流して塩水に漬けた後、棚に並べていく。牛乳の温度や型に流すタイミングなど、どれも神経を研ぎ澄ましての作業なので夜のほうがはかどる。棚のチーズを塩水を絞った布で磨き、風味をつけるのも日課である。十キロの牛乳は一キロのチーズになる。十分の一に凝縮されるわけだ。愛情こめて育てられた牛の乳はマスプロの牛乳より何倍も濃く、味が深い。チーズにすればさらに旨《うま》味《み》が濃縮され、納豆の香りに通じるような、発酵食品としての風味がでる。

小林さんは近年、山羊に情熱を傾けている。山羊がメーメーと鳴き、それを子供とお年寄りで世話していた光景が意識下にあるらしい。山羊乳は母乳に組成が似ているので、アトピーの子供にだってやさしいし、もちろん、山羊乳製チーズの味にも自信がある。つい最近、フランスの三つ星シェフだったJ・ロビュションが、ここの山羊チーズを食べて絶賛したくらいである。

なお、マウンテンチーズと名付けられた牛乳製のスタンダードタイプは直径十三センチ、高さ七～十センチ。ゴーダチーズに似た半硬質タイプで最低三カ月は寝かせてある。熟成期間の長短によって微妙にコク、風味が異なってくるから値段も期間によって異なる。

そのままはもちろん、ゆでたじゃが芋にのせて焼いたり、フォンデュー、グラタンなどにもよく、朝食ならハーブをきかせたトマトオムレツできまり。オリーブ油でトマトのスライスをソテーし、塩、ハーブをぱっ。チーズの薄切りをのせ、溶き卵を回し入れてじゅくじゅく固まってきたら火からおろす。トーストにのせれば、山の精気がとろけだすし、醬油を落としてご飯のおかずにしても、あらっ、不思議に似合ってしまう。そして毎年、十二月のわたしの誕生日に仕込んでくださるバースデーチーズこそ、ひそかな元気の素。自分のチーズが南アルプスで静かに眠っている、と思うだけで、心が安らぐ。

アルプ・カーゼ
tel&fax 0265-39-2818

茶

目覚めの一杯の日本茶は、栽培や製茶法のわかった氏素性たしかな茶と決めている。お茶ほど農薬や仕上げ方で安全性や味が左右されるものはないからだ。

ＧＷ《ゴールデンウイーク》が近づくと天気予報が気になるものだが、茶農家はとくにやきもき。この時季は立春から八十八日目の八十八夜にあたって新芽がぐんと伸びるため昔から茶摘みどきとされ、先端の一枚が開かないうちに一芯《しん》二葉（一芯三葉ともいう）を摘む。一度摘んでもすぐ次が伸びてくるから、ＧＷからの三カ月間、茶農家に休みはないのである。

茶は、中国雲南省原産のツバキ科ツバキ属の常緑低木。奈良時代に種子が伝来したが、喫茶の習慣が普及したのは鎌倉時代に禅僧の手によって再度伝わってから。その後、江戸時代半ばに宇治の茶商・永谷宗円が蒸し製の煎茶《せんちゃ》を考案して以来、それまでの抹茶《まっちゃ》から煎茶が主流となり、いつしか緑茶または日本茶と呼ばれるようになったのである。

煎茶の「煎じる」とは、摘んだ葉をただちに蒸し、熱風乾燥させながら揉《も》んだり縒《よ》ったりする作業。蒸すことで酵素の働きが抑えられて発酵が止まり、鮮やかな緑と青葉の香りが保たれるのである。一方、摘んだ葉をそのまま放置しておくと発酵が進み、褐変して香りも味も変化していく。発酵を途中でストップさせたのがウーロン茶、さらに発酵させたのが紅茶である。茶の木の種類が異なるわけではない。

茶は普通、三～四回摘まれるが、一番茶が香りも味も最高。なぜなら、新芽には旨味《うまみ》と甘味の成分であるアミノ酸（主にテアニン）が豊富なのだが、次の芽からはそれが徐々に減り、同時に渋味と苦味のもとになるタンニンが増えるからである。

お茶はビタミン、ミネラルが豊富で、がんやアレルギーへの効果が注目されているが、鮮やかな色を重視するゆえに、添加物を用いる傾向があるそうな。生産性の点でも農薬や化学肥料の使用を減らせないようで、ダイオキシンの不安もある。

もちろん、安全でおいしいお茶づくりに張り切る生産者も増えている。滋賀県南部、信楽《しがらき》町朝宮の片木《かたぎ》明さんもその一人。朝宮は宇治に至近で千二百年前からの茶どころ。標高三百～四百メートルの高地で温度差が大きく、朝夕に川霧が立つなど気象条件が茶にぴったり。

片木さんは茶農家の六代目。先祖は伊賀上野出身。「木がくれて茶摘みも聞くやほととぎす」と詠《よ》んだ松尾芭蕉の末裔にあたる。「奈良時代に最澄《さいちょう》さんが唐から伝えてくれはって、日本最古の茶の産地なんです。都に近いから味も洗練された。飲んだときにスッと後口がいいのが特徴なんです」

無農薬に取り組んだのは二十三年前、農薬散布で自身がジンマシンに悩まされて以来。

消費者グループからの無農薬茶の注文に励まされたことと、長年、宇治茶の黒子役に甘んじてきた朝宮茶をアピールし、直販したい気持ちがあって踏み切った。

研究したのは、農薬を一滴もかけず、肥料は圧搾《あっさく》油粕や魚粕など有機質だけという伝統農法。だが、一年めも二年めもさんざん。前年までの薬のせいで蜘蛛《くも》やカマキリが壊滅していたため、新芽が害虫に食われて全滅したのである。

我慢の甲斐があったのは三年めから。蜘蛛が巣を張り、ハチが飛びと、天敵が次々とよみがえり、害虫をやっつけてくれるわ、土壌に善玉バクテリアが繁殖して土が活性化するわ、おかげで根の張りがよくなるわといいことづくめ。「沈黙の春」がにぎやかな春に変わったとき、お茶の旨味と香りが増したのである。

八十八夜の頃。早朝。たらの芽や土筆《つくし》が生える急傾斜を登って山の茶畑に着いた。人の気配は皆無で、三六〇度どこを向いても緑の畝《うね》が続き、遠くに山桜がピンクの梢《こずえ》を広げている。鶯《うぐいす》の声。霜除《しもよ》け用ファンの支柱が立っていることにだけ目をつぶれば、まさしく桃源郷である。無農薬無化学肥料を二十三年間も貫いてきたから、土は靴がめりこむほどやわらかい。そのうち、片木さんの足がとまり、腰の高さに生え揃《そろ》った茶の木をいとおしそうに撫《な》ではじめた。さ緑の新芽が陽に輝いてきらきら。余分な枝を刈り込み、整えてきた成果である。

これからの毎日、この新茶（一番茶）の摘み取り、その後の二回めの整枝作業、二番茶摘み……と、片木さん一家は七月上旬まで忙しい。茶の葉は生きものだから、畑から戻るとすぐに夜なべで製茶作業にかかるのだが、手摘みは一日中摘んでも製品一キロ分にしかならない。

日々の疲れを癒《いや》すのはもちろん、煎じたばかりの新茶の一杯。緑の風が吹き抜ける縁側。急須の茶葉に山水を沸かした湯が注がれ、やがて緑の雫《しずく》が白磁の茶碗《ちゃわん》へしずしずと……。注ぐときは最後までだしきる。このとき「朝宮茶は急須の中からすっきりした芳香が昇ってきます。この香りも楽しんで」とのこと。あまりに凜々《りり》しく、清らかな風味と香りに、わたしは思わず目をつむってしまった。

なお、茶殻は食物繊維やたんぱく質がたっぷり。ごま和《あ》えや佃煮《つくだに》に活用したい。片木さん宅ではドレッシングやケーキ生地に混ぜたり、料理にふりかけたりするし、生の葉は天ぷらやサラダに活用している。

摘み取ったばかりの新芽

かたぎ古香園《こうかえん》

tel 0748-84-0135
fax 0748-84-0128

匠屋

tel 075-692-2300
fax 075-692-2310

ちりめん山椒

湘南暮らしの醍醐味はピチピチのシラスが食べられることである。目の前、相模湾で獲れる生ジラスはもちろん、浜のおてんとさんでほわっと干されたシラス干しも畳いわしもある。葉山や藤沢に住む友人たちの朝ごはんはカルシウム、ミネラル、たんぱく質に満たされている。健康第一の年齢になったいま、彼ら彼女らがひときわ溌剌《はつらつ》としているのがわたしにはまぶしい。

シラスとは鰻《うなぎ》、鮎《あゆ》はじめ稚魚の総称ではあるが、日本人の誰もが連想するのは大根おろしで食べるシラスおろしで、片口いわしの稚魚である。

片口は下顎《あご》が短いことからの名で、お腹に黒い七つ星がないのが真いわしとの相違。背黒いわし、しこいわしともいい、早い話がアンチョビの原料でもある。常磐《じょうばん》の大津港では冬から早春にかけて、白魚やこうなご（いかなご）の稚魚まで含めて、シラスとして漁をする。が、最近の漁獲量は微々たるものである。なお、関西でちりめんとかじゃこと称されるのは、関東よりずっと固くカチカチに干し上げたもので、カチリという異名もあるぐらいである。産地は宮崎、鹿児島など。なお、やや大きく育ったものは返りと呼ばれて田作り（ごまめ）の材料に、さらに成長したものは煮干しの主原料として出荷される。

それにつけても気になるのは、常磐ではめっきりシラスが不漁なこと。漁師の顔は暗い。わたしが船に乗ったことのある米丸《こめ》一家も休業中である。そのぶんというか反対にやけに明るいのが、京のちりめん山椒《さんしょう》の業界である。

ちりめん山椒とは、シラスのカチカチ干しに実山椒を混ぜて、醬油《しょうゆ》やみりんで炒《い》り煮したもの。一種の高級ふりかけである。山椒のぴりぴり感と香りがうれしく、ご飯にふりかければ最高だし、お茶漬にまたよし。おにぎりに混ぜ込んだり、和《あ》えもの、酢のものに忍ばせてもよく、なにより食欲のないときにまでおいしく食べられる。

誕生は約四十年前と意外に近年。祇園周辺の板前さんが考案したようで、いまや、ちりめん山椒だけの有名店がたちまち数軒思い浮かぶほどの京名物になった。もともと京の料理屋は昆布の佃煮や練り味噌《みそ》などの自家製土産を用意しているものだが、最近はちりめん山椒が主流。ということで百花繚乱《りょうらん》、一軒ごとにじゃこの干し加減や山椒の量、味の濃淡に主義主張があり、それがまたそれぞれにおいしいのだから、店選びに困ってしまうじゃありませんか。

でも一軒だけとなれば、新幹線で販売するまでに女将《おかみ》が女手一つでがんばってきた下鴨茶寮。ちりめん山椒を京土産どころか全国のご飯の友にしてみまひょ、という心意気が伝わってきて、仕事帰りの上り新幹線でうつらうつらしていても、「京名産ちりめん山椒……」と車内販売の声が聞こえるや、がばっと起きて、財布を開いてしまう。

同時に、女将の顔を思い出し、元気が蘇《よみがえ》る。つい先日だって……暖簾《のれん》をくぐって声をかけるとすぐ、佐治八重子さんが小柄な身を転がすように走り出てきて、「ようおこしやす」と全身をほころばせて迎えてくれた。こういうのって普通は嫌味なのに、人生の先輩に失礼な表現ではあるけれど、八重子さんに限っては可愛《かわい》い。許せてしまう。幾つになられても京のお嬢ちゃんなのである。

下鴨は鴨川沿いに川端通を上がったところ。賀茂川、高野川が合流する三角地帯がすなわち糺《ただす》の森で、下鴨神社の神域。鬱蒼《うっそう》とした木々の間から朱塗りの楼門が望め、さらに進めば国宝の本殿へ到る。都の守護社にふさわしい厳かなたたずまい。

下鴨茶寮はその森のすぐ隣。幕末の安政三年、門前茶屋として始まった。いまも神饌《しんせん》料理を調製しているし、茶室・参蟬庵での茶懐石は京でも指折り。京野菜の振興に早くから力を注いできた店でもある。風雅な座敷や椅子《いす》席で、高野川の瀬音、打ち水の庭園を愛《め》でつつ雅《みや》びやかな料理を楽しめば、心の底にまで清風が通いわたる。先年亡《な》くなった八重子さんの実姉の政子さんが絵や文をよくする文人女将だっただけに、京都らしい作風の工芸品や絵画、写真などを展示するギャラリーがあるのも楽しい。

商い一筋の八重子さんなので、丹波黒豆の甘納豆やゆばプリンなど土産物もいろいろそろえているが、筆頭はちりめん山椒。もともとは自宅で楽しむプライベートな常備菜だったのだが、店の品格を示すお土産品になったのだからと、板場に入ってきっちり監督しているのが頼もしい。自分でも毎朝食べるから無添加なのはもちろんで、薄口醤油を用いた色白仕上げなのは京らしさを配慮してのこと。

香りがソフトな割にひりひり痺《しび》れるほど辛味が引き締まっているのは、京・北山産の実山椒ならではの持ち味。若緑色が清々《すがすが》しくて粒が大きいのも特徴。かたや若狭の浜で干したじゃこは、小粒で黒目ぱっちり。材料としてはそれだけの組み合わせにすぎないのだが、のどを通りすぎたとたん、糺の森で森林浴しているかのごとく、しっとり穏やかに味わいがまとまるのが憎い。憎さついでに言えば、土産一品にそこまで目配りする女将は、さらに憎らしいほど素敵な京おんななのである。

下鴨茶寮

tel 075-701-5185
fax 075-712-3717

津乃吉＊

tel 075-561-3845
fax 075-525-2609

佃煮

計量カップやスプーンの考案者で、食卓に直結した栄養学の先達、香川綾先生が亡《な》くなられて以来、朝ごはんの焼き芋は、先生からの最後の健康アドバイスと思っている。長男の香川靖雄女子栄養大学副学長・医学博士は『科学が証明する朝食のすすめ』（女子栄養大学出版部）で、朝食摂取と学習意欲や体調維持の相関関係を解説されている。興味深いのは、穀類に含まれるグルコースの働き。脳のエネルギーや記憶力の源になるほか、ベータ・エンドルフィンという物質を分泌《ぶんぴつ》して、脳に爽快《そうかい》感をもたらすらしい。朝からとびきりの笑顔だった綾先生が瞼《まぶた》によみがえる。

そういえば長寿のきんさん・ぎんさん姉妹も最後まで朝ごはんをしっかりとっていたそうだ。あの笑顔も朝ごはんの賜物《たまもの》だったのだろう。お二人の献立日記『百六歳のでゃあこうぶつ』（鈴木朝子著・新潮文庫）によると、朝の主食はお粥《かゆ》で、海苔《のり》の佃煮《つくだに》が定番だった。醤油《しょうゆ》味の佃煮と米粒はゴールデンコンビなのである。

佃煮は佃島の生まれ。「江戸の図に点をうったる佃島」という川柳そのままに、江戸湾に浮かんだ小さな島である。江戸時代初期にここの漁師たちが雑魚《ざこ》を塩煮したのが始まり。家康に従って摂津《せっつ》国佃村から移住し、漁を生業にしていたのだが、日本橋の魚河岸へ出荷できないような雑魚を保存食にした。これが米の飯に滅法いけるので、参勤交代で国元へ帰る大名用の土産として売り始める。安くて日持ちし、かさばらない。土産の三大条件を満たす佃煮は一気に各地へ広まり、その過程で、砂糖や水飴《みずあめ》を加えて艶《つや》を出す甘辛煮が定着したのである。

銀座から佃大橋を越えてほんのひとっ走りの距離なのに、川風に醬油の香りがちらと混ざるのが佃の素敵なところ。江戸以来の佃煮の老舗《しにせ》が三軒健在で、材料は全国からかき集めているものの、自家製造を通しているのがうれしい。

この佃島は隅田川の河口に位置するが、少し上流の両国橋あたりにも江戸の風情《ふぜい》いっぱいの佃煮屋が二軒ある。この界隈《かいわい》、わたしのふるさとでもあり、こちらにはこの佃煮がなんといっても口に合う。

ご案内しよう。猪牙舟《ちょきぶね》を雇い、両国橋から神田川へ折れてすぐの柳橋で陸に上がるのが江戸時代のアクセスだが、いまはＪＲや都営地下鉄浅草橋駅からもすぐなのでご安心あれ。柳橋のたもとの小松屋は、佃煮の包みを下げた鬼平さんや、御宿かわせみのおるいさんとすれ違ってもおかしくない江戸の船宿そのままの造り。あみ、穴子、海老《えび》の佃煮は醬油のきいた辛口で、冬場は小粒の牡蠣《かき》の佃煮が名物である。

その上の辛口をいくのは浅草橋駅から江戸通りをちょいと行った鮒佐《ふなさ》本店。食べものみな糖分が増えがちな昨今に、頑として辛口を通している。それもキリッと引き締まった極辛。四代目・大野佐吉、五代目・大野真敬さん父子が毎朝、薪《まき》をかまどにくべ、濃口生醬油と秘伝のたれで一気に煮上げる。道具も鉄鍋、竹ざるにこだわり、幕末の文久二年（一八六二）創業以来の手法に徹している。当然、防腐剤も化学調味料も一切使わず、煮てから七〜十日めぐらいが食べ頃である。

鮒佐本店は古風な大看板が目印。暖簾《のれん》をくぐると、店先に並ぶ佃煮はしらす、あさり、穴子、海老、昆布、ごぼうの六種。魚介もいいが、ごぼうのかりっとした味わいは朝の目覚めを促す好おかず。単品計り売りもしてもらえるが、詰合せの掛け紙がなんとも粋《いき》なこと。浮世絵風の木版画で、都鳥が浮かぶ大川（隅田川）で菅笠の漁師が四つ手網漁をする様が描かれている。四つ手網の中ではぴちぴち雑魚が跳ねている。こういう魚を醬油でさっと煮しめていたんだなあ。

ところで、素材別に売り出したのは鮒佐が元祖。吟味した素材を目のつんだ薪の火で煮るのが旨《うま》さの秘訣《ひけつ》、と四代目は胸を張る。固い薪だとゆっくり熱が出るし、温度が波をうつように高くなっていく。だから日持ちし、味にも深みが出るのである。煮る時間は四十分ほど。ぐだぐだ煮ていると、材料の持ち味やハリがなくなってしまう。それだけに「うちのはしっかり煮てあるから、茶漬けの色が化けないよ」の決め台詞《ぜりふ》どおり、お茶漬けにしても茶碗の中は爽《さわ》やか。熱湯を注ぐだけの湯漬けでも、醤油の旨味《うまみ》でお代わり三杯となるから、朝っぱらから勢いがつく。

おすすめは夏の水漬け。洒落《しゃれ》ていえば水飯《すいはん》である。さらさらさっぱり涼やか。かっこみながら、わたしは、江戸の名料亭・八百善の茶漬け伝説、極上の玉露に合う水を汲《く》みに多摩川まで走ったという逸話を思い出した。このエピソードの頃、鮒佐はまだ創業前だが、極上の茶を受け止めるぐらいの茶漬けだったら、この店の小股の切れ上がった佃煮以外は似合わない。当時の佃煮もべたべたした甘口なんぞでなく、醤油味の勝った、男っぽい佃煮だったのだろう。

なお、水漬けには湧き水が理想的だが、せめてミネラルウォーターと氷のぶっかきを用意するのが、薪で炊いた佃煮へのマナーというものだろう。

柳橋小松屋
tel 03-3851-2783
fax 03-5687-2018
浅草橋鮒佐
tel 03-3851-7710
fax 03-5687-0748

漬物

ファーストフードの反対語として生まれたスローフード。イタリア発祥の食の見直し運動である。餌《えさ》のように胃袋へ落下させるだけでは悲しい。風土に根づいたおいしいものを食べてこそ、万事は始まる……この食哲学に、同感である。

日本のスローフードなら、まずは漬物であろう。伝統とか風土ともしっかり結びついている。それに、ぱりぱりしゃきしゃきという歯ごたえは、朝の目覚めに効果的。朝ごはんを盛り上げる効果音でもある。

嚙《か》むことはそのまま健康につながる。たとえば、歯科医で料理研究家の田沼敦子さんは「かむかむクッキング」を提唱して幼児期からの咀嚼《そしゃく》の大切さを訴えている。一方、嚙むことで血のめぐりがよくなり、脳の働きがアップして、消化液の分泌が高まることも実証されている。

わたしの場合、二十歳までの漬物歴は、それなりに東京っぽかった。ぬか漬けは、なす、きゅうり、白瓜《しろうり》、亀戸《かめいど》大根、葉生姜《しょうが》。古漬けのかくや（刻んで生姜のせん切りを混ぜ、醬油《しょうゆ》を落とす）も好きだった。そして、山東菜（白菜の一種で独特の酸《す》っぱみがある）の塩漬け。父の温泉土産の熱海のたくあん、小田原の梅干し、静岡のわさび漬け。

さらに、暮れの市で求めるべったら漬け、人形町で買う奈良漬け、福神漬け、らっきょう漬け。もちろん、家でも漬けていた。明日の朝ごはん用にと、母がぬか漬けや浅漬けを仕込んでいた光景が懐《なつ》かしい。

仕事を始め、わたしの漬物の世界はさらに豊かになった。風土食とは漬物のある食卓のことだと気付いたからである。日本に漬物のない土地はない。高温のために塩漬け発酵がスムースではない沖縄にだって、黒糖で漬ける逸品があり、南九州にも干し大根を醬油ベースの甘辛調味液に漬けたつぼ漬けがある。そういえば、旧盆の沖縄・読谷村《よみたんそん》を訪ねたとき、旧家で梅漬けを出されて、塩漬けならぬ酢漬けなのに、梅干しと呼んでいるのに驚いた。塩漬けが不可能ならば、酢漬けにしてまで梅干しを食べる食卓に、ヤマトからの旅人としてはちょっと複雑な気持ちであった。

ヤマトといえば、京都の漬物は、風雅さでやはり最高。最近、脱観光土産を目指そうと気合の入った店が現れているのはうれしい。

たとえば千枚漬けや浅漬けに素材重視の腕の冴《さ》えをみせる総本家近清《きんせい》、サラダ感覚の感性豊かな浅漬けや後口の爽《さわ》やかな白菜漬けを作る茎屋《くきや》。浅漬けは自分でパパッと作ればいいというわたしの思い込みを覆《くつがえ》してくれたのもこの二軒だ。上賀茂で原料野菜の有機栽培から一貫生産している森田良彦さんというすぐき漬け農家とともに、わたしの目下の京漬物ご三家である。

一方、粕《かす》漬けや味噌《みそ》漬けといえば、北陸、越後、信州、そして東北一円。冬は雪に覆われる地方である。お茶受けに漬物を出す習慣が残っていて、この地域の日本酒の蔵元は奈良漬け（粕漬け）を作っているし、味噌の醸造元は大根やなすの味噌漬けが得意である。

極めつけは桜で名高い秋田の小京都、角館《かくのだて》の安藤味噌醤油醸造元だろう。創業百四十年の老舗《しにせ》で、座敷の一部屋が丸ごと蔵になっていて風情《ふぜい》たっぷり。案内を乞うと、まずはお茶をどうぞと炉端に通され、そこで秋田美人の女将《おかみ》さんがお茶をすすめてくれた。間合いよくお嫁さんが奥から漬物をあれこれ運んでくる。

「がっこをどうぞ。皺《しわ》の寄っているのがいぶりがっこで、つるりとしているのは柿漬け大根。麹《こうじ》の粒々が付いているのは蒸かしなす……みーんなうちの味ですけど、評判いいんですよ」と、女将さんが笑う。

がっことは漬物を意味する東北方言で、秋田では大根のいぶりがっこが代表。いわばスモークたくあんで、囲炉裏端の天井で燻《いぶ》したことからの名前。現在は、契約農家に栽培してもらった秋採り大根を軽く干し、縄で吊るして桜の木の煙で三日間燻してから、米ぬか、塩、ザラメで漬け込む。そのまま薄切りにしてもおいしいし、酒や砂糖をふればご飯がすすむ。刻んでチャーハンにもいい。

駆け出し料理記者時代、いぶりがっこを初体験して感動したものだが、最近のは添加物が多く、ギブアップしていた。ここのはいかがなものか……うーん、よかった。スモーク用チップでちょいと燻した既製品とは二味くらい違う、深い匂いとコクがある。縄文の森の味といえようか。しなっとしているのに、しゃっきり嚙み切れるしたたかな歯ごたえもうれしい。すだちや柚子《ゆず》を絞ったら、もっともっとわたし好みになるだろう。

渋柿の実と漬けたたくあんの方は、かりっしゃきっじゅわっと、秋晴れの青空を思わせる歯切れよさ。塩加減もいい塩梅《あんばい》。麴漬けの蒸かしなすは、ふにゃとろりとしてほの甘い。やみつきになりそうだ。こんな漬物で朝ごはんを食べられる東北から、都会へ人口が流出していくなんてねえ。

総本家近清
tel 075-351-1204
fax 075-351-1364

茎屋
tel 075-691-2122
fax 075-691-3663

森田良彦
tel 075-712-4889
fax 075-791-5986

安藤味噌醬油醸造元
tel 0187-53-2008
fax 0187-55-2008

豆腐

豆腐は味のインジケーターである。その豆腐を扱っている人の味覚センスが見えてくる。だから、およそ豆腐を売っていそうな場所に行けば、わたしは走る、走る。走ってさがす。街の豆腐屋には庶民の味覚が凝縮しているし、スーパーなら経営者の舌のレベルがわかる。とか何とかいうよりも、豆腐が好き。寝起きの顔でまだ静まったホテルを抜け出して豆腐屋へ急ぎ、固まりたてのおぼろ豆腐を立ち食いするのもしょっちゅう。チェックインのときに近所の豆腐屋を確認するのが習慣になっているのである。

朝ごはんに豆腐を出す旅館は、走らずにすむぶんもっと好ましい。湯豆腐なら、山中温泉のかよう亭や有馬温泉の御所坊のように、炭火で温める仕掛けの檜桶《ひのきおけ》で出されるのが最高のごちそう。

夏の旅では、山形県三瀬浜の坂本屋旅館で出された茶碗《ちゃわん》豆腐が印象深い。鶴岡や酒田の豆腐屋が夏だけ作る、茶碗で固めた〝なんぜんじ〟という名物豆腐。ブラマンジェのように純白で、ぷるると震えているてっぺんにおろし生姜《しょうが》がちょんとのっている。とろろん、ほあんの口あたり。名物のだだちゃ豆が莢《さや》ごと入った濃厚な味噌汁《みそしる》と実にいい相性である。〝なんぜんじ〟とは南禅寺。湯豆腐店が並ぶ京の名刹《めいさつ》の評判が伝わり、豆腐そのものの名前に転じたのだろう。

ところで、廃業店しきりの豆腐業界だが、アイディア、体力、人柄で、そして豆腐作りの腕で昔以上に繁盛している店もある。人気アイテムの筆頭はざる豆腐。豆乳がやわやわもろもろと固まりだした、いわゆるおぼろ豆腐（寄せ豆腐ともいう）の状態を竹ざるにすくいとり、そのまま水切りした豆腐である。ざるが風雅な器になるから、さじを添えれば、たちまち食卓は竹の香りと大豆の香が寄り添った豆腐三昧境《ざんまいきょう》と化す。

このざる豆腐に注目したのは唐津《からつ》の川島豆腐で、ざっと十年前のこと。昔、海賊に襲われた玄界灘《げんかいなだ》の海辺の村で、作りたての豆腐をざるに入れたままほっぽり出して逃げ、やがて戻ってきたところ豆腐は腐りもせずかえっておいしくなっていた……という伝承をもとに商品化された。

それだけに、冷蔵庫なら一週間ＯＫの日もちのよさ。作りたてはうぶでソフトなおいしさで、時間が経《た》つほどねっとりクリーミーとなるのも変化の妙。そのままでよし、湯豆腐にしてまた美味という幅の広さも受けた。加えて取り寄せブームの到来で大評判。川島さんは店の一角にざる豆腐を食べさせる朝ごはん屋を併設し、料理人を兼ねてしまったくらいである。

同じ頃、各地に大豆はどこどこ産よ無農薬よ、と胸を張る豆腐屋が続出し、それぞれに人気をとり、味を誇りはじめた。四国の久保食品もその一軒で、ざる豆腐では後発組である。しかも店は、弘法大師の昔から溜池《ためいけ》があちこちに掘られ、四国砂漠といわれてきた、水にも大豆にも恵まれない香川県宇多津町《うたつ》にある。

だけどここのざる豆腐はうまい。豆腐のよしあしは舌にのせ、上顎《うわあご》に押し当てるとはっきりするのだが、久保隆則さんが作る豆腐だと、上顎が飛びあがって喜ぶ。大豆の甘み、うまみが舌にふっくら清々《すがすが》しく広がってくる。

豆腐工場は大豆の湯気と匂《にお》いでもわっと温かい。その中で腕を磨くせいか、いい豆腐職人は決まってもわもわ温かみのあるキャラクター。しかも志という芯《しん》が通っている。久保さんも例外ではない。

かつては名水や大豆の里であることが豆腐作りの基本条件だったが、現代は浄水装置で水の問題はほぼ解決できるし、遺伝子組み換えと無縁の安全な大豆を確保できれば原料についてもクリアできる。活性炭や珊瑚《さんご》で濾過《ろか》、活性化し、たんぱく質と糖分の多い無農薬・低農薬大豆を仕入れている久保さんの豆腐がおいしいのはちっとも不思議ではない。

さらなる味の決め手、凝固剤についても久保さんは万全。このあたりは一昔前まで瀬戸内海の塩田地帯だったから、海水にがり豆腐の味を人々は覚えている。まして久保食品は夫婦どちらも豆腐屋の生まれ。伝統豆腐の味には敏感だ。塩田が消えて地元のにがりこそ使えないものの、同じ四国・土佐の天日塩からしぼった液体にがりを手放さない。これも当然である。

硫酸カルシウムなどの化学的凝固剤で固めると、つるりぷるんの現代人好みの食感に仕上がるうえ、同量の豆乳から、にがり（塩化マグネシウム）を用いたよりたくさんの豆腐が作れるそうな。効率はいいけど、本にがり豆腐のもつ大豆の甘味や旨味とは無縁。だから久保さんには、にがりは海水にがり以外考えられないし、豆乳の泡消しにも、伝統どおり糠《ぬか》とごま油を用いるのである。

なお、久保食品は木綿豆腐や絹豆腐のほか、やや固め仕上げの〝かた木綿〟などレパートリー豊富。油揚げやがんもどきは、化学処理をせずに圧搾《あっさく》式で搾《しぼ》った九鬼産業のごま油を用いるので胃に軽い。ともあれ、豆腐がある朝ごはんは豊かになる。

川島豆腐
tel 0955-72-2423
fax 0955-73-9700

久保食品
tel 0877-49-5580
fax 0877-49-6336

納豆

朝は納豆売りの声で起きたもんよ、とは江戸っ子の決め台詞《ぜりふ》。そんな時代は知らないけれど、わたしも江戸っ子だから、納豆は関東の食べものと決め込んでいた。いや、正確にいえば、平安時代の前九年の役、後三年の役の頃、八幡《はちまん》太郎義家の軍勢が戦場で茹《ゆ》で大豆を作っていたところ、敵に襲われ、俵に詰めて馬の背中にくくりつけて逃げていくうちに、豆が発酵して糸を引くようになり、こわごわ食べてみたら、あら不思議、なーんとも妙なる旨味《うまみ》があるとわかり、東北に波及したという伝説は知っている。

弥生《やよい》時代の遺跡からも大豆が発見されているそうだから、ひょっとして納豆があったのかもしれない。納豆は稲と大豆があれば偶発的に発生しやすい食品だからで、それは納豆菌の一種の枯草菌《こそうきん》のなせる技。枯草菌は稲藁《いなわら》に住みついていて、ただの茹で大豆をおいしい納豆に変化させる。熱に強い菌でもあるから稲藁を煮沸消毒しても胞子の中に閉じこもって生き続け、納豆を作ることができるのだ。

ご存じのとおり大豆は畑の肉といわれる、たんぱく質豊富な植物。だが動物に食べられてばかりでは困ると、神様は動物の消化の邪魔をする酵素を与えた。それなのに納豆になったとたんに、たんぱく質が消化吸収しやすい形に変化するので、良質たんぱく質がスムーズに人間の胃に吸収されるのである。

納豆は骨粗鬆症《こつそしょう》予防に効くビタミンK、粘膜の保護や肝臓にいいビタミンB_2、血栓症《けっせんしょう》にいいナットウキナーゼ、そして食物繊維が豊富なうえ、病原菌にめちゃめちゃ強い。病原性大腸菌O－157も納豆菌には勝てない。その証拠に、世界中の臭い食べものに通じている東京農大の小泉武夫教授は、納豆を旅の道連れに欠かさないそうだ。むろん食中毒予防のためである。

それというのに納豆の本場、水戸の旅館の朝食から納豆が消えた事件があった。遺伝子組み換え食品が日本に押し寄せ、納豆の原料も遺伝子組み換えの疑い濃厚な輸入大豆が大半なので、旅館としては納豆を献立から引っ込めるしかお客を安心させる手がなかったのだろう。

話を戻す。法善寺横丁の割烹・㐂川《きがわ》の上野修さんがあるときカウンター越しにつぶやいた。「うちは一家揃《そろ》って納豆好き。親父（浪花《なにわ》料理の上野修三さん）もね。朝ごはんには欠かしませんよ」と。数年前のことで、その頃から急に西日本の取材先でも納豆礼讃《らいさん》の声が高くなった。最近は西の灘《なだ》といわれる東広島の蔵元、〔賀茂泉〕の前垣家の朝食に納豆が並んでいて、朝日のあたる和室でごちそうになった。青森の納豆を取り寄せているそうだ。まさしく納豆は日本を制覇したのである。

そんなこんなで最近は原料大豆の安全性をうたった納豆が目につく。自分も家族も消費者の一員であることを自覚した納豆屋さんが増えたせいでもあり、またそうでなくては商売がきびしい時代なのである。

「自分が安心できる大豆ならば自信をもって作れるので、味の点でも、見た目からも納豆にふくらみが出せるんです。糖分たっぷりでたんぱく質の少ない大豆が納豆向きです。豆腐作りとは反対ですね」

と、歌舞伎俳優を思わせる眉《まゆ》くっきりの顔をほころばせるのは村田滋さん。祖父の代から納豆一筋、長野の若手納豆屋さんである。大粒の〔安曇野《あずみの》納豆〕、小粒の〔古今納豆〕が村田さんの自信作で、どちらも松本市郊外三郷《みさと》村の大豆が原料。どうしても地元信州の豆を使いたいと、無農薬・低農薬の有機農業に取り組む浜農場に栽培してもらっているのである。

早朝、工場を訪ねると、前夜から水に漬けておいた大豆が蒸し上がったところ。村田さんは白いキャップに白衣、マスク。湯気もうもうの中、大豆がステンレス容器にどっとあけられ、その大豆の山へ村田さんがジョウロで水撒《みずま》きならぬ納豆菌撒《ま》きを始めた。藁《わら》に棲《す》みついている納豆菌を抽出し、濃縮した液体が現代のいわゆる納豆菌である。蒸した大豆にふりかけ、小分けして室温三十七℃の部屋で発酵させると、ねばねばねとねとの、不精香という特有の匂《にお》いを放つ納豆に変身するのである。

そのねばねば度やふっくら感も村田さんの製品は申しぶんなし。昔ながらの経木包みにこだわり、乾燥防止にと、室でビニールをかけたりはずしたりする。マメさが納豆作りの最大条件なのである。

その納豆を小鉢に入れて右に十回、左に十回ぐるぐるやって醬油《しょうゆ》をちょろり、溶き辛子たらり、刻みねぎパッパで、またぐるぐる――が、わたしの常道。ご飯にかけてすすりこむと大豆の豊満さにうっとり。納豆は糸をひきすぎるぐらいでなくっちゃうまくないから、仕込んでから二～三日めがおいしい。たんぱく質が適度に分解されてアミノ酸になり、コクをだすのだろう。

水戸の納豆に代表される小粒納豆が大勢を占めている現代だが、村田さんの大粒大豆で、わたしは納豆の真髄は大粒にあることを再認識した。

村田商店

フリーダイヤル 0120-71-0834
tel 026-226-6771
fax 026-223-1782

海苔

味付け海苔《のり》の小袋がしれっとのった朝食に出会うと、一日中暗い気分になってしまう。味付け海苔は明治初め、明治天皇の京都行幸の際の土産として日本橋の海苔店が考案した製品。簡便さと味のしつこさ（！）がおおいに受け、いまや旅館はどこもこれである。もしも普通の焼き海苔が出たら、その宿の料理は相当にいい線のはずだ。

家庭でうまい海苔を望むなら、干し海苔を二枚重ねにして炙《あぶ》り、表面の黒々が鮮やかな緑に変わったところを食べるのがベスト。次善の手は、シール付きの袋入りか缶入りの焼き海苔を、出してすぐ食べること。

わたしもコンビニおにぎりの海苔を黙って食べてきた一人ではあるが、能登、伊豆、房総などの海辺で岩海苔、な海苔、はば海苔と呼ばれる地海苔を知ったときに、あらためてというかようやく気づいた。海苔は海藻なのだ、と。おなじみの浅草海苔は、ほとんど黒い紙同然にまで見事に加工されているため、海藻ということをつい忘れてしまうのである。

この紅藻類アマノリ属の海藻がそのぬるぬる状から「のり」と呼ばれ、海苔となったのは日本武尊《やまとたけるのみこと》の時代。七〇一年の大宝律令以降は税としても尊ばれた。薄くて四角い浅草海苔になったのは江戸時代前期である。江戸湾の漁師が遠浅の海に枝や笹を立てて(ひび)魚を囲ったとき、海苔がひびに付くことを発見して、養殖が始まったのである。そして、浅草で盛んだった再生紙作りを真似《まね》して生海苔を四角くすいて干してみたら、大うけ。巻いてよし、包んで楽し、ちぎってもという特性が加わって以来、海苔は江戸っ子の人気食材にのし上がる。幕末には前述の日本橋の海苔店が焼き海苔を売り出した。

だが、大森の漁場が昭和三十八年に消えると、有明海産が急成長した。現在、生産量は年間百億枚。だけど韓国からの輸入海苔に押されるわ、気候温暖化と廃水増加からの水温上昇による成長不良(海苔は水温二十三℃以下でないと生育しない)、諫早《いさはや》湾干拓の影響と推測される有明海の不漁など、海苔漁師の悩みはつきない。

ともあれ安否を確かめたいのが江戸前海苔。うれしや、千葉県は生産量全国九位(平成十年度。全海苔連調べ)だった。西船橋には天日干しでがんばる海苔界の人間国宝が健在だし、遠赤外線効果のある石焼き海苔を考案した海苔屋もいる。産地は歌舞伎《かぶき》のお富与三郎の舞台、木更津《きさらづ》から富津《ふっつ》にかけての房総半島西岸。あなご、青柳《あおやぎ》、たこ……江戸前ずしや天ぷらだねの宝庫であり、その江戸前の一つが海苔なのである。

師走《しわす》の夜明け。東京湾アクアラインから地上に出ると、潮の香り。橋の下には海苔ひび。これぞ木更津市金田漁協の漁場。海苔漁師三代目・斉藤高根さんの船に乗せてもらった。

現代の海苔養殖は海を畑に見立てているから、斉藤さんも忙しい。まず種となる胞子を牡蠣殻《かきがら》に付着させ、水槽で培養する（江戸湾発祥のアサクサノリ種に代わり、現代はスサビノリ種）。秋、これを網に種付けし、ひびを立てた海で育てる。十二月になると水中に二十センチほど伸びた新芽を摘む。ゴムホースで吸引したり、円盤状の回転刃で芝刈りのように摘む方法もあるが、最新はもぐり船式。海苔の垂れ下がった網の下をくぐりながら、船首に付けた回転式カッターで刈り取る。斉藤さんはこれである。

という次第で、わたしが乗っている船はびしゃびしゃ海苔まみれ。磯の香ぷんぷん。龍宮城のインテリアもこんなものだろう。なお、種付け網の冷凍保存が普及しているので、網を交換しながら春先まで漁ができる。

生海苔は腐りやすい。そこで急げや急げで洗い、刻み、乾燥機にセットする。塩加減、乾燥具合、口溶けのよい厚みに調整するなどの目配りが欠かせないので、1DKを占領するぐらいの大型機械に付きっきりとなる。一度スイッチオンすれば二時間で一回りし、数千枚を干し上げる乾燥機である。休憩は許されない。

ところで海苔の良否はひとえに網の管理次第。ずぼらすると赤腐れ菌が発生するわ、雑草視される青海苔や青さが付くわで、価値はガタ落ちとなる。その対策の一つは干潮時に海面から網を浮かして陽に当てる干出という作業。その後に生まれたのは網のリンスとでもいえる有機酸や栄養剤を混ぜた液に浸す酸処理。だが酸処理は、海への影響や海苔本来の風味の劣化を問う声が多い。

さて、斉藤さん一家の食卓は海苔尽くし。青柳の煮つけを芯《しん》に、ごく細の海苔巻きを花の形に組み合わせた太巻き。餅《もち》の磯辺巻き、生海苔の天ぷらやすき焼き。朝ごはんには、もみ海苔とおかかの醤油和《しょうゆあ》えをご飯で巻いた鉄砲巻き、海苔の佃煮《つくだに》が定番である。

海苔はグルタミン酸、イノシン酸、グアニル酸などの旨味《うまみ》成分に富み、ビタミン、ミネラル、カルシウム、たんぱく質、カロチン、食物繊維などが豊富。でんぷんを消化するビタミンBは、海苔一枚分でおにぎり一個を消化するほどパワフルだ。

でっかい海苔むすびを斉藤さんがぱくつくと、鷗《かもめ》がうらやましそうに宙返りした。

ベイショップ高根

tel 0438-41-6239
fax 0438-41-6250

佐賀有明あさくさのり研究会＊

tel＆fax 0952-26-2999

溝畑静男＊

tel＆fax 0153-52-5222

バター

おいしいパンには、ちょっぴりでいいから旨《うま》いバターが欲しい。オリーブオイルで食べるのは変化球の楽しみ。パン食の醍醐味《だいごみ》はやはりバターである。料理研究家のホルトハウス房子さんは、料理やケーキにたっぷり用いる主義で、バターへの愛着はひとしお。あるとき、鎌倉山の自宅キッチンで、これがおいしいのよと阿蘇《あそ》のバターを試食させてくださった。銀のナイフでくるりとすくい取ったひとひらのバターの口溶けのよさ、甘さ、ミルクを凝縮させた香り。そのバターを早速取り寄せ、朝のトーストにたっぷり塗ったのが、わたしのおいしいもの取り寄せ史の一ページ目である。

バターは、乳利用民族の伝統食品の一種。搾《しぼ》った乳は放置しておくとすぐ腐敗してしまう。そのため、民族学者の石毛直道さんによると、①乳酸発酵させる②脂肪分をバターにする③酵素でチーズを作る、という三種の保存法が生まれた（「乳利用の民族誌」中央法規出版）。

バター作りは、比重の異なるクリーム分と水分を分離させることから始まる。口の広い桶などに入れておくと、上層に脂肪分のクリーム、下層に脂肪の抜けた脱脂ミルク（スキムミルク）と、二層に分かれてくる。上面のクリームはフレッシュクリームとか生クリームと呼ばれるもの。そのまま料理に使え、酵素で凝固させるとクリームチーズになる。そして激しく攪拌《かくはん》すると、脂肪分が固まってバターになる。これは家庭でも実験できる——市販のピュアな生クリームを泡立て器でホイップさせ、手がくたびれるまで掻《か》き立てると泡立て器に白い脂肪がぽたぽたくっつき、水分は分離してボールにたまってくる。この脂肪を集めればバターになる。

バターの原理はいたって単純だが、大量に作るとなると手間がかかる。かつて牧畜民の女たちは、羊の革袋にミルクを詰めては、日がなせっせとゆすっていたらしい。地域により容器にはひょうたん、壺、樽《たる》なども用いられたが、ゆすったり、振ったりして、クリームを攪拌する原理は共通。いつしかバター作りのこの工程はチャーニング（攪拌）、用いる道具はバターチャーンと呼ばれるようになった。

ところで最近のバター好きは、発酵バターを偏愛する。ホテルの朝食バイキングに並ぶバターの小パックや国産の普通のバターとの相違は何なのだろう。いい先生がいた。カマンベールやモッツァレラで在日イタリア人グルメを狂喜させるフェルミエ（自家製乳を用いる手作りチーズ屋）、岡山県加茂川町の吉田全作・千文さん。昭和三十年生まれの北大同窓カップルで、脱サラしてUターン。岡山市から約一時間の中国山地でジャージー牛やブラウンスイス牛を飼い、チーズを作る暮らしを選んだ。一家の朝ごはんに上がるのが自家製バター。そして遠来の客は、庭のハーブを使いこなしたチーズメニューと、焼き立てのパンでもてなすのが習慣。その日はバターも新調することにしている。実のところ、わたしはその味が三年間、忘れられずにいたのである。

　久しぶりの訪問。牛舎で飼っていた十一頭の牛を念願の自然放牧に切り換えたそうで、夫婦はますます多忙になっていた。でも、春夏は青草の、秋は枯れ草のと、牛が食《は》む草の変化が牛乳やチーズの味に反映するのは酪農家冥利《みょうり》と、弾んだ声が飛んできた。

「ヨーロッパの乳牛農家はミルクの加工がうまい。年季なんですね。夜に絞った乳は桶に入れ、一晩外に置いておくんです。すると乳脂肪分が表面に浮いてくる。舐《な》めると淡い酸味があるのは自然に乳酸発酵しているからで、樽《たる》に溜《た》めていくうちにクリームの発酵が進んで風味が増す。これを数日に一度、攪拌してバターを作ります」

　スイスやイタリア国境に近いフランスのサヴォア、ドーフィネ地方の旅が思い出された。アルプスの山並みを望む高地ではミルクを戸外に放置しておいても腐らないし、森に棲《す》む乳酸菌がクリームに舞い下りて発酵をやさしく進めるのである。そういえば英国のスコーンという焼き菓子に必ず添えられるクロテッドクリームも、このようにして上面に浮いてくる脂肪分をすくいとったものだという。

「つまり、バターの始まりは発酵バターだったんですが、牛乳の冷蔵保存が可能になると、乳酸発酵してない原乳で大量生産する方法が普及した。香料で発酵香を付けるだけの発酵もどきバターまで生まれた。でも、最近は本物の発酵バターに取り組むメーカーが現れてきました。うちはチーズで手いっぱいでバターはほんの少量しか作れませんけど」

　実演してくれることになった。電動式小型バターチャーンもあるが、少量ならこちらの方が手早いということで、取り出したのはインスタントコーヒーの空瓶。クリーム・セパレーター（遠心分離機）で自家製牛乳を分離して乳酸発酵させたクリームを入れ、シェイクする。十五分後、蓋《ふた》を開けると瓶には大粒パールのような脂肪球がぷかぷか。すくい集めて練り、千文さんの焼いたパンにのせる。ヨーグルトのようなマイルドな酸味。深みがあり、市販品とは比べものにならないコク。その味は、荒れ地を切り開いて乳牛を育て、フェルミエの道を邁進《まいしん》してきた夫婦の人生に重なった。

吉田牧場

tel 0867-34-1189
fax 0867-34-1449

蜂蜜

マルチェロ・マストロヤンニの晩年の主演作に移動養蜂《ようほう》の蜂《はち》屋を演じた映画があった。トラックに巣箱を乗せた主人公が花を求めて旅をするのだが、エンディングが楽しくない。巣箱を広げた草原で自分の蜂に襲われて死んでしまうのである。

ちょうどその頃、わたしは砂糖の甘さに物足りなくなり、蜂蜜や蜂の生態に興味を持ち出していたところだったから、養蜂のハードさと蜂の怖さに驚いた。以前から養蜂家が花を追って日本列島を縦断するというルポルタージュを見聞きしており、蜂蜜屋は旅が商売というイメージが固まっていた。

折りも折り、盛岡の藤原養蜂場の三代目、藤原誠太さんに出会った。東北の養蜂業の草分けで、創業百年の蜂蜜屋さん。祖父は西洋蜜蜂を飼育する近代養蜂のフロンティアで、その手ほどきを受けたせいか、蜜蜂が可愛《かわい》くてたまらない青年になった。養蜂に最適な性格と期待され、東京農大在学中は南米で養蜂修業もしたけれど、結局、日本へ帰って家業を継いだ。

こんな誠太さんに、わたしが開口一番、「どういう道筋で移動するんですか?」と質問したのは自然である。答えは意外だった。

「うちの自前の養蜂場は盛岡市内と北上山地の早池峰《はやちね》山の二カ所です。他にはお弟子さんたちの養蜂場が東北に数カ所あります」

時代は転地養蜂から定地養蜂へとすっかり移り変わっていたのだった。一九六三年の蜂蜜の貿易自由化後は国内産が急激に値下がりし、旅などしたら経費倒れになった。子供の学校の問題も大きく、花の盛りを求めて移動する養蜂は激減したのである。

ところで、岩手で人気の高い栃《とち》の花は、縄文時代以来ずっと県内のそこかしこに繁《しげ》っているから、転地の必要はゼロ。ただし花は低地から開きはじめ、順々に高度を上げていくため、巣箱を初めは市内で、その後に北上山地へ移すと都合がよいとのことだった。

蜂蜜はミネラルとビタミンの宝庫。甘味の元はブドウ糖と果糖で、糖分のうちでも単糖類という消化吸収がとてもスムーズなタイプのため、ひと舐《な》めで疲労回復に効果抜群である。そのうえ、蜂が採取してくる花蜜源によって香りも色も味もさまざま。いろいろ舐めながら好みを見つけるのは、香水選びより断然楽しい。

スプーンに蜂蜜をたらすところから、わたしの朝ははじまる。パンに塗ったり、ヨーグルトに入れたり。さじに山盛りといきたいところだが、滅相もない。誠太さんから「蜂が一生かけても、集められる蜜は茶さじ半杯分」と教わったからである。

それにしても蜂蜜ほど人間の五感について考えさせてくれる甘味はない。人が舌でとらえるのは甘味、酸味、塩味、苦味、旨味《うまみ》の五味。辛味、渋味やコク、歯ごたえといった食感がこれに加わり、香りを味わう嗅覚《きゅうかく》、熱い冷たいの触覚、色艶《いろつや》や盛りつけを愛《め》でる視覚、ぱりぱりしゃきしゃきなどの耳からの響きを楽しむ聴覚も加わって、味覚はにぎやかで豊かな世界になる。

これらの感覚を総動員しても蜂蜜は語り尽くせない。甘さの奥になにか不思議な味覚が広がっているのである。……よくわからないまま、とにかく山に向かった。

羽音ぶんぶんと蜂が飛び交う早池峰山中の養蜂場。熊避《よ》けの電流が流れる柵《さく》を越え、つなぎの服にネット付きの帽子をかぶり、おそるおそる巣箱に近づく。箱から引き出した巣板を持つと腰にどしっとくる重み。働き蜂が群がっている下には真珠色の蜜がみっしり溜《た》まり、表面が太陽にきらめいている。

ドラム缶を改造した遠心分離機に巣板を立て並べ、ハンドルをがらがら回す。下方の口から蜜がとろとろ流れだし、くらりとする芳香が立ってくる。我慢できず、溜まり出した蜜に指を突っ込んで舐めてしまった。気品があって、優美で、深い味。感嘆していると、誠太さんが「その一滴は、今日、この時間、この場所でだけ、出会えるものなんですよ」と笑った。蜂蜜とは蜂と花との一期一会《いちごいちえ》の産物なのだ。

誠太さんの太鼓判は、その年の絞りたてを低温加熱（湯せん）だけで瓶詰にした、しかも最盛期の酵素たっぷりの生きのいい味わい、香りも栄養価も最高の「一番蜜」シリーズ。花の種類別に言おう。みちのくらしさでは栃の花の蜜。東北に初夏を告げる白い上り藤状の花で、雄々しい姿に似て蜜も骨太でくっきり味。ヨーグルトやトーストによく、いちごやブルーベリーには野性味を発揮する。味、香りともに癖がないのはアカシアの花。アイスクリームにかけたり、マスタード入りドレッシングにしても楽しめる。マイルドで高貴、そのまま舐めるだけでうっとり夢心地に誘ってくれるのは、ゆりの木の花。わたしのもっとも好きな蜜でもある。野太くて甘さのうちにえぐみを秘めているのはそばの花の蜜。そば粉のパンケーキにいい。

見直したいのは日本蜜蜂のもの。西洋蜜蜂の蜜より野性味と滋養で勝る。とくに誠太さんが平安貴族好みの味を再現したという〝たれ蜜〟は透明感があって上品。卵焼きや煮豆の隠し味にすると真価を発揮する。

藤原養蜂場

tel 019-624-3001
fax 019-624-3118

ハム・ソーセージ

昔から著名人の献立日記の大ファン。最近はみなさん健康に気をつけているんだなあと思うことが多い。たとえば歌手生活三十五周年を迎えた森進一さんの朝食には唸《うな》ってしまった。ある朝は、「……薬膳かゆにイカと里芋の煮物にワカメの酢の物、おかゆによくあう梅干し一個とめざしの塩焼き。……」（「週刊新潮」私の週間食卓日記・二〇〇〇年十二月七日号）といった具合。夫人の森昌子さんはすごい方だと感服する。

森さんに代表されるように、中年世代からは和風朝食派が目立つのだが、稀《まれ》にモーニングステーキという方もいる。スポーツマンやダンサーという肉体資本の職業が多い。わたしも肉体労働者だから、ナチュラルビーフのヒレをレアでちょっぴり焼いて、醬油《しょうゆ》と大根おろしで食べることがたまにある。そんな朝は食後の西郷山公園へのウォーキングが、まるでセントラルパークを歩いているみたいになれる。

さて、朝食に肉食となると、手軽なのはハム・ソーセージ類。欧米の朝食素材と思い込みがちだが、ベトナムにはフランス植民地時代の遺産の一つとしてバゲットパンにハムを挟み、ニョクマムをふりかけたものがあるし、沖縄ではポークランチョンという名称で缶詰のハムがポピュラーだ。チャンプルーにもよく使われている。中年の方ならわがニッポンの魚肉ソーセージの懐《なつ》かしくも素朴な美味をおぼえているだろう。ハム類はアジアに定着しているのである。

それだけに、本場の技と肉食の思想をがっちり伝えてくる製品を選びたいし、そのほうがかえってさっぱり味になっているようだ。それに符合するように、原料肉や製法の安全性にこだわるミニメーカーが生まれている。わたしなりに都内で二軒選ぶと——元大手ハムメーカーの工場長が退職後、自分のポリシーに従って無添加で創《つく》る目黒のレッカービッセン。おいしい肉の販売に人生を賭《か》ける父の薫陶《くんとう》をうけた杉並のぐるめくにひろ。どちらも顔の見える生産者である。

食べもの作りという職種は、家族が心を一つにしてやっているところなら、味も安全性もまず間違いないと思う。好例は岐阜県瑞浪《みずなみ》市の山田藤夫さん一家のオーガニックフーズ。ブランド名は中山道ハム。名前はハムだが、生ベーコン、ベーコンスライス、生ソーセージ、白ソーセージミュンヘナーなど種類はけっこう作っている。旧中山道沿いの山間《やまあい》集落にある手作り工房である。原料は美濃加茂市の石原養豚場産のLWD種白豚と決めている。これは餌《えさ》と豚舎を配慮された、うらやましいほど健康な豚である。

ソーセージ用には、思いきりフレッシュなうちに挽《ひ》き、肉自身に結着力があるうちに形にしてしまう。だから、製品に心地よいプリプリッ感が出てくる。味つけは自然塩、黒砂糖、自家調合スパイスのみ。食べ進むうちに、豚肉ってこんなに甘い肉だったのかしらと感嘆してしまうはずだ。きざにいえば、工房からのぞむ東濃《とうのう》の山並みのような穏やかさが特徴である。

日本にハム・ソーセージは伝わったが、自然食品としての知恵は削《そ》ぎ落とされてしまったのかもしれない。いまは添加物まみれということ。リン酸、化学調味料、酸化防止剤、着色料、発色剤などが入り、店頭で原材料表示のラベルを見ると、わたしはくらくらしてくる。原料に冷凍肉を用いるから添加物で結着力を強化しなければならず、食感も色も人工的にアレンジしなければならない。大豆たんぱく質などを混ぜることも多い。どの手をとっても、原価が安くなるのも事実。そうとなったら、消費者としては信頼できる生産者を選ぶしかない。

そんな時代に、ソーセージ本来のおいしさをお客に味わってほしいという決意を秘めて、山田さん一家は、工房をオーガニックフーズと名付けた。ヨーロッパのきびしい冬を保存料なしで耐え抜く究極の保存食品だからであり、ヨーロッパ人の知恵と技が集積した食品だからである。

山田さん夫婦は脱サラ。名古屋から移住し、子供三人を育てながら養豚に打ち込んだ。そんな両親を見て育った長男・豊士さんは高校を中退し、ドイツへハム・ソーセージ修業へ旅立つ。ハンブルグのマイスターのもとで三年間腕を磨いて帰国したの二十一歳のとき。九年前のこと。

ちょうど藤夫さんが過労から体をこわしたことも重なって、一家は養豚から無添加主義のハム・ソーセージ製造へと転進した。シェフは豊士さん。肉の仕入れと豚肉加工用機械の分解洗浄は父・藤夫さんが受持ち、製品の受注や発送業務は母・恭子さんと長女・幸美さんが担当する。最近、豊士さんが結婚して、妻の仁美さんも加わった。家族パワーはすばらしい。

なお、製品は冷凍保存できるので、取り寄せたら小分けしてただちに冷凍室へ。ベーコンは一回分ずつスライスしたり、角切りにしておく方が朝のキッチンで重宝する。

レッカービッセン
フリーダイヤル 0120-59-1186
ぐるめくにひろ
tel 03-5936-0086
fax 03-5936-0286
オーガニックフーズ
tel 0572-69-2412
fax 0572-64-2714

パン

約九千年前にメソポタミアの小麦で作ったのが起源らしい。初めはただ水でこねて焼いただけの、そう、カレーでおなじみのチャパテイのようにぺちゃんこのパンだった。酵母で発酵させたふっくらパンは六千年前にエジプトで誕生したという。やがて各地に伝播《でんぱ》し、お国柄に合ったものが生まれた。

日本へは十六世紀半ば、鉄砲とともに伝わったらしく、ポルトガル語の「パン」という言葉が定着した。初めてパンを自家製造したのは江戸時代も終わりの一八二四年、伊豆韮山《にらやま》の代官・江川太郎左衛門。外国に攻められたときの兵糧《ひょうろう》にしようと、鉄鍋《てつなべ》のような簡易釜《がま》で焼く方法を考案したのである。そして明治維新。あんパン、ジャムパン、クリームパンなどの和魂洋味の日本生まれのパンが登場し、トーストも日本人の朝の食卓に定着していく。

いまや「日本の朝ごはん」イコール「日本の朝パン」といえそうだ。しかし、社会の高齢化がすすむにつれて、再び米飯が復活しそうな気配をわたしは感じている。日本人の〝地〟はしょせん米飯にあり、年齢とともに肉から魚へとか、さっぱり好みといった形で表面化する事実を実感しているからである。お心あたりの方がたくさんいるのではないだろうか。

それにしてもフランスパンは安定人気。でも、この人の来日までは本物はなかった。バケットをカフェオレにひたして食べるあの幸福がなかったのである！　フィリップ・ビゴ。在日二十六年のフランス人。小太りな短軀《たんく》につるりとした丸顔。銀髪のキューピーちゃんヘアで、ブロークンな関西弁を愛嬌《あいきょう》たっぷりにあやつる。口ぐせは「パンは生命の糧《かて》＝主食だから、うまくてヘルシーなパンを安く提供したい」。それがパン屋の使命だとビゴさんは固く信じている。

そこで、わたしの〔銀座名店帳〕の筆頭はプランタン地下の「ビゴの店」。銀座に出れば、帰りがけに必ずフランスパンを買う。

数年前までは芦屋《あしや》と神戸にしか店がなかったので、山ほど買いこんで新幹線で持ち帰り、冷凍保存していた。バブルの時代、故郷に錦《にしき》を飾ろうと、パリの一等地に次々と支店を出したときは、わたしも追っ掛けていって、パリで焼き立てを食べたものだっけ。

だが、結局は日本で地道にやるのがいちばんとなったようで、横浜や最近は田園調布などに力を注ぎ、仙台などのスーパーの手作りパンの指導をするなど、パン伝道師としての行動力はますますさかん。こちらも追っ掛けしてみたら、ビゴ先生の人気は客にも店員にも絶大であった。

買い求めやすくなったはずなのだが、わたしは、神戸に行くと芦屋まで車を駆って買いに行ってしまう。本店の窯《かま》にこそビゴのパンのエッセンスがびっしり詰まっているに違いない、そんな勝手な思い込みを持っているからである。

　有名フランスパンメーカーの技術指導者として全国を回ったのち、ビゴさんが自分の城を持ったのが兵庫県の芦屋市。神戸の麤皮《あらがわ》はじめ高級レストランの主人がお得意になり、こういうパンを望んでいたとエールを送る。お客の口コミで人気が広まり、京阪神随一の口の肥えた住民を魅了するのに時間はかからなかった。

　ビゴさんはあくまで手作りにこだわる。

「人間の手がパン生地にふれるという動物的なエレメントが食べ物には必要なんやね。汗も散るし、手の垢《あか》も混ざる。だけど、それがうまさにつながるんや。機械だけで作れば清潔だけど、口に入れたときなぜかもの足りない。食べ物への愛情って、そのあたりにあるんやと思うし、それを大切にしたいねん」

　だから、工場生産品の二倍も三倍も手間と時間をかける。毎晩十一時から仕込み始め、発酵、整形と夜通し働き、一番窯が焼き上がるのは明け方だ。「パンは生き物、フランスパンがおいしいのは焼きたてから数時間だけ」と信じているから、一度にたくさん焼かず、二時間間隔で少量ずつ焼くのが鉄則である。常連は焼き上がり時間に合わせて買いに来る。

さらに、健康への安全性を一番にして、添加物は一切使わない。焼き加減は充分すぎるほどで、それが皮のパリパリッ感と香ばしさを高めている。一方、気泡質の生地はやわらかすぎない適度な弾力で、固い皮の歯ざわりと絶妙に対応する。この対比がすばらしい。噛《か》みしめれば、あえかな塩味。

どんな料理の味も引き立て、また、パンのみでも充足感を覚えるおいしさ。毎日でも食べたい。これは炊《た》きたてのコシヒカリに匹敵する美味感覚だ。わたしの舌にも「パンは主食」というビゴさんの食思想が素直に伝わってくる。

ビゴのパンを小《こ》脇《わき》に、芦屋川べりを歩く。一刻値千金のひとときである。

ビゴの店本店

tel 0797-22-5137
fax 0797-31-3938

ビゴの店銀座店

tel&fax 03-3561-5205

ピーナッツバター

ピーナッツバターからは、〝みゆき族〟を連想する。六〇年代後半、わたしが通っていた市ヶ谷の女子校にも流行に敏感な同級生たちがいて、銀座で仕入れてきた流行で教室を楽しませてくれた。制服のスカート丈を思い切り長くし、ローファーの靴でぺたぺた歩く彼女たちを、奥手だったわたしは遠くから眺めるだけだった。

わが校のみゆき族はお弁当ファッションにも革命をもたらした。タータンチェック柄のブリキのランチボックスにサンドイッチを詰めてくるようになり、それがクラスで大流行したのである。わたしも真似《まね》した一人。友だちに場所をきいて、銀座のソニープラザまで走ったものだ。ちょうどその頃は、アメリカのハイスクールを舞台にしたジュニア小説が人気だったし、大人のみならず、十代のわれわれも頭はアメリカ方向を向いていたのである。

そのサンドイッチは蠟紙《ろうがみ》の袋に入れるのが決まりで、八枚切りの食パン（厚い！）にハム、レタス、トマトをラフに挟んだだけ。辛子バターを塗ったり、耳を落としたりといった英国式の一手間など考えもしなかった。そしてデザート感覚で必ず添えられた一組は、ピーナッツバターといちごジャムの重ね塗り。わたしの育った東日本橋のパン屋にはごく甘のピーナッツバターや真っ赤っ赤のジャムを塗ったコッペパンがあったから、このコンビは明治時代からの下町トレンドなのかもしれない。

ともあれ、みゆき族風のサンドイッチから、わたしはピーナッツバターへ入門。以来ずっとそれがアメリカの味だと思い込んできた。

それが一転。数年前からは、千葉・八街《やちまた》産の石臼《いしうす》挽《ひ》きピーナッツバターの熱愛者に変身した。成田空港の南、下総台地にある八街を訪ねて開拓農家を知ったことと、久城《くしろ》紀美子さんに出会ったのがきっかけである。

彼女に初めて会ったのは夏の盛り。人形展でのこと。浮世絵から抜け出したような着物姿にまず魅かれ、舌のセンスとひたむきな人生を知って、ますます魅了された。食の現場でがんばる女性は多いが、小粋《こいき》な女らしさでは彼女は破格。細面に、いきいき輝く黒い瞳、たっぷり結い上げた髪。女盛りそのものだが、もうすぐ還暦だそうだ。七〇年代初め、自立を求めて麹町《こうじまち》で骨董《こっとう》店を開き、お茶うけに金柑《きんかん》を煮たのが〝食〟職人のスタートだった。金柑は手を尽くして調達した無農薬のもの、砂糖は果物から抽出した果糖、鍋は長年愛用の伊賀焼の土鍋。娘時代からの食への親しみが、人生経験を経て、慈愛あふれる味に結実した頃、客の要望に背中を押されて、手作り食品工房を開いたのである。

定番の筆頭はピーナッツペースト（久城さんの商品名。ピーナッツバターと同意味）。国産落花生の本場の八街産が原料。「素材のよしあしがこれほど出る食材はないの」と、久城さんは八街豆にぞっこんなのである。落花生はビタミンE、オレイン酸、リノール酸、たんぱく質が豊富。なのに、旨味《うまみ》と安全性を併せ持つ国産は激減している。

この豆を農家に頼み、石臼で挽いてもらう。秋の新豆を天日で干して焙煎《ばいせん》し、渋皮をむき、砕いてから石臼でゆっくりすりつぶす。大量生産だと金属による高速処理なのでペーストは熱をもち、酸化し、油臭くなる。それを避け、落花生ならではのパッショネイトな芳香とまろやかなテイストを引き出すには、手間暇かかっても少量を石臼で挽《ひ》くしかない。

独自の味作りは続く。挽いたままの無糖タイプでもうっとり味なのだが、久城さんのチャレンジ精神と遊び心は、砂糖入りにも挑戦させた。控えめな甘味の加糖タイプが三種揃《そろ》い、①粉糖②植物性ショートニング③大豆レシチンをていねいにすり混ぜたもの、④その粒入り、⑤粉糖を沖縄の黒糖に置き換えたちょっぴり野性派と、それぞれに楽しい風味をもつ。

味わい方だが、トーストに塗ってバナナの薄切りをのせ、蜂蜜《はちみつ》たらりが、わたしの朝食では最高ランク。ヨーグルトにもたっぷり入れてしまう。一口ごとにエネルギーがチャージされてくるのがずんずん伝わる。マヨネーズと混ぜたサラダ用ドレッシングもいい。醤油《しょうゆ》や酒でのばすと和風ピーナッツ和《あ》えが手軽にできるし、ごま油や生姜《しょうが》汁を加えて中華風にすれば冷しそばにおつである。

久城さんの製品には、ごまとピーナッツのパウダードレッシング、根昆布ドレッシングなどもあり、それらを台所にそろえておくだけで、わたしは安らぐ。童女そのもののような彼女の性格が味に結晶しているからである。

余談だが、新茶の紅茶、金柑や青レモンの果物煮、玄米サブレ、和風シリアルとでもいう玄米ポップライスなどもあって、紅茶以外の原料は国産の無農薬か低農薬栽培品を生産者と交流を重ねながら仕入れている。こんな彼女の厨房兼実験室（遊工房）はお茶の水にあるマンションのキッチン。上野黒門町の工房で刻んで、ことこと炊いて、びんに手で詰めるのも彼女自身である。

遊工房

フリーダイヤル 0120-32-5150
tel 03-3251-2718
fax 03-3251-2719

干物

料理に一家言をもち、包丁にも覚えのある写真家・西川治さんが、銀座で干物の写真展を開いたことがある。白バックで写した干物のヌードフォトであった。モノクロなのがさすがのセンスで、目刺し、かます、さんま、あじ……どれも銀色の皮目が美しく、きりきり引き締まったボディはスーパーモデルの肢体を思わせた。食いしん坊の西川氏のことだから、被写体は天日干しばかりだったろうし、撮影後はむさぼり食ったに違いない。

それにつけても日本人、なかでも男性は干物に執着する。潮がそのまま凝ったような香り。海を濃縮したかのごとき旨味《うまみ》。おいしい干物は皮までいとおしくなる。海辺の宿での朝ごはんへの期待とは、旨い干物へのそれといっていい。

でも、わたしは能登の旅館・さか本を知ってしまった。信じられないほど大量の（一度に五～六枚）かれい、いか、かますの焼き立てを、ぱかぱかほいほいと一朝にして食べる経験をしてしまった。以来よその宿では干物に期待しなくなっている。しかし、うれしいことに、食の世界は広い。西伊豆・松崎町の岩地浜にあるかいとく丸。朝はかますのことが多いが、庭先で干した自家製をモダンな皿にのせてくれる。

火の通し加減が絶妙なのは当然で、干物を焼く係は女将《おかみ》のおかあさんで、元は網元の奥さん。魚の扱いには年季が入っているし、焼いているところを見て気づいたのだが、最初から最後まで火からじっと目を離さない。さか本の坂本房子さんも炉端で干物を焼いているときはまったく同じだった。よしとなれば、即、火から下ろしてすすめてくれるのも共通である。干物のうまい宿には、必ず焼き方名人がいるのである。

干物は大漁で余った魚を干したのが始まりであろう。目や頬に串《くし》や稲藁《いなわら》を刺したのは、ばらさずに浜風にあてようとしたのだと思われる。あじぐらいの大きさになると、内臓を取り出した方がきっぱり干し上がるので開きが生まれた。干す前に塩味を付けておいた方が引き締まり、旨味が増すことは体験的に知ったのだろう。いや、目の前の海水にずぶりと浸したという方が正解のようだ。そして、浸け汁を繰り返し用いているうちに、なんとも妙なる旨味の干物ができあがったというのが〔くさや〕誕生譚《たん》である。

島国日本のことゆえ、魚は、地域により季節により種類さまざま。北海道のほっけ、たら、ししゃも。宮城の吉次。常磐《じょうばん》の柳がれい、めひかり。房総のいわしの目刺し。伊豆の金目鯛《きんめだい》、むろあじ。静岡の黄甘鯛。若狭のかれい……次々と美味が舌によみがえる。おっと、鮎《あゆ》の干物という川の逸品を忘れちゃいけない。

でも、横綱はあじである。「あじは味なり」といわれるほど旨味たっぷりなのに、癖がない。スズキ目アジ科に属し、くさやにするむろあじ、すし種のしまあじも仲間だが、普通はまあじを指す。一年中獲《と》れるが、産卵前の初夏から夏にかけて味がのる。俳句であじを詠《よ》むのも、浴衣《ゆかた》にうちわの頃である。

あじはどの海にもいるけれど、外洋を回遊している沖あじと、陸に近い浅い瀬に棲《す》む瀬付きあじの二種に分けられる。瀬とは水深百メートルまでの起伏の多いポイントで、潮流がプランクトンをたっぷり運んでくるうえ、海底の凹凸が棲み家にうってつけ……。だから、瀬付きは豊富な餌《えさ》で成長がよく、体は潮にもまれてシェイプアップされている。しかも陸に近いので水揚げがスピーディー。あじ好き、干物好きなら、見逃せない味のあじである。

この瀬付きあじを盛んに出荷しているのが山口県萩《はぎ》市。毛利藩の萩城跡の沖合い、日本海に浮かぶ大島周辺の垣の瀬や八里ガ瀬とよばれる海域にあじがたくさん棲《す》みついているのである。

夏みかんの季節。中国山地を横切って萩に近づくと、陽光が増して瓦《かわら》屋根がきらめいているのがわかる。萩焼に似たのびやかな景色を楽しみながら越《こし》ケ浜《はま》に着くと、あじが金網に行儀よく並んで干されていた。すっぱりと開かれた肉厚の身が艶《つや》やか。

「そろそろ干し上がり。今朝、揚がったのを塩水に二時間浸けてから天日にあてていたんですよ。やっぱり冷風乾燥より気持ちがいいからねえ」

「萩は城下町なので、切腹を連想させる腹開きにはしません。背開きなんですよ」

にぎやかに応《こた》えてくれたのは木村靖枝さんはじめ萩地区漁協婦人部の奥さんたち。環境保護や地魚料理店運営にも積極的なようだ。ちょうど昼どき。ご相伴した。

待望の開きは、天日で三〜四時間ほどレア加減に干したもの。箸《はし》を入れるとはらりと身がほどけ、食感しなやか。一般には静岡県沼津産が名高いが、最近は高級品は萩あじだときいた。でも、それらは関東では腹開きに加工されてしまうのだそうな。ところ変われば品変わるという諺《ことわざ》は真実であった。

なお、萩あじの干物を取り寄せるなら、地元の菊ケ浜で製造直売の田槌《たづち》商店製がおすすめである。

田槌商店

フリーダイヤル 0120-22-0636
tel 0838-22-0636
fax 0838-22-5104

麩

東京のプロ料理人のご用達、合羽橋商店街のご意見番は蔀《しとみ》一義さん。乾物問屋の萬藤の会長さんで、大将のニックネームで親しまれている。諸国うまいもん屋も営み、食品に関する文献コレクターにして研究家。ある雑誌で「大将とオリーブのうまいもの名鑑」という連載で五年間ご一緒させていただくうちに、わたしは押しかけ弟子になってしまった。あ、オリーブとはわたしのことです。

大将から教わった乾物知識はいっぱいあるが、麩《ふ》もその一つ。池の鯉《こい》が喜んで集まってくる、あの麩である。もっとも、人間にとっても麩は昔から貴重なたんぱく源だったようだ。なまぐさではないから、寺社の多い町には精進料理用のお麩屋さんがたくさんある。京都には禁裏御用の伝統を誇る麩屋まであるし、金沢にも名店が二軒ある。知られざるところでは琵琶湖《びわこ》の東岸、近江八幡《おうみはちまん》。豊臣秀次の城下町だった時代、兵糧《ひょうろう》用に考案されたちょうじ麩。芥子和《からしあ》えによく使われる。ちょうじは丁字とかき、長方形で表面に筋目の付いた形態が城下の町並みをイメージさせることからの命名である。

加えて、石川、富山、山形、新潟などの日本海側では、棒に何回も生麩を重ね巻いて焼いた車麩が、味噌汁《みそしる》の実や卵とじにと家庭で親しまれている。かんたんに使えて保存がきくたんぱく源なのである。

麩とは小麦粉のたんぱく質であるグルテン。小麦粉をいわば因数分解した最後に残る物質だから、栄養豊かなうえ、消化がよいのである。製法はシンプルだが、根気がいる。小麦粉に水を加えて揉《も》みながら水を替え、何度も替えながら揉み続け、最後に残った塊がグルテンである。これに餅粉《もちこ》やいろいろな粉を加えて型に詰め、蒸したりゆでたりしたのが生麩。粟《あわ》、青海苔《のり》などを混ぜると粟麩、海苔麩となる。また、小麦粉などを加えてキメを細かくし、棒状や四角に整形して、窯《かま》で焼けばおなじみの焼き麩である。

話は変わるが、性格と嗜好《しこう》は矛盾するようで、わたしの場合、年ごとにさっぱりおおざっぱになるきらいがあるのに、嗜好の方はますますむっちり、もっちりが大好きになってきた。その手の食べものはいろいろあるけれど、ひとつ選ぶなら、生麩ということになる。生麩の魅力は、つきたての餅に粘りを加え、同時にさっぱりと歯切れよくしたような食感。口中に心地よい疲労感を誘い出す口あたりである。

この感覚にわたしが最初に目ざめたのは、笹《ささ》の葉に包んだ麩まんじゅう。あんことの取り合わせは最高だが、この触感をそれだけで終わらせてはもったいない。やがて鍋の具に粟麩やよもぎ麩を入れるようになり、煮物には手毬《てまり》麩や紅葉麩など優美な細工麩を加えるのが常になった。生麩は煮るとぷっくり膨らみ、つきたての餅がだし汁を含んだように艶《えん》な風情《ふぜい》。そのやさしいもちもち感に陶然となってしまう。焼き麩は、水でもどしてもあのおいしさに返らない。

加賀百万石の城下町、金沢は真宗王国。戒律のゆるやかな宗派だが、京風精進料理もそれなりに伝わり、風雅な味覚を育《はぐく》んできた。すだれ麩はその代表で、金沢名物の治部煮に欠かせない。治部煮は鴨《かも》肉を加賀野菜とこっくり炊き合わせた煮物で、わさびを薬味にしていただく。一緒に煮るすだれ麩は、名のとおり巻き簀《す》で巻いてゆで上げた板状の麩。表面にすだれの目の跡が残り、さっくりした歯ざわり。煮汁をたっぷり含むのが特徴である。鴨肉の旨味《うまみ》もすだれ麩にすべて吸い込まれるから、治部煮好きは鴨よりも麩に目を輝かせる。

近江町市場近くの不室屋《ふむろ》は、慶応元年創業。自慢のすだれ麩からていねいな仕事ぶりが伝わってくる。治部煮にすると鴨の脂を含んで、粋な男性ならば、おんなの餅肌《もちはだ》とくらべる妖艶《ようえん》さであろうか。わたしはただ無心に味わうのみである。でもその裏では、多めに作っておいて、朝ごはんのときに温め直すのを楽しみにしている。

また、この店には焼き麩を最中の皮のようなケースに仕立て、花型の麩やフリードライの青菜、柚子《ゆず》などを詰めた携帯用椀種《わんだね》とでもいう製品がある。小袋に入っただし入り味噌が添えられているので、椀に入れて熱湯を注げば、具だくさんのあつあつ味噌汁がすぐでき上がる。インスタント風ではあるが、味はまったく違うから、いちど朝ごはんに試してみてはいかがだろう。

一方、すこぶる健康感のあるお麩をめざしているのは東山にある加賀麩司宮田。明治八年創業。当主の宮田千暉《ちあき》さんが加賀麩の本領は自然な焼き色にあると考えているので、店頭には車麩はじめ香ばしく焦げた焼き麩がずらり。日本古来の食品なのだから、国産小麦粉で作り、それも安全性の高いものをと、材料に配慮しているのが好ましい。生麩にも力を入れていて、柚子やよもぎなどのバリエーションがたくさんある。

生麩は、薄切りをごま油で焼いたり揚げたりすれば、ヘルシーなボリュームメニューになる。宮田さんの奥さんは麩にもっと親しんでもらいたいと和風料理店も開いているので、トンカツの衣に焼き麩の粉を使うなどあっと驚く工夫をいっぱい見聞できる。

不室屋

tel 076-221-1377
fax 076-221-1375

加賀麩司宮田

tel 076-251-0035
fax 076-252-5078

ヨーグルト

中国や東南アジアでうれしいのは屋台の朝ごはん。朝っぱらから路上に店を出す音が窓の下から伝わってくる。そんな目覚めはわるくない。日本も吉野家やファミリーレストランがずいぶんと朝食メニューに力を入れてきたし、ターミナル駅周辺のドトールやスターバックスなどのコーヒーチェーンも早朝から賑《にぎ》わっている。喫茶店のモーニングセットも健在。でも、まだ不満がある。中国なら朝の街角に必ずいるはずの豆乳屋がないし、女性の大好物、ヨーグルトのスタンドも聞いたことがない。

ワーキングウーマンの朝ごはん日記を拝見すると、和風、洋風を問わず、ヨーグルトの登場頻度がとても高い。オテル・ドゥ・ミクニが経営するJR有楽町駅近くのミクニズ・カフェ・マルノウチの朝食ブッフェ（平日七時～十一時。千円～）にもオーガニック素材のコーヒー、牛乳、オレンジジュース、卵料理、サラダ、ベーコン・ハム・ソーセージと一緒にヨーグルトがある。プレーンヨーグルトなのは、さすが三國清三シェフ！　ヨーグルトの醍醐味《だいごみ》は生乳から作った無糖のプレーンタイプにあるのだから。それなのに、ホテルの洋風朝食バイキングのヨーグルトというと、コンビニにあるような一人分容器入りのうえ、砂糖や増粘多糖類が添加済みの品ばかり。

一方、安全志向の店主がみずから吟味した食品だけを売るスーパーには試してみたくなるヨーグルトがいろいろ並んでいる。私見だが、豆腐とヨーグルトの品揃《ぞろ》えさえ見ればスーパーのレベルは測れる。付け加えれば、音楽における絶対音感のように、食にも絶対味覚はあるはず。味覚は五感のほかにも、食卓の雰囲気、食器、インテリア、共食か個食かなどエモーショナルな条件で判断が揺れる。それでも、米食民族のご飯、粉食圏におけるパンとうどん、そして乳利用民族のヨーグルトは味覚基準の一つだろう。そして以上のすべてが、雑食民族の日本人にとっては、おいしさの目安となっているのではないか。

ヨーグルトに戻ると、語源はトルコ語である。乳製品の加工法としてはもっともプリミティブで、搾《しぼ》った乳を二十℃前後の常温で放置しておくだけ。天然の乳酸菌で発酵し、乳たんぱく質のカゼインが固まって、日持ちするようになる。同時に腐敗菌は抑えられたり死滅したりし、一方、マイルドな酸味と爽《さわ》やかな香りが生まれるといいことづくめ。発酵した乳の一部を取り置けば、種菌となり、次々と発酵を繰り返す。生乳をそのまま乳酸発酵させると乳酸菌以外の菌も増殖するため、暑い国では煮沸殺菌してから発酵させるようになり、それがヨーグルトの製法になったようだ。

とあれば家庭でもできるわけで、わたしも、小学生の頃には、ビーカーと温度計を用意して牛乳を仕込み、こたつに入れてじっと固まるのを待ったことがあった。長寿研究のフィールドワークで知られる京大の家森幸男教授がカスピ海沿岸の長寿村から持ち帰った種菌を分けていただき、しばらく手作りしたこともある。市販品に比べ、酸味がおだやかで粘りけが強く、練り絹のようになめらかな逸品なのだが、旅の多い暮らしゆえ、挫折《ざせつ》してしまった。せっかく作るならいい牛乳でと思うから、作るのは簡単でもスタンバイがままならないのだ。

前後して知ったのが腸内活性機能、つまり便秘に効くのを売り物にしたヨーグルト。人間の大腸や小腸に住み着いている乳酸菌のうち、とくに腸内の悪玉菌をやっつけ、善玉菌を生き生きさせるビフィロバクテリウム・ロンガム、エンテロコッカス・フェシウム、エンテロコッカス・フェーカリスなどの菌で乳酸発酵させたものである。純白のクリーミーな食感、おだやかな酸味はジャムや蜂蜜《はちみつ》によく馴染《なじ》み、わたしにはグッドだった。よさそうと思っているうちに都内のスーパーでも扱うところができ、食べてみると確かにいい。同じ頃、大メーカーにもLB81乳酸菌でお腹《なか》の調子を整えるヨーグルトや、胃潰瘍《いかいよう》や胃がんを誘発するピロリ菌に効果大のLG21乳酸菌のヨーグルトが登場。味で選ぶか、効用をとるか。いいとこどり主義者としてはいまだに右往左往している。

腸内活性タイプ、ヨーグルメイトは、日本海に臨む河北潟に牧場のあるホリ乳業の製品である。金沢周辺にお客を持つ牛乳メーカーで、遺伝子組み換えをしていない配合飼料や牧草で三百頭のホルスタイン牛を飼い、金沢市内の自家工場で製品化する。当主の堀初治さんは三代目。父を早く亡《な》くし、奮闘する母を手伝いながら家業に入り、結婚後は子供がアトピーで病弱なことから、製品に健康志向を取り入れた。そんなとき前述の種菌と出会い、自然派ヨーグルトに取り組んだのである。

「消化器官のうちでほとんどの栄養を吸収するのは小腸で、大腸は補助的。ビフィズス菌は大腸に、エンテロコッカス菌などは小腸にそれぞれ働く。両方を含むのがうちの製品です」と、堀さんは晴れやかな表情。搾った生乳をホモジナイズ（脂肪球を砕く）処理して九十℃で二十分間殺菌し、四十℃に冷ましたところへ菌を混ぜて七〜八時間発酵させる。できあがり百グラムに付き腸内有益菌が千億と聞けば、食べずにはいられない。映画「ミクロの決死圏」のように、わが腸の探検にも心誘われる。

ホリ乳業

tel 076-267-2740
fax 076-267-3368

わかめ

わかめの味噌汁《みそしる》から、わたしはサザエさんの妹を思い出す。わかめちゃんという名前からではない。小学校の同級生が子役をやっていて、映画化された『サザエさん』にわかめちゃんの役で出演していたのである。

子供にとって、わかめの磯臭さやぬるぬる感はけっして好ましくはなかったのだが、わたしは同級生の顔を思い浮かべながら、最後の一滴まで飲み干したものであった。まして、その女の子が若くして亡《な》くなったこともあり、いまだに味噌汁のわかめを食べるときは胸に小さな痛みを感じるのである。

でも、ほんとうにわかめをおいしいと思ったのは大人になってからである。わかめは味噌汁や酢のものにはもちろん、乾燥品を揉《も》んでご飯にふりかけてもよく、洋風ならスープやサラダがおすすめ。

和海藻と文字をあてるように日本列島の特産海藻で、奈良時代から食用にされてきた。栄養的にはアルギン酸、フコダインなど多糖類やヨード、ミネラルなどがたっぷり。ヘルシーなシー・ベジタブルとして欧米人が注目するずっと前から健康効果を心得ていたとは、やっぱり日本人は自然密着派なのであろう。

産地は北海道南部から南の海すべて。生産量では岩手、宮城、徳島がベストスリー。三陸わかめと鳴門わかめが代表というわけで、三陸産は海中で揺れる姿がスリム。鳴門わかめはグラマー――葉、茎、根いずれもおおぶりの南方型だからだ。のんびりタイプとはいえ、鳴門わかめはさすが渦潮育ちで、揉まれ揉まれるから鮮やかな緑色、歯ごたえのある肉質、潮の香りと三拍子揃《そろ》っている。

旬《しゅん》、到来。わかめ刈り開始の報《しら》せが届いた。渦潮にほど近い鳴門市里浦町。徳島県漁連の吉野さんによると「わかめは秋に芽を出しおって、冬から春にかけて育ち、夏には枯れてしまう」という一年生海藻。鳴門では二月、三月に収穫するそうな。

淡路島を望む鳴門大橋を右手に見て、五分も走ると里浦町だった。朝の浜には八十歳の長老以下、漁師さんが勢揃《ぞろ》いしていた。どの潮焼け顔も年期が入りすぎ気味なのは、後継者難のせい。そんな間隙《かんげき》を縫って輸入品がじわじわ増えているのも、平成わかめ事情の一側面であろう。

とはいえ、そこは陽気な阿波の漁師たち。毛糸の帽子にねじり鉢巻き、ヤッケの上に胸までのゴムズボンをきりり。沖合一キロの漁場へボートを疾走させる。エンジンを止めると、ただちに刈り取りスタート。海中に沈めてあったロープをチェーンで引き上げると、二メートルもある茶褐色の海藻がぶら下がっており、わたしは一瞬、磯の匂《にお》いに目くるめいた。

これがわかめの原藻か。里浦町ではロープにわかめの種藻を挿《さ》し込み、海中で育てるという養殖法をとっている。人工肥料を与えるわけではない。刈り取りは弁慶の薙刀《なぎなた》のような長い柄《え》の鎌《かま》で根元からばっさりとやる。そして、陸に戻ってからが灰干しの本格作業だった。

鳴門わかめといっても、いろいろな製法があるが、なんといっても灰干し糸わかめが最大の売り物だろう。灰干しとは、生わかめに草木灰をまぶし、天日乾燥させる技法。刈り取ったわかめは漁師さんが洗って茎を取り除き、葉に細かく裂け目を入れ、灰をからめて冷風乾燥させると、しなやかな糸わかめになる。白髪の目立つ漁師さんが地道な作業に黙々と取り組んでいる姿は、沖の動的シーンとは対照的だった。

さて、鳴門わかめの食べ方となれば、料理界に新風を吹き込んでいる小山裕久さん。徳島の料亭青柳の主人であり、調理師専門学校の校長。東京にも店がある。郷土を愛する小山さんにとって、わかめは取組み甲斐《がい》のあるやつ。汁の実、刺身のつま……と脇役《わきやく》になりがちなところを、気張って主役に盛り上げてくれた。

ぜいたくわかめと名付けた一皿はその典型。新わかめをざくざく切ってあわびの酒蒸しと盛り合わせ、酢ゼリーをたっぷりかけたもので、鳴門の海の豊潤さに舌が踊りだすはずだ。酢ゼリーはだし、醤油《しょうゆ》、砂糖、酢を一煮立ちさせ、ゼラチンで固めてから、とろりぷるるんとほぐせばいい。わたしは、わかめだけで真似をする。きゅうりの塩もみといい相性だ。

わかめのしんじょ椀《わん》はひとすすり、ひと箸《はし》ごとに磯の滋味が広がる逸品。新わかめの芽株（根）をフードプロセッサーでとろとろにすり、帆立て貝柱を加えて塩味をつける。このしんじょを椀種にして、わらび、花びらうど、木の芽を添える。また、竹の子との若竹煮の場合も、鳴門の新わかめと組み合わせると美味が極まる。

これらはごちそうわかめなので、朝食向きのわたしの一品をご紹介しよう。韓国風のわかめスープ。もどしたわかめをざくざく切って、かぶるくらいの湯で煮立て、そこに酒、塩、ごま油をたらり、ぱっ、たらりと入れ、ねぎと生姜《しょうが》のみじん切りをぱっ。熱いうちがおいしく、好みで七味を振ってもいい。

花面商店《はなめん》

tel 088-685-2025
fax 088-685-2287

わさび漬

朝ごはんには焼き海苔《のり》が欠かせない。そして海苔のお伴はわさび漬と決めている。焼海苔の上にちょんと乗せ、醤油《しょうゆ》を落とす。箸先《はしさき》で二つ折りにして口に入れてもいいし、さらに熱々ご飯を乗せて即席海苔巻にしてもおいしい。きーんときいてくる辛味も、酒粕《さけかす》のまったりした辛味も大好きである。それほどわさび漬にぞっこんなのは、わさび漬の原料のわさびの田んぼ——わさび田を日本の美しい風景ナンバーワンと思っているからである。

北アルプスを背にした穂高・大王農場。奥多摩の渓谷にひそんでいる青梅《おうめ》のわさび谷。山陰や東北へもわさび田を訪ねたが、わたしの極めつけとなれば畳石式という固有な様式の伊豆《いず》天城《あまぎ》。そのわさび田は天城の峰々に隠れているから、ぶらり温泉旅の気分で出かけても出会えない。さいわいわたしは伊豆の友だちに恵まれ、中伊豆町の筏場《いかだば》はじめ、地元の人しか知らない緑の桃源郷を目《ま》の当たりにできた。

わさび田めぐりのあとは、わさび漬を土産にしたくなるのが人情。そこでわさびについてちょっとご説明しておくと、わさびはアブラナ科の多年草。日本原産だから、学名はワサビア・ジャポニカという。もともとは山間《やまあい》の渓流にひっそり自生していたが、江戸時代初めから栽培されるようになった。一般にわさびと称されるのは根茎で、産地ではそっけなく芋と呼ばれている。芋からは長さ三十センチほどの葉柄《ようへい》が伸び、春には白い花をつける。葉は掌《てのひら》サイズのハート形で、葵《あおい》の葉に似ていることから山葵の文字をあてる。当然、これらのすべてが辛い。

辛味の主成分はアリルからし油である。揮発性なのでまず目鼻を襲うが、次には胃を刺激し、消化液の分泌《ぶんぴつ》に弾みをつける。防腐力、殺菌力にも優れているから、食あたり対策には効果的。ビタミンCがレモンより豊富とは意外に知られていない。

というわけで、わさびの辛さを丸ごと味わうなら、わさび漬に限る。山陰では葉わさびの醬油漬の方が盛んで、これはこれでなかなかだし、醬油漬の人気は各地のわさび産地へも広まっているが、わさび漬とは別物である。

話をバックすると、刺身や寿司《すし》の薬味に芋をすりおろすだけではもったいない……と駿府の商人が、九代将軍家重の頃に考案した由緒《ゆいしょ》正しい名産品である。広まったのは明治半ばの東海道線開通から。静岡駅の土産物として好評を博し、いまだに新幹線の車内販売で人気随一らしい。

わたしの場合、静岡の老舗《しにせ》の味も好きだし、信州・穂高産も味わい深いと思う。ざっといえば重厚な辛味が静岡産で、穂高のものはライト。穂高の入口の松本にもいい仕事をしている高級わさび漬屋がある。でも、目下の気に入りは、わさび田同様に天城湯ケ島の品。

湧《わ》き水に恵まれた湯ケ島町は、静岡県一のわさび産地である。立ち寄る店は二軒ある。十五年ほど前からの知り合いは玉利屋《たまりや》。昭和初期建造のレトロな店舗も、商売っ気のまるでない奥さんも、当時とちっとも変わっていない。いや、若奥さんがお店に出るようになったたっけ。でも、注文ごとにいちいち計って詰めてくれる応対も以前の通り。作業場には葉つきのわさびがばさっと置かれ、菜切り包丁とまな板が。芋も葉も葉柄もこまかく刻んでから、塩をして一晩おき、灘《なだ》から取り寄せた酒粕《さけかす》と練り混ぜる。あらかじめ酒粕を一年寝かせておくのが玉利屋の秘伝。熟成した酒粕のせいで、漬けたわさびの辛味がよくこなれるのである。

それだけに、わさび漬の蓋《ふた》を取ると、酒粕とわさびの香りが渾然《こんぜん》一体となって立ちのぼる。香気を浴びつつ舌にのせるや、頭が一瞬スパークする。このうえなく心地よいノックダウン。わたしの食べ方は前述したけれど、パン党の方へのおすすめはわさび漬トースト。薄切り食パンを焼いてバターを塗ったら、その上にわさび漬を広げるだけ。日本茶とぴったり合うからおもしろい。とにかくわさび漬は香りが命だから、作りたてを買ってもせいぜい三日間が味の勝負どきである。

もう一軒は、安藤わさび店。元小学校のおなご先生で、定年退職後はお花の先生をしている片山和子さんがお土産にくださる。すっかり気に入り、わたしも店へ寄るようになった。当主がわさび組合長をつとめており、栽培から製造までの一貫生産。わさび漬はおかあさんと奥さんが担当している。安藤さんは良質わさびの開発に熱心で、特別品種の育成もしているくらいだから、その逸品わさび芋をたっぷり刻み込んだわさび漬はとにかく清冽《せいれつ》。しかも、水飴《みずあめ》や余分な辛味付けの小細工なしだから、生一本の味がする。わさびのさわやかな天然みどりがそのまま酒粕と混ざり合っているのもにくい。

さらに、芋や茎がざくざく入った醬油漬や甘酢風味の三杯漬という応用編も秀逸。醬油漬は、お茶漬にもってこいで、三杯漬のほうは好みのオイルをたらしてサラダ感覚で食べてもいける。どちらにしろ、食欲が落ちているときの胃袋への元気づけには最高。わさびの清らかな生育環境が効いているのであろう。

玉利屋

tel 0558-85-0006
fax 0558-85-0010

安藤わさび店

tel & fax 0558-85-0016

コラム　正解はひとつではない

今や生活に食い込み過ぎたぐらいなのが食品スーパーマーケット。全国で一万八千七百七軒（平成十一年度、旧通産省調べ）。少しずつ安全志向の店が増えているのはうれしい。産地から直接仕入れしたり、氏素性のはっきりした材料を用いて無添加食品を開発したり。朝ごはんの食材も豊富だから、こんな店の近所に住めたら幸福である。驚くのはどの店も取扱い品目が多いこと。数千品目はざらである。

農水省食品総合研究所長・鈴木建夫さんから興味深い話をうかがった。日本人は一生に約七〇トンの食料をたいらげるというのだ。大型トラックで七台分の米、小麦、砂糖、油、豆、魚、肉、卵、牛乳、野菜、果物、海草ｅｔｃ、大往生のきんさんぎんさんたちはずいぶん食べたのだろうと思うと、おもしろ悲しくなる。

一日三食とすれば、朝ごはんでの消費量は約二十三トン。これを米中心の和食で攻めるか、パン主体の洋風でいくか、はたまた和魂洋菜路線で進むか、思案のしどころである。頭にちらついてくるのは、きんさんぎんさんに及ばずとも長生きしたいという望み。どんな献立がベストなのだろう。

老化防止の要は、抗酸化機能のある農産物を摂ることとはわかっている。人体に発生する過酸化脂質や活性酸素は賢い食生活をおくれば退治できる、というのが現代の不老学だ。うれしいことに、魚一匹でも刺身、煮魚、焼き魚と最低三通りに調理する日本人は、世界一の食材レパートリーを持っているという。その数、約一万二千種（まぐろなら煮る、焼く、生の三種として数える）に及ぶそうで、肉や穀物主体の欧米人の二千種に比べて六倍も多い。つまり体に効果大の食材を、欧米人より幅広く、しかもおいしく選択しているということ。世界から日本型食生活が注目されている所以《ゆえん》でもある。

とはいえ添加物、遺伝子組み換え、化学肥料や農薬、牛乳食中毒事件で露顕したごまかし製法など食品への不安はつのるばかり。ではどうするか。自給自足できないわたしは、志の高い生産者やスーパーマーケットを見つけ、そこから食糧を調達するしかない。できれば伝統製法にこだわったおいしくて安全な本物食品で一日をスタートしたい。そうした食材はシンプルに調理するのが最高だし、不思議なエナジーが備わっているからまったく新しい調理法をひらめかせてくれる。玄米ご飯と味噌汁《みそしる》と漬物の粗食もよし、トーストとソーセージ、スクランブルエッグ、トマトソテーの取り合わせも楽しい。安心でおいしい食材を用いる限り、朝ごはんにはいくつもいくつも、いや無限に正解があるのである。

第3章　朝ごはんの伝統食材

——調味料

日本の朝ごはんの勘所《かんどころ》

日本の朝ごはんを日本の味たらしめているのは、調味料である。輸入野菜の激増はいわずもがな、干物、納豆、梅干し……朝の定番おかずは圧倒的に輸入原料だし、海外メイドのものも幅をきかせている。それなのにどんな材料を用いてもちゃんと日本の味になるのは醤油《しょうゆ》や味噌《みそ》があるからなのだ。

まことに調味料は偉大な存在である。それがわかったら、スーパーで安売りされる水より安い醤油や、大豆の亡《な》きがらのような添加物入り味噌なんて、とても買う気になれない。国産大豆を蒸《ふ》かしたりゆでたりして麹菌《こうじ》をつけて仕込み、じっくり発酵させるという複雑な工程を経て生まれるものをそうそう安く売れるはずはないし、心ある生産者なら発酵を止めて出荷することなど許せるはずがないからである。

調味料はふるさとの匂《にお》いや味を代表している。日本人ひとりひとりのバックグラウンドをあかす味覚といってもいい。中京圏では豆味噌やたまりが愛されているし、九州人は甘い醤油と麦味噌を好む。そして出身地を一〇代で離れた若者たちにまで、一生その嗜好《しこう》を持ち続けさせるのが、調味料のしぶといところ。だからこそ、スーパーには北は津軽から南は長崎や大分までの味噌が揃《そろ》って、〝手前味噌〟の味をアピールしているのである。醬油にしてもまったく同じである。

ということで、せっせと日本の調味料の生産現場を歩いてみた。安全な原料でごまかしをせずに伝統製法で作り、無添加。なによりおいしいこと。そんな志をもった醸造元やメーカーがわたしの好みで、実際に訪ねてみても、次の時代に伝えていきたい味ばかり。そして気づいた。いい調味料は家庭の台所にもなくてはならないが、もう一つ、重要任務があるのであった。

それは、朝ごはんのおかずには、良質の調味料が不可欠ということである。梅干しは塩がなくては始まらないし、漬物も同様。鮭《さけ》茶漬けやちりめん山椒《さんしょう》となると、塩だけでなく、醬油、みりん、酒などが必要になる。昆布の佃煮《つくだに》もそうだ。実際、おいしい加工食品を作る生産者は調味料にも思い入れたっぷりで、いわゆる業務用ですませたりはしない。つまり由緒正しい調味料は、海苔《のり》や納豆を食べるといった食卓での調味機能のほかに、加工食品の味付けも担《にな》っている。そんな調味料を作っている方々の門を、わたしはこれからも叩《たた》いていきたい。

油

目玉焼き、キャベツソテーといった洋風朝ごはんを作るのに油は欠かせないし、サラダのドレッシングを作るにしても同様。良質な植物性オイルはぜひキッチンに常備しておきたい。油は即効性エネルギー源だから、朝食で摂《と》るのが賢明。人間も車と同じで、睡眠中でも臓器は働いているからパワーを消費している。つまり、朝起きたときは半分ガス欠状態だから、ガソリンに相当する油を身体に入れるのは生理学的に正しいことなのである。

ボリュームおかずといえば、油ものが常識になっている。こってりした味が食欲を増進させるからだし、熱効率のいい食物だからともいえる。その結果、ターミナルデパートの夕方の食品売り場でにぎわうのは、フライや天ぷらといった揚げもののコーナーということになる。

でも、使われている肉、魚、野菜などにはこだわっても、揚げ油まではチェックしていないようだ。もっとも、気にしだしたら買えなくなってしまう。使い回して酸化した油で揚げたものもけっこう多いし。もう一言いえば、家庭でも食用油のセレクトはラフすぎる気がする。お中元やお歳暮のサラダ油や天ぷら油ですませがちなのではないだろうか。

そういえばギフトには、オリーブ油に代表される単一原料のプレミアムオイルが人気で、紅花油、コーン油、ひまわり油、グレープシード油があるほか、中国系では落花生油、茶の実を絞った茶油もある。いずれもリノール酸、オレイン酸などの不飽和脂肪酸が多く、ヘルシー志向を後押ししている。またアレルギーの家族がいる家庭では、原料表示がはっきりしているものが喜ばれている。

といろいろあるが、あらためて食用原油の生産量をチェックしてみたら、昔ながらの菜種油と大豆油で五割以上を占めていた。いわゆるサラダ油はこの二種のブレンドだから、いまや菜種油や大豆油は縁の下の力持ちなのである。

というだけでは足りない。菜種油はキャノーラ油という新しい名のプレミアムオイルとしてランクアップしていた。原料菜種はカナダ産。臨海コンビナートに着くや大工場でとことん油を絞られる。この合理システムは大豆や他の原料の場合でも同様であるらしい。

ともあれ、農産物の自由化以降、菜種も輸入が急増。日本のふるさとの原風景——菜の花畑は鑑賞用になりつつある。でも、もともと菜の花畑とはすなわち菜種の畑だった。菜種とはアブラナ科の菜の花の種のこと。初夏、黒い小さな粒々がさや状の萼《がく》に実る。これをよく炒《い》ってつぶすと、黄金色に透き通る香ばしい油が滴《したた》り出すのである。

日本の食用油は平安時代のごま油に始まるが、室町時代に菜種油が誕生してからは普及の速度が早まり、庶民の日常に使われるようになった。

江戸っ子はてんぷらにごま油を尊んだけれど、各地で愛用されたのはむしろ菜種油の方だろう。たとえば豆腐を揚げるとき——つまり油揚げを作るには菜種油を用いる豆腐屋が多いし、がんもどき、厚揚げだって同じ。日本の揚げものを支えてきた菜種油を、そろそろ見直してやってもいい時期ではないだろうか。

うれしいことに、国産菜種も細々とは生産されている。品種改良が進んだおかげで、エルシン酸（脂肪酸の一種）の含有量が低く、体にやさしい種類もできた。裏作や輪作用作物として見直されてもいるらしい。各地の米作地帯を春に訪れると、菜の花盛りの光景に出会い、ほっとなごむことも多くなった。

「とはいっても鹿児島産は品薄。農家との信頼関係でどうにか確保してます。やはり地種だとコクと香りが違う。南国の日差しを浴びてのびのび育つせいで、油が甘いんですね」と、率直に語るのは小山田《こやまだ》辰夫さん。昭和二十七年、鹿児島県中部・蒲生《がもう》町で油屋の三代目として生まれた。父譲りの下がり眉《まゆ》に温和な笑み。すらり長身。大西郷に代表される薩摩《さつま》人とは雰囲気が違う。都から下った藤原氏がご先祖ときいた。

蒲生は豪族・蒲生氏の城跡が残る静かな町。城跡からは霧島連山が望める。町のシンボルは八幡神社にある日本一の大楠《おおくすのき》。天然記念物で樹齢千五百年にもなる。また、蒲生では下級武士の内職にと、造林と手漉《てす》き和紙が勧められた。そのせいか、低い石垣の武家屋敷をめぐると、薩摩藩士の質朴な暮らしがしみじみと蘇《よみがえ》ってくる。

武家屋敷の一角に小山田家の瓦《かわら》屋根の工場と住まいがあった。工場のレンガ煙突も手作り。辰夫さんは二十代半ばでUターンした。油に打ち込む父・信夫さんの姿に長男としての自覚が芽生えたからである。その頃の製油業界では高温薬品処理をしたり、酸化防止剤を入れるのが普通だったが、父は圧搾《あっさく》一番絞りを堅守し、江戸時代以来の地元の蒲生和紙を濾過《ろか》に用いるなど新工夫を重ねていた。

それから二十年。父の信夫さんは「ようやく菜種の気持ちがわかるようになってね。一粒ごとの生命をまっとうさせたい」と、七十代半ばながら足腰ぴんしゃん。「主人は菜種と対話しとるんです」と容子おばあちゃんが声援をおくれば、「親父をバックアップしてやらんと」と、辰夫・信代さん夫婦が応《こた》える。四人だけで仕事をこなす一家なのである。瓶詰も女性たちが一本ずつ作業を行う。

菜種は近在の農家が秋に蒔《ま》き、五月半ばに刈り取って種を採ったもの。油用の菜の花は丈が高く、種は黒ごまに似ているが、粒はやや大きくて真ん丸。咲き終えた菜の花を刈り取って畑で枯らし、積み上げた上に乗っかって、叩《たた》きに叩いて種だけにする。

だが、農家から届いたときには、ごみなどが付いている。そこで辰夫さんが唐箕《とうみ》に菜種を入れ、父の信夫さんがハンドルをぎしぎし手回しして菜種を選別する。風力で殻やごみは吹き飛ばされ、黒い菜種だけがぱらぱらと下に落ちる仕組み。唐箕とは郷土資料館などに展示されている手回し式の穀物ふるい器である。

つぎは直火で釜炒《かまい》り。レンガの竈《かまど》に五右衛門風呂《ごえもんぶろ》を埋め込んだような大釜である。菜種を入れ、攪拌《かくはん》しながら三十分つきっきり。汗をものともしない。種がぱりぱりと音を立てだしたら、竈の縁《へり》で二～三粒つぶして色と香りを確かめ、炒り加減をみる。「きつね色にかばしく（芳《かんば》しく）なっちょればよか」だが、炒りすぎると焦《こ》げ臭が出るうえ、油の色が澄きとおらない。

炒りたてを絞るのも基本。ペラー圧搾機は挽《ひ》き肉のミンサーのような構造になっていて、内部でスクリューが回転しながら菜種を圧搾し、油を絞りとる。なお、圧搾機からこぼれたかすはいわば脱脂菜種で、堆肥《たいひ》として人気がある。

受け皿にたまった油を見ると、黄金色のミルクシェイクのよう。これぞ菜種油の一番絞りである。重たげに泡立っているのは、さまざまな成分を含んでいるせいだろう。だから、いったんタンクに溜《た》め、自然塩を用いて不純物を沈澱《ちんでん》させ、上澄みに蒸気を通してから再び澱《おり》を沈めてやる。最後に釜で炊いて水分を飛ばし、特産の蒲生和紙と木綿布の二枚重ねで漉《こ》すとできあがり。なお、二度目の沈澱のとき、上澄みに研ぎ米のすりつぶしを微量忍ばせるのは信夫さんの新アイディア。味がひきしまるのだそうだ。

料理だが、小山田家で人気の野菜のがね天（野菜のかき揚げ）、えび天、薩摩揚げなどの揚げものや炒《いた》めものは文句なし。からりと香ばしく、骨太の旨味《うまみ》がある。豆腐を焼いて、塩味で食べてもおいしい。コクがあるのは、菜種油のビタミンEやKがしっかり残っているからかもしれない。

そして、ドレッシングやたれに入れるとまさしくジャパニーズ・エキストラバージン・オイルのようにふくよか……と、わたしは帰京後、蒲生に電話で報告した。

電話のあと、小腹がすいて炒飯《チャーハン》をつくったら、味が濃いようであっさり、のどごしがよく、結局は全部食べてしまった。そうそう、おいしすぎるのが、菜種油の欠点だということを書き添えておこう。

小山田産業

フリーダイヤル 0120-090787
tel 0995-52-0061
fax 0995-52-9908

かつお節

田子《たご》、焼津、山川、枕崎……。新版・港町ブルースではない。かつお節ときいて思い出す港あれこれ。いずこもかつお船基地にしてかつお節作りの拠点だったが、近海漁が激減して遠洋の冷凍がつおが幅をきかせているいま、西伊豆・田子のように原料を焼津から仕入れて加工するだけになってしまった土地もある。それでもしぶとくかつお節産地として続いているのはうれしい限り。だし取りの素材は数々あれど、たいがいはゆでて干したり、焼いたりどまりの素朴な製法。かつお節のようなすばらしい発酵食品は古今未曾有《みぞう》だからである。

「朝の幸福はかつお節を削る音で目覚めること」と喝破した人がいる。母親か妻が台所でカッカッと削っている場面が思い浮かぶ。その言葉に同感する現代人が多いせいか、高級旅館では湯豆腐の薬味用にと、部屋係のおねえさんが朝ごはんのときに目の前で削ってくれたりする。いいものである。味噌汁《みそしる》のだし用には山ほど削らなくてはならないが、この程度の量ならうちでもやってみようかという気になる。

かつおはサバ科で、傷《いた》みやすい魚である。それだけに、古代から活《い》きのいいうちに海辺でゆでたり、干したり、藁火《わらび》で燻《いぶ》して保存食にしてきた。加工技術が飛躍したのは江戸時代初め。樫《かし》や楢《なら》の堅木の薪火《まきび》でじっくり燻すと、風味も日持ちもアップし、芳香まで醸《かも》されることが発見されて以来である。

この〝原〟かつお節は黴《かび》が出やすいのが難点。しかし、日本の食職人の知恵はすばらしい。いつのまにか黴を手なずけ、本枯れ節という逸品を生み出す。明治時代には全国に広まった。最近はインド洋のモルジブ島はじめ海外でもかつお節が作られているが、本枯れ節はない。

本枯れ節とは、カチンカチンに枯らしたかつお節のこと。ひと世代前までは結婚式の引き出物の筆頭で、箱に納まって風呂敷に包まれたのを親がよくいただいてきたものである。鉋《かんな》で削れば、ふうわりふわっ。芳《かんば》しい。小皿にうけると、微《かす》かに身震いしながら崩れ落ち、舌にのせれば風雅な旨味《うまみ》。そのひとひらひとひらに、かつおの精が宿っている。

だが、発酵食品の王様ともいえる本枯れ節を作るのは難物。身をおろし、ゆで、燻し、黴をつけ、天日干しするという工程すべてが手仕事で、半年がかり。便利に使われている花がつおや削り節は、黴つけプロセスを省略した半製品が原料である。半製品というのは、ほんの二週間で完成するしろものでしかない。

かつお節の逸品を訪ねて、かつお節ブルースの南端、鹿児島県枕崎を目ざした。茶屋久徳さんという名人が、かつおが黒潮にのって近海へやってくるこの季節、いつにもまして精をだしていると聞いたからである。茶屋さんはこの道、半世紀。本枯れ節で農林水産大臣賞も受けているだけに、一本釣りのかつおを存分に使える五月が待ち遠しいにちがいない。近海ものは初がつおの五月、それに下りがつおの十月だけ。残り十カ月間は遠洋からの冷凍がつおなのである。

枕崎は遣唐使船の港だった坊津《ぼうのつ》の東隣。薩摩半島を南下、武家屋敷の町・知覧《ちらん》を過ぎ、茶畑や芋畑を抜ければ港は近い。大きなかつおの看板を掲げた漁協が見えてきた。遠洋とまき網漁の基地なのである。沖縄の田舎の風景と共通するハイトーンの明るさ。こんな海辺の町で、かつお節は江戸時代中期から作られてきた。

朝七時半。かつおならではの黒潮の匂《にお》いと釜《かま》の湯気で、工場ははちきれんばかりだった。廃校を移築した建物に燻煙《くんえん》が染《し》みつき、古い聖堂のように黒ずんでいる。春というのに外には薪が山と積まれている。かつおを燻すのに不可欠なのである。

茶屋さん夫婦と長男・徳郎さん、年配の男女従業員数名は腕まくりし、前屈《まえかが》みで一心不乱だった。かつおの頭を落とす電動カッターが唸《うな》り、ザクッ、ズブッ、トンと包丁の音が響く。頭がポリバケツにどんどんたまっていくのは壮観というか、ワイルドである。が、どう処置するのか気にかかる。と思ったら、ゴミの集配車のような車が回ってきて、どんどん片づけていく。一日二回、町のかつお節工場を回っては頭やアラを集め、堆肥《たいひ》などに加工するそうな。さすがかつお節の町である。

かつおは三枚におろし、片身をさらに縦半分にする。洋服でいえば裁断がポイントというのと同じで、どんなにいいかつおでもここで誤ると見場よく仕上がらない。包丁は三種を使い分ける。頭切り、身おろしという長刃、中華包丁の先端を尖《とが》らせたような形のあい断ちの計三本で、身が曲がらないように切れるのは茶屋さん一人だけである。

茶屋さんは「一つでも手抜きすると味がおかしくなってしまうからね。旨《うま》かったからまた頼みます、といわれたいのさ」とからりという。

そして、茶屋さんはぎちっけのないかつおが好みらしい。ぎちっけとは脂《あぶら》の意味だから、刺身やたたきで食べるときとは逆なのである。

「こいつが多いと酸化しやすいし、黴をいくらつけてやっても、流れてしまうんだね」

とのことで、脂の多少は背皮のしわで確かめる。ちりめんじわが寄っていればベスト。しわがのびているのはのりすぎで、本枯れ節には使えない。

隣でせいろに移しているのは奥さんのツキ子さん。身が割れているかつおに紙の短冊《たんざく》を巻いて形を整えている。わたしと目が合うと「人の手が触れれば触れるほど、いいかつお節になるんです。子供と同じですよ」と、にっこりした。

このせいろを十段重ね、釜に入れる。蒸すのではなく、沸騰《ふっとう》寸前の湯でゆでる。せいろを用いるのは身がくずれないようにするためだ。午後からは骨抜きし、中落ちのすり身で肌や形をととのえてやる。そのままでは節が曲がったり、割れてしまうのである。

夕方になってからも燻しで忙しい。防空壕《ごう》のような地下室。樫や楢の薪が盛んに焚《た》かれ、煙がもうもう。簀《す》の子張りの天井には、かつおの入ったせいろが五層に積み上げられている。落城まぎわの城とはこんなものかしらん。時代小説で読んだ場面がデジャビュー（既視感）のように思いおこされた。と、脇《わき》で茶屋さんが「火の番をしながら、芋焼酎《じょうちゅう》をやるのがいいです」と、ぼそり。そのひとときだけが茶屋さんのほっとできる時間なのだろう。

せいろの上下を順に入れ替えつつ燻しを二週間、冷ましては焚きを繰り返しながら水分をじわじわ抜いていく。できあがるのが荒節。表面の真っ黒なタールを削ると、裸節となる。

いよいよ黴づけ。これは黴をもって黴を制する技といえようか。黴は湿気と脂が大好きで、よい黴をふきつければ、菌糸が芯《しん》まで伸びて余分な水分と脂分を食いまくる。保存性は高まるし、黴の酵素で芳香は生まれるし、有害菌を防止するし、という一石何鳥かになる。

一番黴がついたら、晴天の日に筵《むしろ》で干して黴の動きを抑える。そして、かつお節を再び室へもどし、これを四番黴まで四回繰り返す。半年間の作業である。少しでも雨に濡《ぬ》れると、かつお節は台無しになる。天気を予測するのも職人の技の一つだと茶屋さんはいい、窓から首を天に向けた。

さて、芯まで枯れきった節は、割れば鉱物のように艶《つや》やかな、それでいてしっとりした光沢を放つ。まるで宝石のように美しく輝いている。

「南蛮のビンドロ（ガラス）のようだろ」

と、切り口を日にかざしてわたしに見せる茶屋さん。その本枯れ節をカッカッとかいて、ツキ子さんが味噌汁を作ってくれた。ふうっと、ひとすすり。味噌は鹿児島らしく自家製の麦味噌。そのほの甘さが、枯れきったかつおからにじみだしたエッセンスと絶妙に合っていた。

丸久鰹節店

tel 0993-72-2654
fax 0993-72-6209

魚醬

エスニック料理ブームのせいで、この十年でナンプラーやニョクマムがすっかりポピュラーになった。普通のスーパーにも並んでいる。ナンプラーはタイ、ニョクマムはベトナムの魚醬油《ぎょしょうゆ》——魚醬のこと。東南アジアへ旅すれば食堂でも屋台でもテーブルには必ず小瓶が置いてあるし、自分で振りかけずとも、トムヤムクンにも生春巻きにも、塩気と海のエキスを凝《こご》らせたこのエッセンスが必ず用いられている。魚醬なくして東南アジアの料理は成り立たない。

その正体は、魚を塩漬けして発酵させ、たまった汁を漉《こ》したもの。塩漬けされている間に魚のたんぱく質が酵素で分解され、旨味《うまみ》とコクのアミノ酸やペプチドに変わるという仕組みなのである。大豆の醬油——穀醬が麴《こうじ》菌の助けを借りるのと違い、魚醬はセルフメイドといえる。

古代ローマには、すでにガルムという青魚の魚醬があったそうで、ローマ人の食卓ではこのガルムが基本調味料だったらしい。その料理にもそそられるが、さらに興味深いのは、もしかしたらこの魚醬が海路、東南アジアまで運ばれ、ナンプラーなどが生まれたかもしれないという想像。

わが日本へは黒潮が連れてきて、さらに対馬暖流が日本海沿岸に伝えた。この魚醤ロードは、寒流と交差する秋田県の男鹿《おが》半島にまで続いているのだからすばらしい。北前船が国内の伝播《でんぱ》に力を添えたのはもちろんだ。

ともあれ現代、日本の二大魚醤といえば秋田のしょっつるに奥能登のいしり・いしるだろう。どちらもしょっつる鍋《なべ》、貝焼き（帆立の殻を鍋代わりにする）という郷土鍋に欠かせない。なお最近はニュー魚醤とでもいう新製品が各地で開発されていて、三陸の鮭《さけ》のアラを活用したものなどはラーメンの隠し味に好評のようだ。また、大豆の醬油に魚醤を微量ブレンドした畑と海のマリアージュみたいな新醬油も生まれている。

だが奥能登では使いみちはもっと奥が深く広く、なかには都会の食卓のヒントになりそうな味もある。

わたしが、朝ごはんには場違いと思われかねない魚醤をあえて取り上げる理由は、そこにある。日本海に「く」の字に突き出した能登半島の頭の部分――鳳至《ふげし》郡能都《のと》町、門前町、珠洲《すず》郡内浦町、珠洲市、輪島市の周辺。鍋にはもちろん、一夜干し、漬物、たれ、ドレッシングによろずに使いこなしている。本書に先だつ『日本の朝ごはん』（新潮文庫）で書いた能登の宿、さか本の朝の膳《ぜん》にもわらびのいしる漬けやいしる大根が登場していた……。

この地域には漁港が多く、かつては身近な魚を用いた魚醤がメイン調味料だった。日本海の怒濤《どとう》に面した外浦ではいわしやさば、富山湾側の内浦ではいかを用い、呼び名も「いしる」、かたや「いしり」である。

輪島港近く。竹七商店の二代目・遠島美知子さん。腕利《うでき》き海女《あま》だった母譲りの味を守り、淡麗な旨味で能登の食のすばらしさを伝えてくれる。仕込みは春秋の二回で、できあがるまでは二年がかり。こちらは「いしる」である。樽《たる》の蓋《ふた》を開けると海のエッセンスが凝っている。火入れしないのが自慢で、布で漉し、ペットボトルに詰めてみずから朝市で売る。ナンプラーやニョクマムが引き金になって、いしるに足を止める都会客が多いのである。

一方、「いしり」なら能都町の船下《ふなした》智宏、富美子《とみこ》さん夫婦。長年、料理民宿「さんなみ」を営み、郷土の味覚にこだわるあまり自家製いしりを十五年前から作り始めた。じっくり熟成させた二年物のうえ、一番いしりというのが誇り。エキストラバージンいしりとでもいえよう。

地元メーカーでは桶《おけ》にたまったいしり汁を抜きとった後、さらに塩水を足しては二度も三度も漉し取るそうな。当然、雑味が出るし、旨味も香りも薄まる。それが嫌で手作りしているのである。

「ここ内浦ではいか汁が語源。いしるに転じ、それが訛《なま》っていしりに変わったんです」

「いわしやさばのものは、昔は余しるとか塩しる（塩しり）、訛《なま》ってしょうしりと言ってましたね。ぬか漬けにしたときの上澄み汁のことですから。これを輪島でいしると呼びだしたのは最近じゃないかなあ」

「うちの材料は、いかの内臓。私らはごろというんですが、塩を間にはさみながら何段にも重ねていくんです。相撲取りより派手に塩を撒《ま》きますよ」

窓の外はいまにも雪がちらつきそうな空。その向こうに鈍色《にびいろ》の海が広がっている。仕込みは、いかの塩辛を大がかりにつくるような具合だった。倉に入ると魚と潮の匂《にお》いが混ざった発酵臭が鼻をつく。まずは内臓――肝をプラスチックのコンテナにぎっしり並べる。いかは鮮度さえよければ種類を問わないそうで、この日は紫いかの内臓。ぬめぬめとして赤ん坊の腕ほどもあり、一個分で塩辛二十人前は軽くできそう。深さ六十センチもある横長のコンテナに五～六段に詰めていく。その量、四百キロ。そして振り撒く塩は内臓の三割量の百二十キロがとこ必要。塩が少ないと腐ってしまうのである。

さて船下さん、今度は隣のコンテナの底部にポリタンクを押し当て、取り付けられた蛇口をひねっている。これぞ二年物の一番いしり。くんくん嗅《か》がせてもらう。ちょろちょろ滴《したた》る褐色の液は内臓の発酵臭を凝縮させた匂い。正直いって、魚臭い。

二年前の冬に漬け込んで密閉しておいたものだそうで、酵素作用でたんぱく質がアミノ酸に変わり、独特の香りや旨味が醸《かも》されている。滓《かす》と水分は上下に分離するので、容器の下部に取り付けた蛇口をひねれば、いしりが流れ出す仕組みになっている。

その晩、船下さん夫婦は台所のガス台で大鍋を見つめていた。鍋の中は昼間、倉から取ってきた一番いしり。熱していくとアクがぶくぶく湧《わ》きはじめる。すくい取ることしばし。と、ぷーんと香りがたった。あら不思議、昼間の生臭い匂いが小豆をゆでているような甘い、やさしい香りに変わったのであった。殺菌と発酵を止めるために鍋で加熱するのである。火を止めると、ちりちり音を立てながら表面に薄氷のような膜が張ってくる。塩分が結晶したためである。冷めてから漉し、瓶に詰める。

さあ、待望のごはん。いしりは万能調味料で、船下さんの民宿では多様に使われているが、とくに帆立貝の殻で煮る郷土料理の貝焼きには欠かせない。かつおと昆布のだしで四〜五倍にのばし、季節の野菜（大根、なすなど）、いか、白身魚を煮る。

船下家のオリジナルは海餅《うみもち》。有機栽培天日干しのコシヒカリをいかの身といしりで炊き込み、半つきにしてから竹串《たけぐし》にまとめ、海苔を付けて焼いたもの。ぱりっふわっとした触感が楽しい。

いしりは漬物にもいい。野菜はなす、大根、わらびのほか、梅にもおつ。これは下漬けした青梅をいしりに漬けたもので、舌にのせれば海の息吹《いぶき》が転がるよう。漬物をべん漬けと呼ぶのは魚の風味を染《し》み込ませることにちなむ。べんとは精進料理に対し、魚を用いる料理の意味らしい。これらが朝ごはんにもうれしい味なのはいうまでもない。

　翌朝の献立でもいしりがたっぷりだった。真似《まね》したい筆頭はサラダのドレッシングに入れるテク。たこと野菜のサラダには、自家製ハーブを刻み込んだいしりドレッシング。バジルやタイムの香りといしりのハーモニーが軽やかで、眠気が吹きとぶ。旨味が舌に広がった後に、いかの香りと甘味がほんのり伝わってくるのが大豆醤油といしりのいちばんの違いだろう。

　煮豆もいしり入り。鄙《ひな》びた味に潮の風味がなじんでいる。その昔、不便で魚が口に届かない山間《やまあい》では魚醤は魚の代用でもあった……。行商人に背負われ、海辺から山路を運ばれて行くいしりの瓶をわたしは思い浮かべた。

さんなみ・船下智宏
tel 0768-62-3000
fax 0768-62-1532

竹七商店・遠島美知子
tel 0768-22-0497

くず

食べものへの関心の第一は栄養だが、楽しみは舌の上の心地よさにある。もっともユニークなのは「ぷるるん」と震える食感。これにはゼラチン、寒天、ペクチンなどが不可欠だし、汁もの、煮ものなどのとろみづけだったらでんぷんが大活躍する。でんぷんを水で溶いて加熱するとのり状になる性質を利用するもので、くず、かたくり粉（じゃが芋でんぷん）、コーンスターチがおなじみである。

これらのでんぷんは、栄養的には小麦粉や米と同じで、消化吸収されるとエネルギー源になる。とりわけ秋の七草の一つ、豆科蔓《つる》性多年草のくずの根のでんぷんを乾燥させた本くずは、消化がよいため昔から栄養食とされてきた。筋肉や血管の緊張を取り、炎症をやわらげる働きがあり、ストレス解消にも効果がある。風邪にいい葛根湯《かっこんとう》も、文字のとおりくずが原料である。

しかし、くずは高級食材だ。野山のくず根掘りは重労働だし、でんぷんを水に沈澱《ちんでん》させながら精製し、乾燥して純白の固形物にし、さらに細かく砕く――と、くず粉に仕上げるには膨大な手間がかかる。機械製造できるじゃが芋でんぷんのほうがよっぽど安価だから、いまやそちらがメジャーになってしまった。

とはいえ、煮上げたときに美しく透きとおり、口あたりなめらか、冷やしても透明感が持続するのはくずだけ。和菓子には必需材料で、水溶きしてから湯煎《ゆせん》でシート状に固め、細切りを黒蜜《くろみつ》で味わうくずきりや、こしあんを包んだくずまんじゅうなくして日本の夏は語れない。水、砂糖を混ぜて火にかけ、とろりと練り上げたくず湯は体を温める効能があってシルバー世代にはうれしい健康おやつ、いや冬の朝にうれしいスターターだろう。また、水で溶き、砂糖で甘味をつけたくず水は二日酔いの特効薬でもあるから、朝にぜひおすすめしたい。

日常の食卓でも、実はくずは愛されている。美味で有名な京都、南禅寺門前の瓢亭《ひょうてい》の朝粥《あさがゆ》もくずが主役。とろとろに炊《た》いた白粥にだしのきいたくずあんをかけて食べるのである。すなわち、粥にくずあんを添えるだけで、清貧からもののあわれの風流世界へ昇華するということ。日本の朝ごはんにくずがないからといってどうってこともないけど、あればあったで食卓は風雅に彩《いろど》られるのである。

また、ごま豆腐にもくずは欠かせない。あれは豆腐ではなく、くずの効果でぷるるんと固まっているのだ。白身魚の切り身にくずを打って湯通ししたくずたたきは椀種《わんだね》の定番で、金沢の治部煮は鴨肉《かもにく》にくずをまぶして煮含めたもの……と、きりがない。

ところで、汁や煮ものにくずでとろみをつけると吉野仕立てと呼ばれる料理になる。

吉野とは桜の名所で知られる奈良県・吉野のこと。『和漢三才図絵』（江戸中期の百科事典）に「和州（大和）のくず根を吉野でさらしたくずが最上……」とあるように古くからくずの産地で、そのため吉野はくずの代名詞にまでなっている。それに「くず」という名前自体も国栖村《くず》（吉野町）が起こり。村人が行商したので国栖の粉、すなわちくず粉になったらしい。そして、吉野くずの名を天下に広めた黒川本家も国栖村に近い大宇陀《おおうだ》にある。

大宇陀は奈良県北東部、大和高原の南端にある盆地の町。古代から大和と紀伊半島を結ぶ要地で、阿騎野《あきの》とよばれた御猟場でもあった。柿本人麻呂が「ひむがしの野にかぎろひの立つみえてかへり見すれば月かたぶきぬ」と詠《よ》んだことでも知られる。中世からは城下町で、史跡が自然と調和しながらいまも残っている。

名古屋から名張《なばり》経由、近鉄大阪線榛原《はいばら》で下車し、南へ車で十五分。細道に折れると醬油《しょうゆ》屋、菓子舗、元薬種屋などがどっしりと連なっていた。なかでも抜きんでて古びた造りが黒川本家。建物は二百五十年前のもの。谷崎潤一郎が『吉野葛』の執筆にあたって訪れたのもここ。だが、一歩入ると宮内庁御用達の札といい、レトロな箱を並べたケースといい、なにもかもが磨きこまれて艶《つや》やかである。そういえば、昭和天皇が最晩年、病の床にあったときに所望なさったのはここのくずで仕立てたくず湯であった。

迎えてくれたのは銀髪の十二代目・黒川重之さん。京都府立大で農芸化学を修め、商社マンを経て三百五十年続く超老舗《しにせ》を継いだ。「うちが本物をつくり続けなくては日本の伝統食品が消えてしまう」という使命感が黒川さんの支えであり、誇りである。

本くずづくりは十二月半ばから寒中の作業。冷たい空気できーんと乾かすためで、いまはちょうど寒ざらしの時季にあたる。中庭に干されているのは豆腐を薄切りにしたような純白のかけら。冬日を弾《はじ》き返す、まぶしい白である。そっと触れると冷蔵庫から出したてのようにひやっ、そしてしっとり。まだ半乾き。かがむと梅雨どきの洗濯のりみたいな匂《にお》い。黒川さんが「くずでんぷんの香りですわ。天日にあて、寒風にさらすうちに清められて、きりっとしたええ匂いになります」とほほえんだ。

清められるのは発酵香だけではない。ほの暗い仕事場に入ると、そこは水音が絶えない僧堂のような空間。満々と水を張った桶《おけ》が三百ほども静まっている。その中の一つに男衆が井戸水を注いで、粗くずと呼ぶ原料でんぷんをかき混ぜていた。近在の山の農家から仕入れてきたばかりのもので、まだセメントのように黒ずんでいる。これを井戸水と混ぜては沈澱させる作業を繰り返し、純白が極まった最終沈澱物を寒ざらしにしたのが吉野くずなのである。

粗くずを溶かした水を一日半置くと、でんぷんは底に沈み、水はタンニンなどのアクが溶け出して赤茶色になる。上澄みを捨て、沈澱したでんぷんに再び水を混ぜて精製していく。純白になるまでに水を四〜五回替えるそうで、水のよさも品質を支えている。大宇陀は造り酒屋が二軒あるくらい、水質水量ともに優秀なのである。

別の桶では上澄み水をあけ、底の澱《おり》に包丁を入れていた。お好み焼きのヘラのような角形の小刃と、底や周囲に付着したアクを削りとる長包丁の二種を使い分けている。まず小刃でブロック大に切り出し、次に包丁で表面のアクを削り取ると、ピュアの極みの白い固まりになる。

黒川さんが両手で持ち、左右に引っ張るとホロリと豆腐大に割れた。神々《こうごう》しいまでに清らか。浅い木箱に並べ、中庭で天日にあててから、風が通り抜ける木造りの乾燥場で二カ月間寝かせる。暖かいと生乾きのくずが発酵したり、黴《かび》てしまう。これを細かく砕くと、くず粉ができあがる。

「乾ききると固くしまって、白が冴《さ》えてくるんです。料理屋では『ひねほどええ』といって、何年も寝かせたものを喜びはります」

そのくずでくず湯をいただき、向かったのは大宇陀の北、木津川のほとりの山中。くず根を搾《しぼ》り、繊維もろとも水で洗って汁を絞り、ふるいで漉《こ》すという粗くずづくりの様子を確かめるためである。

農家の作業場ではくず根を圧搾機《あっさくき》にかけていた。根はさつま芋のような形だが、両手を回しても届かない超ジャンボサイズ。紫の可憐《かれん》な花をつける植物の根とは信じられない。原料の根は太く大きなものがよく、陽の射す雑木山に自生した根ほどでんぷんが豊富である。それでも根十キロからくず粉一〜二キロしかとれない。

くず根は、山で掘り出したらただちに圧搾機で搾る。三日以上おくと根が自己消化してでんぷんがぶどう糖に転じてしまい、歩どまりが悪くなる。次に、つぶした根を水洗いして液を絞り、漉す。水のなかに沈澱したものが粗くずとよばれるでんぷんである。そして、これが山から届くと、黒川本家の仕事がスタートする。

搾り出されてくるくず根の繊維からは青りんごを割ったような爽《さわ》やかな香り。なるほど。そもそもは、この清冽《せいれつ》な匂《にお》いに引きつけられて猪《いのしし》がくず根をかじり、それを見た黒川道安という薬師《くすし》がくず粉づくりを創案したのであった。

くず湯

黒川本家
tel 07458-3-0025
fax 07458-3-0800

昆布

ただの水より海藻や魚を入れた汁で調理した方が旨《うま》い——とわかって、ご先祖さまは海藻を干したり、かつおをゆでて黴《かび》づけしたりと、旨味の凝縮法をさまざまに試みてきた。鎌倉時代になると昆布が寺院で使われ始め、江戸後期からはかつお節が普及。いつしか「だし」といえばこの組み合わせを指すようになった。

不思議なことに、この二種を併用すると風味が倍増するうえ栄養価までアップする。昆布の旨味はグルタミン酸、かつお節の旨味はイノシン酸と、成分が異なるためである。朝ごはんに欠かせない味噌汁《みそしる》の国民的だしはもちろん、和風料理でまず習う吸い物用の一番だしもこの黄金コンビに他ならない。

地図を広げて消費量が多い土地をチェックしてみたら、江戸時代に北前船と関わったところばかり。北前船とは、北海道と本州各地を結ぶ輸送船である。富山、敦賀《つるが》、京都、大阪。沖縄へは大阪経由の伝播《でんぱ》だが、これも北前船の間接波及といっていい。ともあれ北海道の松前から積み込まれた昆布が水上輸送され、その寄港地を中心に昆布好きの風土が育まれたのである。

北海道が昆布のふるさとなのは、現代も不変。生産量の九十五パーセントを占める。

昆布が栄養豊富な寒水域を好むためで、北海道の四囲はオール産地といっていい。だが個性とりどり。地域ごとに種類が違い、天然・養殖・促成、採取時期、採れる浜によって品質も風味も異なる。

それに、乾燥しただけでは売り物にならない。「六十手数《てかず》の折り昆布」といわれるように、蒸らしてやわらげ、のばし、耳を切り取り、折り畳み、熟成させてと、製品化までには気が遠くなるほど手がかかる。

とくに熟成は工程の要《かなめ》。セルロースを滲《にじ》みださせ、なじませながら昆布の持ち味を引き出すのである。この作業は産地でも行うが、敦賀や大阪などの老舗《しにせ》昆布屋では仕入れてから数年間ていねいに蔵で寝かせて旨味を醸《かも》しだす。年数をかけるほど手間をかけるほどに身が締まり、粘りが生まれる。水産物というより加工品。これが昆布という食材の素顔である。

種類でいえば、道北の利尻《りしり》昆布、知床《しれとこ》の羅臼《らうす》昆布、道南の真昆布がご三家。いずれもだし取りには最高で、塩昆布やとろろにもいい。利尻は淡白で澄んだだしがとれ、羅臼は濃厚なので煮物に向く。そして「これこそ昆布の王様ですわ。香りがあって、旨味たっぷり。ただし天然物に限ってのことですよ」と真昆布を絶賛するのは大阪の昆布商人・土居成吉さん。天然真昆布一筋、それも最高銘柄「白口浜」のうちでも最上といわれる川汲《かっくみ》産しか扱わない。毎年、浜の漁師たちを訪ねては交流を重ね、さらに子供たちに地元の昆布のすばらしさを自覚してほしいと、手弁当で小学校で勉強会を開いている。「白口浜」とは渡島《おしま》半島の東岸、南茅部《かやべ》町の六つの浜に北の鹿部《しかべ》町を加えた七浜で採れる真昆布のこと。切り口が白いための異名で、松前藩が将軍家に献上していたのもこれである。なお、これらの浜の昆布には「元揃《もとぞろ》い」という異名があるそうな。かつて一枚のまま折らずに根元を揃えて出荷していたときからの呼び名で、九十センチ長さに折り畳む現在でも最高級品を意味する美称となっている。また、表面の白い粉はマンニットという旨味成分である……云々《うんぬん》。

土居さんの昆布談義に心誘われ、北の海をめざした。函館から車で山越えの道を小一時間。長い海岸線に民家が寄り添った川汲に着いた。渡島半島の東岸にあたり、昆布漁と定置網漁が盛んである。浜には昆布漁からもどった小舟がもやわれ、鷗《かもめ》が群れている。沖に霞《かす》むのは室蘭《むろらん》か。深呼吸すると、グルタミン酸の匂《にお》い。空気まで旨味いっぱいの昆布の浜なのである。

ここ川汲が南隣りの尾札部《おさすべ》とともに「白口浜」の横綱といわれるのは訳がある。この沖で寒流の親潮と津軽暖流がぶつかるから、水温が昆布にベスト。硅素《けいそ》を含む海底の岩礁《しょう》や遠浅で明るい海も昆布の成育に好都合。さらに大小の川が山から栄養分を運んでくる、といいこと尽くしなのである。

「今年は久しぶりの豊漁だからちゃきに（むきに）なって採ってるんさ」と、語るのは小板克幸さん。二十代には遠洋のトロール船に乗り込んでいたが、陸に下りて十年余り。くわえ煙草《たばこ》が似合うダスティン・ホフマン似の昆布漁師三代目。昭和三十三年生まれ。父・克己さんもまだ現役である。最近は効率のいい養殖に押され気味だけど「やっぱ味が深いし、品質が長もちする」と、二人とも天然物にこだわっている。大阪の土居さんがもっとも信頼する漁師の中の一父子《おやこ》である。

ところで昆布は海底の岩礁に付着する多年生海藻。採取するのは主に二年藻で、一年で採ってしまう養殖物は「促成」と呼ばれ、評価が低い。春から伸びが早まり、夏が近づくと丈も肉づきも急成長する。川汲の天然真昆布は七月二十日から九月半ばが漁期である。だが、「海が透きとおってないと昆布の在り処《か》がわからんし、晴れてなければ干せん」ということで、出漁はべた凪《なぎ》で好天の日だけ。夜明け四時半に漁協が漁の有無を決定する。

旧盆間近の八月上旬、午前五時。出漁だ。二百の小舟が散っていく。船頭と採り手の二人乗り。一人が昆布の群生する場所へ舟を導くと、もう一人がガラス眼鏡で海底をのぞいて長い棒を海底へ差し込む。「マッカ」とも「ホコ」とも呼ばれる棒で、先端が二《ふた》股《また》に分かれており、それで昆布の根元を引っかけて海底の岩盤からはがし、上部を回しながら巻き取り、渾身《こんしん》の力で船に引き上げる。普段は家族で操業する小板さんだが、この日は特別に川汲漁協の理事でもある港国和さんが相棒役をかってでた。小板さんは青年部長を務めているから、漁協期待のベテラン&中堅コンビである。

沖合せいぜい一キロ以内が天然昆布の漁場。陸からこんな至近距離の海底にあの豊かな風味の源が育っているとは。流れ着いた藻を拾うことから始まった日本人と昆布の出会い。それがだしとして和食の骨格となるに至るまでのなんとすばらしい食の歩み……。

ぷーんと磯の匂いが立った。小板さんが力瘤《ちからこぶ》を見せて黒褐色の昆布を引き上げている。ぬめぬめつるつる。ゴム合羽《がっぱ》のような肉厚の肌である。大人の背丈の二倍はある。帯にしたら特大の太鼓結びができそうだ。

とぐろを巻いた昆布で足の踏み場もなくなる頃、舟は陸に戻った。昆布は根元から竿《さお》に一本ずつピンで止めて、そのまま浜風に四〜五時間あてて水を切る。茶褐色でぷくっと肉厚なのが川汲昆布の特徴である。なお天日干しは天候に左右されるし、取り込みが大変なので激減し、浜で干す光景は昔話になりつつある。

浜の昆布をさらに乾燥室の温風で乾かし、その後は八十七歳の祖母、六十代の両親とともに蒸らしてはのばし、折って畳んで選別と作業が果てしなく続く。小板さんがごわごわの乾燥昆布をスチーマー（箱形の蒸気発生装置）に通してやわらかく平らにすると、母・絹子さんが鋏《はさみ》で根元を切り取り、父・克己さんが長さ九十センチに畳む。昆布は蒸気で熱されているので、軍手なしでは作業できない。折り畳んだ昆布はびっしり重ねて重石《おもし》をかけ、室温で一～二カ月寝かせる。これを「庵蒸《あんじょう》する」という。昆布は湿りと乾燥を繰り返しながらゆっくりと旨味を醸しだしていくのである。

なお、昆布一本から一個しか取れない根昆布は頭昆布とも呼ばれる。健康食品として超人気である。上部を三日月形に切るのは鎌《かま》で切り取っていた時代の名残らしい。また、昆布の両端の耳は業者が引取り、砕片にして圧縮成形し、安物のとろろ昆布にする。

その夜、小板家の作業小屋の灯が消えたのは、わたしが辞して四時間ほどたった深夜であった。

こんぶ土居

tel 06-6761-3914
fax 06-6761-7154

砂糖

おめざはフルーツヨーグルト。甘味づけにはジャムか砂糖、蜂蜜《はちみつ》がほしい。そんな小さな選択も朝の楽しみのうちだから、わたしはその日の気分で使い分けている。砂糖ならば黒糖が贔屓《ひいき》。南の島の太陽が乾し固まったようなかけらをナイフで刻んでふりかける。贅沢《ぜいたく》したいときは和三盆糖。リッチな自分がいとおしくなる。手近ですませたいなら黍《きび》砂糖もいいだろう。

そのせいで、プレーンヨーグルトのおまけが溜《た》まってどうにも仕方ない。小袋に入って、内蓋《うちぶた》の上におさまっている、あの砂糖である。メーカーとしてはお客さまに便利なようにとの一念で付けているわけだし、それなりに吟味した砂糖だろうから、ゴミ箱へ直行させるのもはばかられる。その原価分だけ、ヨーグルトの中身を増量してくれた方がよっぽどうれしいのだけどね。余談だが、納豆に付いているたれと称する調味液の場合も同じである。そう感じているのはわたしだけではないはずだ。

話を砂糖にもどす。自然塩を愛するようになってから、砂糖も純白より色のついている方が好ましくなった。精製塩が塩化ナトリウムそのものであるように、白砂糖も蔗糖《しよとう》の純度を極めに極めた人工食品だからである。だから、砂糖黍や砂糖大根の糖液から蜜を分離し結晶化させていくにしたがって、ミネラルや風味は限りなくゼロに近づく。ジレンマである。精製塩も白砂糖も、しょっぱい、甘いを追求した成果のはずなのに、完《かん》璧《ぺき》な化学式と、舌がうれしがるかどうかとは別問題なのである。

そういえば、わたしは子供の頃からみつ豆やあんみつのとき、お店のおねえさんに黒蜜を注文していた。上品な白い蜜より、くろぐろした蜜の方に生命力の神秘を感じていたのかもしれない。くずもちもこっちでなくてはもの足りない。黒蜜がミネラルたっぷりの黒糖からつくられると知ったのはずーっと後である。

もちろん、砂糖黍の搾《しぼ》り汁を煮つめた黒糖は甘いには甘くても不純物だらけだ。でもそれだけに、カルシウム、鉄、カリウムに富み、アミノ酸やビタミンB群も濃縮している。もろもろが隠し味となり、なめらかな甘味が醸《かも》される。ヨーグルトの甘味づけなどの補足的な使い方ではなく、きっぱり調味料として用いていただきたい。たとえば、かぼちゃやさつま芋の煮物。だしが不要になるぐらい、野菜の旨《うま》味《み》と甘味に底力がつく。スペアリブのたれなど、濃厚な料理にも向く。

この黒糖にはライト感覚の兄弟分がいる。高級和菓子に使われる和三盆糖。お抹《まっ》茶《ちゃ》の席につきものの小粒の干菓子はこれが原料である。四国の徳島や香川にいまも伝わり、最近は静岡などでも復元されている。日本の古式砂糖といえるし、手作りの最高級品だから、食品界の伝統文化財。生成色をしているのは、旨味を残した精製法である証《あかし》。原料の砂糖黍（四国ではチクトウとか細黍という）の汁を搾って煮つめ、固まったら、両手でもみしごく「研ぎ」の作業をくりかえして練り上げる。わたしが、砂糖をそのまま食べたいと思うのは黒糖と和三盆だけである。

大メーカー品なら〔きび砂糖〕がおすすめ。薄茶色の湿り気のある粉末で、一見、昔ながらの三温糖に似ているが、こちらは黒糖の近代バージョン。輸入の原料糖を煮溶かし、濾過《ろか》してから煮つめるが、ミネラルと風味が保たれているのがみそである。

そのほかにも天然の甘味は意外に多い。メイプルシロップやシュガーは楓《かえで》の樹液からつくるし、蜂蜜は蜂が花から集めるもの。精製糖や人工甘味料にどっぷりの現代だけど、見回してみるとチョイスの幅は広いのである。

代表格の砂糖黍は「蜜を生む葦《あし》」という異名で、紀元前から親しまれてきた。日本へは江戸時代初期、苗と黒糖の製法が奄美《あまみ》大島《おおしま》へ伝わった。それまでの砂糖は大陸渡りの超貴重薬だったのである。

続いて沖縄でも広まった。亜熱帯気候に適応したし、薩摩《さつま》藩の〝金脈〟として奨励されたからである。昭和三〇年代までは集落ごとに「砂糖屋」と呼ばれる製糖小屋があったくらいである。だが政策転換で激減してしまう。黒糖は離島の産業振興の対象となったらしく、本島の製糖工場はめっきり減ったのである。そのため、ジージキ（野菜の黒糖漬）やサーターアンダーギー（揚げ砂糖菓子）が、いまも沖縄の郷土味覚として親しまれているというのに、出回っているのは「黒糖もどき」が多い。那覇の料理屋のおかみさんやホテルのマダムたちはみな、市場や空港の土産物屋に並んでいるのはとんでもない商品だから買っちゃだめ！　とわたしを怒鳴りつけてくれる。ザラメを煮ただけの品や東南アジア製が幅をきかせているのが実態らしい。

その中で一人、沖縄の純粋製法を守るのが北西部・本部町《もとぶ》の西平賀盛《がせい》さん。昭和十一年生まれ。太い眉《まゆ》にがっしり体型のウチナンチュー（沖縄の地元人）である。

本部は沖縄海洋博が開かれた東シナ海に臨む町。西平さんが肉屋や民宿の経営を経て、黒糖工場を始めたのは三十代半ば。海洋博をあてこんで始めた商売がうまくいかず、少年時代、オジイの手伝いで覚えた黒糖づくりを中年からの拠《よ》りどころにしたのである。人手集めに親戚《しんせき》のオジイ連に声をかけたせいで、いまも従業員の平均年齢はものすごく高い。そこがまた沖縄らしくてうれしい。

砂糖黍は一年中あるが、糖度がもっとも高まるのは初夏。西平さんは前年の秋に地元農家を回り、目星をつけた畑と契約しておく。砂糖黍はイネ科の多年生植物で、とうもろこしを細身にして背丈を伸ばしたと思えばいい。表皮を削《そ》いで唇をあてると、甘い液が滲《にじ》みだす。なお、無農薬無肥料のほうが糖度にはいいそうだ。

本部へは那覇から二時間のドライブ。青い海がフロントガラスに飛び込んでくる。黒糖工場は砂糖黍とハイビスカスに囲まれ、町はずれの高台にぽつんとあった。背後はバリ島を思わせる緑豊かな谷間である。

煙突からは高々と煙。薄暗いサーターヤー（砂糖小屋）の中は、もうもうと立ちのぼる湯気でむせかえるよう。何槽にも仕切った長方形の鉄釜《てつがま》を薪《まき》と黍殻でがんがん焚《た》き、褐色の汁を煮つめている——黒糖づくりとは、火焔《かえん》と渡り合いながら砂糖黍の搾り汁を煮つめに煮つめる労働なのである。

まずは砂糖黍を一本ずつ搾り機に押し込む。ゆるゆるしたたってくる草色の液体は、少々えぐみのある砂糖ジュースといった感じ。東南アジアのマーケットなどで青臭い甘味を経験された方も多いはずだ。

このジュースの澱《おり》を除き、生石灰の粉を混ぜてアクを中和させる。あとは毛穴に染《し》み込むような濃密な湯気のもと、漉《こ》しては煮つめをひたすら繰り返すのだが、油断すると黒糖液はすぐ焦《こ》げつく。

「始めは何度も裏山に埋めたっけねえ」と、無口な西平さんが遠い日の失敗談をつぶやいた。じゃぶじゃぶがとろとろからとろりへと、濃くなるほどに焦げやすいので、いかに目くばりするかがコツ（なお、この段階の黒糖液も瓶詰で売られており、沖縄の料理好きには必需品。風邪にも効くそうだ）。

それをさらにガス火で煮つめる。タオルで汗を拭《ぬぐ》いながらも、両目は決して釜から離さない。棒をずぶっと突っ込んで持ち上げ、たらたら垂れる黒い糖液に目を凝らす。濃度を確かめているのである。

よし。いよいよ最終のガス釜に移し、こってりと煮つめてから激しく攪拌《かくはん》する。畳一枚ほど、深さ十センチの浅い型に流し込むと、みるみる固まっていく。黒糖の完成である。この段階だけでも、五十分かかっている。西平さんは褐色の塊に金槌《かなづち》を入れると、その一かけをわたしの掌《てのひら》にのせてくれた。しっとりと、温かい。頬に押しあてる。口に入れずとも、野性の甘味が伝わってきた。

西平黒糖
tel & fax 0980-47-2553

塩

いうまでもなく、塩なくして人は生きられない。が、いったん味にこだわりはじめると、塩の道ははてしなく深い。それに、気に入りの塩をみつけたところで、その塩が、ふだん口にする味噌《みそ》、醬油《しょうゆ》、漬物、干物などに使われているわけではない。例外はあるものの、食品メーカーでは高価な塩を使いきれないので（莫大《ばくだい》な量を消費するから無理もないが）、塩は日本たばこ産業から購入するごく普通の塩を使っている（一九九七年から専売制が消えたため）。

それだけに、わたしは家ではおいしい塩を使いたい。その方が舌も身体《からだ》も喜ぶ。ならば、沖縄の小渡《おど》幸信さんの塩となる。沖縄の塩は一般的に評判がいいので、最近はいろいろ出回りはじめている。でもおおむねが小渡さんの指導だったり、その後に分派したものといえるようだ。小渡さんの作り方があまりにピュアに正直さを追求するので、脱落したり（落第の方が合っているかも）、採算ベース優先方式に切り換えたところもあり、沖縄産のすべてがマルではない。

わたしが信頼している本物をご紹介しよう。沖縄・粟国《あぐに》島で黒潮を汲《く》み上げ、潮風と太陽熱で作る。甘く、しょっぱく、やがて苦味、旨味《うまみ》、もろもろの生成りの味が舌に心地よく広がってくる。日常語の「味のある人」という誉《ほ》め言葉は、酸《す》いも甘いも知り抜き、苦さ、辛さ、塩辛さを踏み越えてきた魅力的なキャラクターを指すけれど、まったく同じ意味で「味のある塩」といえるのが、小渡幸信さんの自然海塩だと、わたしは信じている。

海水には九十種以上ものミネラル系の微量元素――カリウム、マグネシウム、カルシウムなどが含まれている。この海水をそっくりそのまま凝《こご》らせたのが小渡さんの「味のある塩」。ミネラル分は二十パーセント前後である。人間の体液は海水のミネラル比とほぼ同じだそうで、それは赤ちゃんが住む羊水（母体の子宮内を満たしている液）についても同様。だから、食べる塩の成分が海水のそれと異なってしまうと、人間は生理的に落ち着かなくなる。

日本では一九七一年の専売法によって塩田が消滅し、イオン交換膜式で取り出された純度九十九パーセント以上の塩化ナトリウムだけが公《おおやけ》の塩になった。この化学的な塩に飽きたらずに生まれたのが「自然塩」。でも、イメージばかりが先行し、いざ選ぶとなると何がなにやら混乱しているといったところが現実である。

自然塩は伊勢神宮の神饌《しんせん》塩、能登の観光塩田の塩を除くと、二種に大別できる。一つは輸入天日原塩にニガリを添加したり、ミネラル分を残しながら再精製したもの。もう一つは塩田の伝統製法を改良したタワー式による国産海塩で、小渡さんはこのタイプ。伊豆大島、高知、長崎にも同種の塩がある。

ともあれ現在は専売制が消え、国産海塩は自由販売になった。塩もみ、塩漬け、塩焼きにはもちろん、あさりの砂抜きやほうれん草をゆでるなど食材の下調理にも塩は不可欠だから、いろいろ試して、自分の舌と身体にぴったりくる塩をぜひともセレクトしていただきたい。

那覇空港から九人乗り小型機で飛び立ち、半時間。東シナ海の碧《あお》い海に魅せられていると、島影が現れた。珊瑚礁《さんごしょう》に白い波。那覇の北西六十キロ、粟国島である。山はなく、平坦《へいたん》な原野にはソテツが茂っているだけ。とびきりの海に囲まれ、三百八十四世帯の島民はのどかに暮らしている……。

いよいよ上空。眼をこらすと、北端の海べりに白い建物が見えてきた。東シナ海に対《たい》峙《じ》するように建っている。小渡さんと、島へUターンした青年たちが働くオリジナル塩田タワーだった。

穴あきブロックを積み上げ、四囲を構築しただけ。マッチ箱を横にしたような小さなビル（？）である。高さ十メートル。屋根はなく、浜からの海風がぴゅーぴゅー吹き抜ける。内部のがらんどうは逆さ吊《づ》りの細竹で満たされ、竹ぼうき状の枝には水滴がクリスマスツリーの電飾のようにきらめいている。

水滴は海水。珊瑚礁《さんごしょう》の先からポンプで汲み上げては竹の上にふりまく。すると、海水は竹を伝わり落ちる間に海風で蒸発し、濃縮される。竹は塩水に侵されないので、海水は無為自然のままひたすら凝《こご》りに凝っていく。この循環を一週間繰り返すと濃度は約六倍。ものすごくしょっぱい海水（鹹水《かんすい》）の誕生である。

このタワー式製塩は古来の揚浜や入浜塩田を立体化させた構造で、自然塩運動の先駆者であり、小渡さんの兄貴分の故・谷克彦氏の創案。でも、竹を用いたのは小渡さんの独創で、このタワーは世界で唯一《ゆいいつ》のものである。

小渡さんは昭和十二年サイパン生まれ、沖縄市育ちの戦中派。痩《や》せて小柄だが、黒光りする手足にはしなやかな強靭《きようじん》さがみなぎっている。青年期に体をこわし、玄米食を学んだことから自然塩運動と出会う。二十代からはタイル屋を生業としつつ、沖縄の伝統製塩を改良した自然海塩づくりを読谷村《よみたんそん》で半世紀かけて研究。だが、リゾート開発や農薬で汚染された本島の海に見切りをつけ九六年粟国島へ移住、本格的な生産を始めた。「いのちは海から」を謳《うた》う「塩屋」を開業したのである。

さて、鹹水を結晶させねば塩にならない。天日干しと煮詰めの二通り。どちらも伝え残したい製法だからあえて併存させているそうな。天日式は台風にも負けない強化ガラス製の温室。塩になるまで三週間もかかる。裸足《はだし》で温室へ入った。むわっーと塩気たっぷりの熱気。この中で、タイル張りの浅い水槽に鹹水を張り、かき回しながら太陽熱で蒸発させる。

煮詰め式は煙突付きハウスで。ここも清潔なタイル張り。タイル職人として一家をなした技とセンスが塩づくりにも発揮されている……。小渡さんはレンガ積みの竈《かまど》に薪《まき》を放り込んでいた。二・五メートル四方もある平釜《ひらがま》に鹹水を満たし、かき混ぜたり、浮いてくる泡やアクを取ったりと眼も手も休めない。火加減、攪拌《かくはん》の仕方次第でミネラル分が大幅に減ってしまうから油断できないのである。

じっくり四十時間つきっきり。ようやく一段落。釜の底に結晶した塩が溜《た》まっていた。これを簀《す》の子敷きのタイルの水槽に移し、一週間かけてゆっくり水気を抜くと、ようやく完成。ふるいにかけ、粒子を細かくしてから袋詰めする。ラベルは小渡さんのお嬢さんのデザインである。なお、この過程で両方の鹹水から滴《したた》り落ちた水気がニガリである。

二つの塩を並べてみた。天日式はさらさらしており、煮詰め式はしっとりした感触。トマトのてっぺんにのせ、がぁぶりと試した。感触は微妙に違うが、どちらもしょっぱさの中に甘味や苦味などのデリケートな風味が含まれていて、ミクロ的な感想では天日塩の方がしょっぱさがやや強め。完成までの手間ひまからいうと、天日式のほうがより面倒なため、値段もやや高い。が、ミネラル成分は同一だから、好みで使い分ければよい。

不思議なことにこの塩、販売しはじめた当初は天日塩の方がよく売れたが、最近は釜炊《かまた》きの方が伸びているそうだ。天日干しという台詞《せりふ》は現代人にはたまらない魅力だが、慣れてくると味も栄養も同じなら値段が安い方にしようという気持ちになるのだろう。

ともあれ、この塩で漬けた梅干しや白菜に慣れると、ほかの塩はただしょっぱいだけでしかないとわかるし、料理類にもすべて同様の印象をもつはずだ。

「一回なめただけではよしあしはわからない。何回なめてもまろやかなのが僕の塩」と、小渡さんは淡々と、でもきっぱりいい、ゴム草履でタワーへ駆け出した。

いま、小渡さんの塩は全国にいちやく広まり、島起こしの目玉ともなっている。が、小渡さんはさらに塩を究めるべく、より自然の残る海を求めて新しい夢をあたためているという。

沖縄海塩研究所

tel 098-988-2160
fax 098-988-2178

醤油

日本の台所には「さしすせそ伝説」がある。母から娘へ、姑《しゅうとめ》から嫁へと伝えられた味付けの秘伝である。といっても、煮物をするのに市販のめんつゆを用いるのがあたりまえの昨今では、ご存じない方も多いだろう。

こころは、五大調味料の砂糖（さ）、塩（し）、酢（す）、醤油＝せうゆ（せ）、味噌《みそ》（そ）は、この順番に加えていくとおいしく仕上がる——との教え。調理手順の口伝といったところか。土間のかまど（関西ではおくどさんと呼ぶ）に鍋《なべ》をかけていた時代、家庭の食事作りには体力も知力も必要で（油断したらすぐ焦《こ》げるし、食材は貴重品だった）、調味料を入れるタイミングは真剣勝負だったのである。

醤油は四番目、野球なら四番バッター。下味が染《し》みこんだところで出番となり、姿色形すべてをかっこよく決めるトクな役回り。また単独で出場する場合でも、海苔《のり》、納豆、卵、わさび漬、大根おろし……などなど朝の定番おかずに不可欠。コーヒーにクリームがなくてもなんとかなるけれど、日本の朝ごはんと醤油は一心同体なのである。醤油と合う食材だけが朝食のおかずとして生き残ったのではないかとすら、わたしは考えている。

そのうえ、醤油はいまや「ソイソース」の名前でインターナショナル。テリヤキャスシで味覚の国境が消えるとともに、人類共通の調味料になった。

発祥は古代中国である。日本では、鎌倉時代に留学僧が味噌を紀州に伝えた際に、上澄みを調味料に活用したのがはじまりとされる。

製法からいえば、大豆を母とし、小麦を父にもつ発酵調味料である。蒸した大豆と炒《い》った小麦に麹菌《こうじ》を混ぜて麹を作り、塩水を加えてもろみを仕込み、発酵したところで搾《しぼ》ればできあがり。乳酸菌、酵母などが発酵をうながすため、塩気、酸味、甘味、旨味《うまみ》、芳香が渾然《こんぜん》一体になって醸《かも》されてくる。

ところが、国内産大豆が激減し、輸入品が普及するとともに、食用油を搾ったあとの脱脂大豆を原料にするのが普通になった。「醤油に必要なのは大豆のたんぱく質だけ」だから、理論的にはそれで十分らしい。その一方で、丸ごとの大豆つまり丸大豆を謳《うた》う醤油が本物志向派をひきつけ、最近はこちらが盛り返してきた。味がぐーんと違ううえに、脱脂大豆は遺伝子組み換えの心配があるということで、消費者が丸大豆、それも輸入国産ともにオーガニック認定品を好むようになったからである。

どちらの大豆を使うにせよ、前述したもろみを搾り、加熱して微生物の動きをおさえると、本醸造醤油ができあがる。アミノ酸液を加えるクイック醸造もあるが、風味はまったく比較にならない。

また、醬油は五種に分けられる。スタンダードな濃口、塩分を強めて色や香りを柔らげた薄口、大豆が主原料の溜《たま》り、そして小麦を主原料にした白醬油、濃口に麴を加えて発酵させた再仕込み醬油（甘露醬油ともいう）である。もちろん生産量は濃口が圧倒的である。

一口に濃口といっても、味噌同様に手前醬油とでもいう愛着の味が各地にある。江戸っ子のわたしでいえば、野田や銚子で作られる鋭い切れ味のテイストにＤＮＡがなじんでいるはずなのに、大人になってから知った紀州醬油の伝統味にも魅《ひ》かれるし、越後、仙台、長崎など旅行中に味わい覚えた醬油も捨てがたい。かたや、地方色をとりあえず御破算にして、独自の味を打ち出した逸品醬油も生まれはじめている。

南三陸、リアス式の海辺。岩手県陸前高田市の八木澤商店。創業文化四年（一八〇七）。もともとは日本酒の蔵元で、明治半ばから醬油醸造に転じた。当主の河野和義さんは五十代半ば。父譲りの親分気質で、地域起こしリーダーとして多忙だが、本業の醬油には郷土愛で接している。

主原料は地元岩手のものにしたいと、県産無化学肥料・減農薬丸大豆と南部小麦に固執し、天日塩と酒造用地下水を用いて、昔ながらの大きな杉桶《すぎおけ》に仕込む。

発酵は通常の三～四倍にあたる二年間。できたもろみは古式梃子《てこ》でしぼる。江戸時代の技術そのままである。そして通常八十三℃で行う火入れを、香りや旨味に障らない六十～六十五℃で低温殺菌する。塩分は十六パーセント。「味が大きく広がるから、使用量は普通の半分ですむ」というのが、河野さんの自慢である。

その醬油に初めて遭遇したのはみちのく、一関の割烹《かっぽう》店だった。白身の刺身にちょんとつけると魚の甘味が浮かび上がり、同時に口中に醬油の旨味がすっきり広がった。清《せい》冽《れつ》。わたしは思いきり鼻の穴を広げて香りを吸い込んだ。店の大将にわけてもらった一瓶を抱えて帰京し、翌朝、焼き海苔につけてみたのはもちろん、わさび漬、納豆と試したすえ、わたしはすっかりこの〝生揚げ醬油〟にはまった。

一年後。一関から大船渡《おおふなと》線に乗り換え、八木澤商店へ向かった。陸前高田は気仙沼《けせんぬま》港に隣りあう三陸の町。浜には松原が広がり、町を流れる気仙川には白魚も鮎《あゆ》も鮭《さけ》も上がってくる。歩けば入母屋《いりもや》造りの民家にぶつかる。伊達《だて》藩の豊かな気風が伝わり、人情はからりとしながら厚い。海の小京都といえようか。

八木澤商店はなまこ壁が美しく、醬油の仕込み蔵は土蔵造りだった。梁《はり》や壁が煤《すす》けたように黒ずんでいるのは蔵酵母が住みついている証《あかし》。ほこりのような、黴《かび》のような、何ともわからぬ存在が蔵酵母というものなのである。天井の明かり採りから冬日が桶に射《さ》しこんでいる。もろみの杉桶は十六個。大男でも背の届かない高さなので、縁と縁の間には足場用の板が張りめぐらされている。

その足場で、河野さんは身体《からだ》をしなわせながら櫂《かい》を動かしていた。味噌のような野太い発酵香がただよっている。醬油の母体の匂《にお》いである。このもろみは、大豆の形をかすかに残した茶褐色の粘土状。内部でぽこぽこと発酵を続けているため、攪拌《かくはん》して空気を抜いてやるのである。

階下では、醬油がちゃりーんちゃぽーんと、水琴窟《すいきんくつ》そっくりの妙音を響かせつつ滴《したた》り落ちていた。「槽《ふね》」とよばれる木箱に麻布で包んだもろみを置き重ね、約十キロの重石《おもし》をぶら下げた梃子《てこ》で搾っているのだ。機械と違って、ゆっくりじわじわ搾ることになるので、雑味が出ない。酒でいえば大吟醸の一番搾りといえようか。

その搾りたての生揚げ醬油を、利《き》き猪口《ちょこ》にちょろりと注ぐ。赤みを帯びたべっこう色。猪口の底が白く透けている。鼻を近づけると、なつかしい日本の香り。

「両手で温めれば、もっと香りが立ちます。赤ワインと同じですよ」

河野さんが誇らしげに微笑《ほほえ》む。醬油の香りは三百種もの成分が奏《かな》でるシンフォニーなのだ。

「うちの売りものは、戦前まであたりまえだった仕事を再現した、というただそれだけ。

ま、醤油の古典芸能というか、無形文化財というか。どちらにせよ、次の世代へ伝えていくことが大切だと思っています」

〝あたりまえ〟の第一は原料の吟味である。

「身体《からだ》に安全で、醤油向きの大豆と小麦を追っかけていったら、岩手県産のものに行きついた。輸入の大豆や小麦より数倍高いのは確かだけど、誰か買い手がつかなくては、畑から消えてしまうからねえ。自分はその役回りを引き受けているだけでしてね。原料がなくなったら、本物の醤油は作れませんわ」

と、河野さんは大豆と小麦をつかんだ左右の掌《てのひら》をぐいと突き出して、かっかっと笑う。わたしには、白目大豆は宝石のキャッツアイのように、南部小麦は琥珀《こはく》のようにきらめいて見えた。

八木澤商店
tel 0192-55-3261
fax 0192-55-3262

酢

一皿のサラダがあるだけで朝食が弾《はず》む。不思議だ。ドレッシングの酸味が心を晴れやかにさせるのだろうか。酸味のもとは、お酢。健康効果も証明されている。発酵作用によって醸《かも》される成分は七十種に及ぶが、とくに乳酸、コハク酸、リンゴ酸、クエン酸などの有機酸やアミノ酸が疲労回復や動脈硬化予防に効くらしい。これらが混じり合って酸味、旨味《うまみ》、香りのバランスがとれたサワーな調味料が誕生するのである。

また、酢といえば酢のものやすしの主役だが、野菜の変色を防ぎ、生姜《しょうが》やみょうがを色づけるなどの効果もある。そのうえ抗菌作用が抜群。食中毒におののいている現代、まことに頼もしい存在である。

さて食酢の世界だが、すっきりしているとはいえない。とりあえず論外は氷酢酸に添加物で味つけした合成酢である。一般的な醸造酢ジャンルでは、穀物と麹《こうじ》から発酵させる米酢や玄米酢、酒粕《さけかす》でつくる粕酢、果実からの柿酢、ぶどう酢（ワインビネガーはこれだし、そのうちのバルサミコ酢も）、いちじく酢といった具合に種類がとても多い。レモンや柚子《ゆず》をぎゅっと絞っただけの柑橘《かんきつ》果汁も大きくいえば酢のうち。酢というもの、意外に身近な調味料なのである。嗜好《しこう》や料理に合わせて舌を磨かなければ、いい酢はとうてい選べない。

ポピュラーな米酢だけに限っても同じこと。二十四時間で発酵させる装置もあるし、アルコール添加品や米・小麦・コーン・酒粕のミックス原料（表示は穀物酢）を使えばしごく格安につくれるくらいだから、用途と値段を相談して選び分けるのが賢いということになる。

名古屋でJR紀勢本線に乗換え、海沿いに紀伊半島を南下、熊野詣《もう》での玄関、那智勝浦《なちかつうら》町へ。この辺り、那智大社、那智滝、西国第一番札所・青岸渡寺《せいがんとじ》などが連なる神域である。かたや海岸は温泉町で賑《にぎ》やか。聖俗入り混じった土地といえよう。

丸正酢醸造元は那智山寄り。創業明治十二年。もち玄米酢のほか、米酢、酒酢、甘酒酢などレパートリー豊富。紀伊天満駅からすぐで、天神社の隣にある。白壁に杉板張りの蔵が見えてきた。あの清々《すがすが》しい壁の奥で酢が眠っているに違いない。辺りには酢の芳香。蔵の脇《わき》には井戸。わたしは吸い寄せられるように近づいて汲《く》み、そのままごくごくやってしまった。なんとなめらかなこと。お茶に最適の軟水である。

三代目当主の小坂晴次・幸代さんご夫婦が親しげに話しかけてきた。晴次さんは昭和二年生まれだが、新しい酢の開発に意欲的な方。井戸は那智山の伏流水で、まろやかな軟水のため醸造には最高。蔵にも引き込み、仕込みはすべてこの水で行う。

いてはります」

「江戸時代からの湧《わ》き水なんですわ。那智山の霊水なので、毎朝汲みにくる人もようけ
「この水と清らかな空気、それに冬でも霜のおりないあったかさが酢にええんですよ」

夫婦して口を揃《そろ》えるのも当然で、醸造業には名水と清浄な空気が不可欠。おまけに酢造りは酒造よりひと手間かかる。原料を糖に変え、アルコール発酵させるまでは酒と同じだが、酢はさらに種酢を約二割量加えて酢酸発酵させねばならない。小坂さんの蔵ではよくできた熟成酢を取り分けて種酢としているそうだ。

菌が活動しやすい温度の土地でなくては酢作りは不可能。菌学者の南方熊楠《みなかたくまぐす》が南紀をフィールドにしたくらいに、ここ那智勝浦はうってつけの気候なのである。

小坂さん夫婦が白磁の湯飲みを並べ、四種の酢を注《つ》ぎ分けた。市販の一般品（そのうちには穀物酢と表示された廉価《れんか》品もある）三種と小坂さんの丸正酢のもの一種で、米酢に分類されるものばかり。これで利《き》き酒ならぬ利き酢をしようというのである。二人は香りを嗅《か》ぎ、色を確かめ、一口すすっては頰をふくらませて口中にゆきわたらせている。

「それなりの味はしちょるけど、すっぱいだけやのう」

「そうねえ、ツーンとくるわ。きつくて眼をつむっちゃいそう」

さらに「こいつは香りがひねちょる」「さっきのよりましやない」と会話は続き、三

つめは「ちょっと生い立ちが違うね」「都会の味かいな」。

最後の湯飲みの番。二人は感想をわたしに求めてきた。ぐびり。すっぱいというより、よく熟れた果物の芳香だけを集めたような印象。べっこう飴《あめ》のように透き通った濃茶で、いわゆる黒酢の色だが、舌に広がる豊潤な旨味、清らかな酸味のキレがよい。軽やかである。熊野育ちを彷彿《ほうふつ》させる古式な味ではあるものの、洋風にも合いそう……。もち玄米酢だった。もち玄米たっぷりの特上もろみを絞ったものでコクと芳香がすばらしい。酸度は四・五パーセント。

もち玄米酢は、当地出身の自然食運動家・久司道夫さんの提唱で二十年前に始めたオリジナル酢。玄米酢ブームとはいえ、「もち米のものは日本でうちだけです」と謹厳実直な小坂さんが、ほんの少し胸を張った。

米の栄養価を丸ごと活用するなら玄米。その玄米も天然麦芽糖など旨味や風味に富むもち米がベスト。夫婦は新宮川の上流、熊野川町に田んぼを買ってまでして減農薬有機栽培のもち米を確保した。堆肥《たいひ》はポン酢作りに用いた柚子の皮、かつお節や昆布のかすなどを活用している。このもち米を杉桶に仕込んで五百日（米酢の場合は百八十日）もたつと、でんぷん質が糖化してアルコール発酵し、さらに種酢を加えることで酢酸発酵がスタートして、酸味が醸され、褐色のペースト状になる。そのミネラル豊富なもろみを「槽《ふね》」で昔ながらに絞り、濾過《ろか》、低温加熱で殺菌すれば、酢の完成である。

湯気もうもうと玄米が蒸し上がった。水に浸して一晩おき、蒸気を通しながら四時間がかりで蒸したものである。蒸し器は桶《おけ》を改造し、底から湯気が上がるように工夫した特製品である。もち玄米は名のとおり粘りが強くて蒸しにくい。それだけに、いったん蒸し上がると香ばしく、天然ぶどう糖などの旨味がたっぷり。この金茶色が酢酸発酵するとべっこう色に変わるのである。

二昼夜かけた米麴の方もいいあんばいである。いよいよ蔵入り。神棚に一礼し、ほら貝を吹きならす。精神統一のための小坂さんの儀式である。

酢酸菌は光に弱いので、蔵の明かり取りは高窓一つだけ。薄暗い。蔵の中はすももを熟成させたような清らかな香り。むしろを巻いた杉の大桶が十二個静まっていた。桶の材質は金属やFRP樹脂のタンクも試したのだが、酢には杉材が最高とわかり、杉桶に戻した。むしろが巻いてあるのは酢の蒸発防止と保温のためらしい。桶ごとに双葉山《ふたばやま》など名横綱の名札がかかっているのは、相撲好きだった初代からの習慣で、食酢界の横綱でありたいという目標ともつながっている。

若い衆が空の桶に水、麴、蒸し米を落とし込んでいる隣で、小坂さんは梯子《はしご》を渡して別の桶をのぞきこんでいた。皺《しわ》の寄った表面の菌膜を指でなでたり、温度計を突っ込んで匂《にお》いをくんくん。思案顔。酢酸発酵が進むと表面にライトグレーの膜が張ってくるものだが、ちりめん皺が寄ったり、つるんとしていたりと、様子は桶ごとに異なるし、香りもさまざま。悪性の菌がつけば、匂いも悪くなる。反対に上出来の桶に首を突っ込むと、気品のある香りがする。

小坂さんがいまのぞきこんでいる桶は、一カ月前に仕込み、アルコール発酵までは順調、先週は種酢もたっぷり混ぜて酸化させ始めたというのに、酢酸菌の機嫌がよくないようだ。では、と取り出したのは長方形の板きれ。ところどころの小穴で膜をすべりにくくするなど、仕掛けがこまやか。これで別の桶の皮膜をすくい取ってきて、そのやわやわもわもわを移植して酢酸菌を活発にさせようというのである。あんぐりしているわたしにかまうでもなく、小坂さんは化学者顔に変身し、酢酸菌びっしりの皮膜を凝視していた。

丸正酢醸造元

tel 07355-2-0038
fax 07355-2-6551

煮干し・焼き干し

味が均一化している時代だが、どの人も味噌汁《みそしる》には好みがある。味は、具や味噌の相違はもちろんだが、だしの材料に左右されることが大きい。わたしの場合、子供の頃は煮干しで、大人になってからはかつお節と昆布でとるかつおだし一辺倒。都会の食生活の均一化と高級化にわたしの舌は従順すぎたのかもしれない。日本は広い。各地へ旅するようになって、だしにも〝手前だし〟というべき多様な世界があることに気づき、いろいろ試しはじめた。

たとえば煮干し。片口いわしのほか、真いわし、あじ、えそ、あご、さんまなど原料は多種。その土地土地の身近な魚がゆでられ、干され、焼かれて（この場合は焼き干しというのが正しい）、旨味《うまみ》の素になってきたのである。片口いわしのだしがおふくろの味とすれば、真いわしは骨太な親父、あじは青年を思わせ、えそは平安美人風。焼きあごは上品なのに野趣に富む。お転婆《てんば》娘だろうか。刺身や焼き魚で味わうときの個性がそのまま煮干しの味につながっているのがおもしろい。

海に囲まれた日本ゆえあちこちに産地があるが、多彩な顔ぶれが特徴なのは長崎の海産物なかしま。からすみ屋、かまぼこ屋などが連なる市内築町に店と加工場がある。当主の中嶋恒治さんはソフトな物腰だが九州人らしい熱っぽさを秘めた方。安全でおいしく、ごまかしなしに、妥当な値段で販売する〃良い食品づくりの会〃会員でもあるから、製品は安心できる。煮干しは無添加ものしか仕入れない。長崎県漁連が漂白剤代わりに認めているビタミンEの使用もノーである。安全性が定かでないからである。

長崎県は国内の三割を占める産地で、北は西海国立公園に臨む小佐々《こさざ》から南は長崎半島先端の野母崎《のもざき》にまで点在する。どの浜でも船から下ろしたばかりのいわしを釜《かま》へあけ、海水で塩ゆでして天日または乾燥機で干す。

天日干し礼讃《らいさん》の風潮があるが、現代では室内の温風乾燥でもいい風味に仕上がるそうだ。そんなことよりゆで時間の長短や塩加減が良否の分かれ目で、「仕事のていねいな生産者を見極め、そこの品をセリで高く入札するのがポイント」と中嶋さん。

おすすめは通称、銀ダレという片口いわしの最高級品。銀色に輝く四〜五センチ長さのスリムな魚体は、ブローチにしたくなるほど美しい。「きれいな煮干しからはいいだしがとれるんです」との中嶋さんの言葉どおり、それでとっただしは天にも上りたくなるまろやかさ。わたしは、特別な日の味噌汁はこれに決めてしまった。

ところでこの店、煮干しのほかにも新鮮なだし材料がわんさか並んでいる。煮干しやかつお節などの粉末を小袋に詰めた無添加だしパック各種など、便利なオリジナルもあって、鼻の穴が思わず広がるぐらいいい香りがあふれている。

なかでもあごの人気は高い。そういえば長崎に限らず、酒田、輪島、隠岐《おき》、福岡、唐津など日本海沿いに住む食いしん坊はみんなあごだし党であった。ふわっと軽やかな吸いくちなのに、そのあとからはんなりと奥行きのある旨味が広がるからで、めんやもちとの相性もすばらしい。正月のお雑煮はこれでなくっちゃあ、という声もきく。

あごというと耳慣れないが、実は飛び魚の異名である。大きな長い羽根をもったあの青魚のことで、海面すれすれをびゅーんびゅーんと飛ぶさまは鳥そっくり。日本へは黒潮や対馬暖流にのって南の海から回遊し、秋になると再び南下する。あごが短いのであごなし、略してあごという名になった。身に脂《あぶら》が少ないぶん旨味が濃縮しているので、だしには最適なのである。

この旬《しゅん》のあごを用いるのが東支那海に臨む長崎県平戸島や上五島《かみごとう》。炭火で焼いて天日で干すから香ばしさはひとしお。一見したところは焦《こ》げたカチンカチンの干し魚にすぎないのだが、ひとたび煮出すや澄んだ旨味があふれだす。内と外との落差がなんとも玄妙である。

「あごを焼くときは大勢で串《くし》に刺したり、焼いたり、干したりするけん、楽しいすよ。ちょうどいまはその季節。北ん風が吹いたら、じきに始まるでしょう」と、中嶋さんがのたまわった。

北東の風にのって、あごが上五島の有川湾《ありかわわん》に押し寄せてくるというのである。同島の新魚目町《しんうおのめちょう》には焼きあご作り半世紀の中本敬助さんという長老がいるらしい。突然、あごを焼いている香ばしい匂《にお》いと、煙が空に高々と昇っていく情景が同時に浮かんだので、わたしは上五島まで足をのばすことに決めた。

長崎・大村空港から八人乗り飛行機で五島列島北端の上五島空港まで三十分。車で海沿いの道をくねくねと走り、集落ごとに様式の異なる教会をいくつも仰ぎながら新魚目町の小串《こぐし》に着いた。あご、そしていかや鯛《たい》の漁に明け暮れる二百戸余りの漁村である。

中本さん宅の庭先には隣近所の熟年夫婦四組が集まっていた。

眼下に漁港の防波堤があり、その向こうに碧《あお》い海。天にカラスが舞っている。人間はというと、秋だというのに全員ほおっかむりしたり、帽子を被《かぶ》ったりして完璧《かんぺき》な日除《ひよ》け対策。焼きあご作りは、南の島の極上の秋晴れの日に、〝よか男とよか女子《おなご》〟が野外で開く祝祭なのである。

午後いちばん。作業場前の庭には五つのとろ箱が並び、羽根をピンと伸ばしたあごが山と積まれていた。新魚目漁協所属のあご釣り船が二艘《そう》一組で出かけて水揚げしてきたもので、掌《てのひら》サイズの小物ばかり。このぐらいの小あごが脂っぽくなく、だしにはぴったりらしい。

一方で、レンガで囲った長四角の炉には炭がかっかとおこっていた。干し場には金網張りの板が八～九枚広げられている。準備ＯＫ。焼きあご作りが始まった。

まずは串刺しからである。あごは頭もわたもそのまま、つまり丸ごと用いる。えらの下、ちょうど羽根の付け根のあたりに長い金串をずぶり。突き通したら、次の魚をずぶり。たちまち二十尾が串にぶら下がった。この串がたまると、真水でじゃあじゃあ洗い清め、焼く作業にかかる。

五分後、あごは炉にきれいに並んで炎をあびていた。まるで火の海を泳ぎ渡っているようだ。焦げ目がついた頃合いをみて、焼き手は串を裏返し、うちわをぱたぱた。煙がいい匂いを連れて立ちのぼってくる。うなぎのかば焼きの匂《にお》いを女っぽくしたような芳香である。

鼻を鳴らして嗅《か》いでいるわたしに、中本さんが「ガスで焼いたら魅力がない。炭で焼かんと上五島の中本のあごとはいえない」と胸を張った。

焼き終わると串をはずして、平ざるに並べ、天日干し。日暮れに取り込んで、翌日また干してと、三日がかりで仕上げる。

今日の分を干し終わったあと、干し場の脇のござの上で編まれているのは干し上がったあごたち。十五尾ずつきっちり紐《ひも》で編んで、連に仕立てるのが中本流なのである。これを台所に吊《つ》るしておけば、いつでもだしを取れる。いつのころからか定着した上五島の女たちの知恵なのであろう。

あごだしでうどんを賞味した。つゆは焼きあごを水から煮出し、長崎産の醤油《しょうゆ》、みりんで味をととのえたもの。薬味の青ねぎをぱらりと散らしたつゆに、五島特産の手延べ五島うどんの釜揚げをくぐらせ、はふはふすすり込む。つるつる、あつあつのうどんに、ふわっとやさしいあごのだしがからまり、舌の上に香ばしい余韻が広がった。

帰京後は、山ほど持ち帰っただし各種を前に、おいしい朝が始まるようになった。そして、それとは別に、わたしは極上の銀ダレ一尾を特製ブローチにするべく、鍛金《たんきん》アーティストの友人に加工を依頼したのだった。

海産物なかしま

tel 095-821-6310
fax 095-828-1665

中本海産

tel 0959-55-2028
fax 0959-55-3004

味噌

手作り味噌《みそ》が見直されている。要は手前味噌。つまり自画自賛で、昔は味噌は自家製に決まっていた。それが台所に常備されていれば味噌汁作りも苦にならないし、いつでもどんなときでも間違いなくおいしい。でも、それだけに待ち遠しくてすぐ食べたくなるのが玉にキズ。次の仕込みができるまでの一年なんてとてももたない。

では気に入り味噌を買えばいいじゃないか。店頭を見回せばいくらでもあるが、選ぶとなると難しい。パック詰めの表示を凝視すると、添加物のなんと多いこと。ソルビン酸、漂白剤、栄養強化剤、ビタミン剤、調味料、甘味料、アルコール（酒精）などがめじろ押しのうえ、だしまで入っている親切過剰タイプも多い。だし入りとは天然調味料（かつお節粉末、煮干し粉末、かつおやあさりのエキス）や旨味《うまみ》調味料（グルタミン酸ナトリウム、核酸系調味料など）を混ぜた味噌である。だし取りの手間いらずではあるが、この手は加熱処理ずみが大半。当然、味噌ならではの香り、しょっぱさ、大豆本来の甘味が融合した美味というわけにはいかない。

それもそのはず、味噌は発酵食品。熟成で醸《かも》される酵母、乳酸菌、酵素などが生きているからこそ風味が出てくる。また、いまの時代でも「手前味噌」という言葉にリアリティがあるのはこの微生物のたまもの。その性質は風土によっていろいろだから、たとえ原料は同じでもできあがりには多様な個性が生まれるのである。

そこで味噌選びのコツだが、大豆を発酵させる麹《こうじ》を覚えるとわかりやすい。原料別に米麹、麦麹、豆麹の三種があり、それぞれ米味噌、麦味噌、豆味噌となる。これらをブレンドしたり異なった麹を併用した調合味噌もある。ちなみに赤だし味噌は米味噌と豆味噌のブレンドである。

全国に千六百ある蔵のうち、米味噌が生産量の八割を占め、麦味噌は九州・四国・中国・関東北部、豆味噌は中京圏で愛されている。なお米味噌は甘味噌・甘口・辛口という味別、白・赤・淡色という色別でも分類され、麦味噌にも甘口・辛口がある。

味噌はそれぞれさまざまにおいしいから、イチ押しとなるとわたしも迷ってしまう。補足すれば、新潟県でも味噌の味は佐渡、上越、それ以外の地方と三つの味に分かれる。県中央部・蒲原《かんばら》平野にある吉田町では辛口赤味噌が伝統で、一見、都会の舌には辛そうだが、実だくさんの味噌汁にすると野菜の甘味が溶けだして飲みごろとなる。

結局、向かったのは越後味噌醸造という小さな蔵元。野菜を摂《と》るのが「正義」になった現代、ここの米麹の辛口赤味噌は野菜をたっぷり取り合わせるほどに実力を発揮してくれるから頼もしい。正真正銘の無添加で、香りも味も輪郭が濃く、個性を主張しているのが好ましい。袖振《そでふり》大豆を使っている点にも魅《ひ》かれた。

味噌は大豆が命。越後味噌醸造では国産二種と中国産を使い分けている。「袖ふり味噌」に用いる北海道十勝産の大袖振大豆、通称袖振大豆は美しい淡緑色。胚芽が黒い黒目大豆で、たんぱく質に富み、旨味と甘味が濃厚。菓子豆の異名がある高級大豆である。「特選味噌」には新潟県産エンレイ大豆。どちらも輸入大豆の四～五倍の価格と、採算の点では難物である。

蔵のある吉田町へは上越新幹線の燕三条《つばめさんじょう》駅から車で二十分も走ればいい。新潟市内からなら小一時間。この道だと原発反対の住民投票、いやなにより日本初の地ビールや自家製ぶどうによる地ワインで脚光を浴びだした巻町《まきまち》、岩室《いわむろ》温泉、弥彦《やひこ》神社と立ち寄りたいところが続々。それはあとの楽しみにして走り続けると、冬大根を引く畑が左右に広がる日本の田舎の美しい光景。刈田の向こうに弥彦山を望みながら蔵に着いた。

越後味噌醸造の社主・今井家は戦前は大地主で、農地解放後に醸造業や漢方薬業を始め、「量より質」を家訓に励んできたそうな。吉田町の中心部に往時を伝える蔵が建ち並んでいた。

みぞれがちらつく寒仕込みの季節。麹室《むろ》では蔵頭の南雲和比古さんが腕まくりし、十本の指で麹の感触を確かめていた。米麹づくりの最終日。米麹は米を水に浸すことから始まる四日がかりの作業である。蒸し米が冷めたら、粉末の麹菌をまぶして種付けし、翌朝、室から出す。発酵した米麹は一粒一粒が白く糖化している。この麹を室から出し、大豆、塩、水とともに六尺桶《おけ》に仕込むのである。

麹の原料は新潟県産アキヒカリといううるち米。おこわのように蒸し、麹菌の粉末をまぶして発酵させると、麹菌の糖化作用で米粒が白くなる。ちょうど洗い米がだまになり、表面に打ち粉をふったような感じ。破砕米の方が表面積が大きいため麹菌が充分に発酵するそうだ。

大豆の加熱法には蒸す、煮るの二種があり、蒸した場合は大豆を褐変させる成分が残るから赤味噌になる。この蔵は赤味噌系の越後味噌である。

釜場《かまば》ではちょうど大豆が蒸し上がり、湯気がもうもうと昇っていた。圧力釜に近づいてみると、みずみずしいグリーンの肌に黒目くっきりのジャンボ豆。南雲さんが「これが袖振大豆なんです。毎年、畑まで仕入れに行きます」と指さした。一粒つまむと弾力があり、濃い甘味と旨味がじんわり。鼻にぷーんと豆の匂いが立った。豆によって乾燥具合が異なるので畑から届くたびに噛《か》んで確かめ、固すぎず柔らかすぎずの塩梅に蒸す。これをチョッパーで挽《ひ》いてペースト状にする。

次に蒸し大豆のペースト、米麹、塩、水、甘酒酵母をミキサーで撹拌《かくはん》する。麹と大豆が同割というリッチな配合。昔は麴六割ぐらいだったそうで、この蔵でも一般品は七〜八割量。麴が多いほど甘口になる。また塩分量は防腐剤やアルコール添加をしないですむ限界の十二・八〜十三パーセント以内。これ以下にすると越後味噌の持ち味がでないという。

袖振大豆は新潟では「菓子豆」として昔から親しまれてきたが、煎《い》り豆などもっぱら製菓用。価格が張るからである。だが、たんぱく質に富み、甘味、旨味、栄養価が揃《そろ》っている。それならいっそ、と高級味噌作りを発案したのが新潟市の海産物商・加島長作さん。実現させたのが南雲さんの師匠・関敬二顧問と南雲さんのコンビなのである。

いよいよ、大型ミキサーに袖振大豆のペーストがどさっ、米麴がばさっ、塩がさらさらと入れられ、水が注がれる。さらに甘酒のようなものがひしゃくで一杯入った。甘酒酵母という発酵促進の素。自家製の甘酒にできのよい味噌を少量混ぜて培養したそうで、これを加えると味噌の発酵がすみやかに進む。類似の既製品もあるけれど、自前を用いるのが二人の矜持《きょうじ》である。

このあとは手作業。前述の混合物を竹ざるに取り、梯子《はしご》に登って六尺桶に「えいやっ」と落としこむ。桶は大の男が入ってもゆうに頭一つ残るし、両手を伸ばしても左右に届かない大きさ。桶一つに七分目まで詰めるのに二日がかりときいて、ため息をついてしまった。

それからも大変。二十五キロもある川原石を一個ずつ手で積み上げるのである。味噌の重量の五～十パーセントの重石《おもし》が必要。南雲さんが「この作業のせいで、ヘルニア手術をする破目になりました」とつぶやいた。

力仕事はもう一度ある。出荷一カ月前に石をはずしてスコップで攪拌し、味噌に空気を吸わせるよう切り返しながら隣の桶に移し替える。このしんどい作業と一年間の長期熟成が赤褐色の美しい色味をつけるのである。

ようやく味噌汁をごちそうになった。里芋、ねぎ、大根、にんじん、しめじ。箸《はし》が立つほどの実だくさんが越後ぶりである。湯気をふーふーしつつ、ひとすすり。心を震わせるような懐《なつ》かしい味が舌に響いてきた。

最後に一言。この蔵では巾着《きんちゃく》なす、赤塚大根など越後野菜の味噌漬けも作っている。鄙《ひな》びた滋味である。

越後味噌醸造

tel 0256-93-2002
fax 0256-92-3837

杉田味噌醸造＊

tel 0255-25-2512
fax 0255-23-6350

みりん

目覚めの一杯に何を選ぶか。まずは水をぐいっと。そしてコーヒーカップを手にする人が多いだろう。そのとき、ブラックで飲むのはやはり少数派で、おおかたは砂糖を入れる。出張先のホテルの朝食バイキングで眺めまわしても、ほとんどのビジネスマンはスティックシュガーをさらさら使っている。

糖分は炭水化物だから、即効性の栄養源として朝ごはんにもほどほどの量は欠かせない。コーヒーにシュガーは理にかなっているのである。でも、まあ、なんと！「コーヒーにみりんもおつですよ」という方に出会った。

岐阜のみりん屋さんの社長である。明治三十二年（一八九九）創業。三年熟成本みりんのほか、清酒、焼酎《しょうちゅう》もいいものを作っている四代目、加藤孝明さん。

のけぞっているわたしに、彼はさらに続けた。

「冷しゃぶのたれは醤油・みりんを一対一、めんつゆは醤油・みりん・だしを一対一対三の割合で家内は作ります。梅酒もみりんで漬けます。とくに、夏のアイスコーヒーにはみりんがいちばんです！」

いまさらだが、台所の基本調味料といえば「さしすせそ」。砂糖、塩、酢、醤油（せうゆ）、味噌を指すけれど、「お忘れになってはいやですよ」といいたそうなのがみりんである。料理人にとっては醤油と並ぶ片腕で、これなくして旨《うま》い煮物や焼き物、さらに天つゆ、丼《どんぶり》つゆ、めんつゆ、鍋《なべ》の割り下は成り立たない。朝ごはん献立の調理に欠かせないのももちろんである。

砂糖には甘味しかないが、みりんは甘さだけでなく香りと旨味を兼ね備えているというのがその理由である。生臭い匂《にお》いを消し、肉質を引き締め、照りをだすなどのプラスアルファ作用もたっぷり。唐辛子とこしょうで辛味のディテールが異なるように、砂糖とみりんでも甘味は明らかに違う。酒で代用できるという声もありそうだが、酒だけじゃあ甘味づけには役不足。素材の持ち味を引きたてる甘さといえば、やはり、みりんに尽きるのである。

みりんは、米焼酎に蒸したもち米と米麹《こうじ》を加え、でんぷんを糖化させた混成酒といった存在。大きくいえば、もち米のリキュールである。焼酎と麹はうるち米で仕込むが、本体はもち米に限られる。あの深みのあるとろり感はうるち米からは生まれない。

戦国時代の終わり（十六世紀末）に、日本で誕生したらしい。当時は美醂酒（みりんちう）とよばれた甘美な飲み物だった。やがて高級料理や菓子の隠し味に秘《ひそ》かに使われだしたが、一般的な調味料になったのは昭和二十年八月以降である。

だが、その後のみりん界はややこしい。昭和三十四年の酒税法改正で醸造用アルコールや酵素で仕込んだものも本みりんと認められた。やがて、でんぷん・水飴・化学調味料で短期製造するみりん風調味料や、米・雑穀・水飴をアルコール発酵させて食塩を添加した発酵調味料という製品がつくられ、スーパーマーケットで売られるようになった。そして二十一世紀早々には、規制緩和でスーパーでも本みりんが解禁されるらしい。みりん選びの舌を磨くことは急務なのである。

そこであらためて気づいたのだが、みりんの老舗《しにせ》は岐阜や愛知に多い。信長、秀吉、家康に関わる土地ばかり。そもそももち米、米麴、米をふんだんに使った贅沢《ぜいたく》な飲み物だったのだから、往時の権力者の地に根付いているのは当然かもしれないけれど……。

「東濃《とうのう》（岐阜県東部）では信長さんがキリスト教を許していたので、宣教師はみりんで人々の舌を蕩《とろ》けさせてから布教したそうです。ともかく、このあたりではみりんが寝酒として親しまれてきた伝統があるんです」

と、にこやかに語るのは加藤孝明さん。岐阜県川辺町の白扇酒造四代目である。昭和二十五年生まれ。本格みりんが売れなくなった一時期を必死にふんばった父を目《ま》の当たりにして、商社マン志望から家業へ飛び込んだ。

白扇酒造では、主原料のもち米は飛驒《ひだ》古川産「高山もち」に愛着している。もちにすると粘りの強い高級米であるが、その新米だけを使う。古米は市場に余っているけれど、ひねた香りはみりんを台無しにしてしまうからだ。また米麹と焼酎用のうるち米は岐阜産の「日本晴」という酒造好適米である。つまり、地元の極上米だけしか使わない。

さらに、搾《しぼ》ってすぐ出荷することなく、三年間も熟成させるのだからにくい。

「みりんは年増になるほどまろやかになりますから。江戸時代、将軍への献上品も古古みりんだったそうです」

それをきいたときのわたしは、もしかすると、大きく頷《うなず》いていたかもしれない。

川辺町は濃尾平野の北端、文字どおり川辺にある静かな町である。飛騨川が木曽川《きそがわ》と合流するちょいと上の地点で、ゆるやかにせき止められた流れはカヌーやボートの格好の練習場。オリンピック選手もここで合宿する。地形からわかるとおり伏流水が豊富だ。この水が白扇みりんの豊かな風味を支えているのに相違ない。

店は酒蔵のしるしの杉玉を風雅に吊《つ》るし、旧飛騨街道に面していた。ひんやりした土間を抜けると中庭で、その奥が蔵。みりんの仕込みは春秋の二回。ちょうど春の追い込みどきで、これが一段落するともろみのお守りをしながら、親酒となる米焼酎を自家蒸留し、再び秋の仕込みを迎えるのである。

仕事は米麹作りからである。杉の香が和の香りを放つ室の中は三十℃。湿度計は曇って読めない。蒸したうるち米にふりかけているのは青海苔《あおのり》のような粉末。種麹となる麹菌で、京都の麹屋から仕入れているとか。この胞子が米に入り込むと、純白のさらさらした麹のできあがり。そのまま食べたくなるほどの清らかさで、実際、一粒二粒口に入れるとほのかに甘く、やや固いが上等品の雛《ひな》あられみたいだ。布をかけたり、はがしたりと温度調整してやると、麹菌が米粒の芯《しん》まで胞子をゆるゆる伸ばしていく。二昼夜かかる。

蔵に入ると、一瞬、焼酎の強い香りでくらりとした。タンクに焼酎が勢いよく注がれ、その中へ米麹をまぶした蒸し米が落とされていく。これから毎日、櫂《かい》で麹をむらなくかき混ぜ、もち米を糖化させてもろみに仕立てるのである。米焼酎も、蔵で自家蒸留したものときいた。

その熟成もろみは豊潤なペーストに変身していた。どろどろの甘酒状といった方がわかりやすい。このみりんもろみを麻の酒袋に詰める。ぱんぱんに詰めたそれをていねいに木製の「槽」に重ね並べていく。こうして一晩、自らの重みで滴《したた》らせてから、さらに重石《おもし》をかけて搾るのである。搾りたてはパール色がかった無色の液体だが、熟成が進むにつれて色が深まるそうで、この蔵ではタンクでみっちり三年間寝かせるのが決まり。三年本みりんの名の由来である。

余談だが、伝統手法による本みりんなので、風味の濃い搾りかすがたっぷり出る。これは「こぼれ梅」と呼ばれてそのままお菓子代わりに賞味されるほか、守口漬など高級粕漬《かすづけ》の漬床としてひっぱりだこである。

猪口《ちょこ》ですすめられた。伽羅《きゃら》色のなよやかな雫《しずく》。みりんヌーボーとでもいいたい搾りたて。アミノ酸、ペプチドなど二百種以上の成分が含まれる。アルコール分は約十四度と思いのほか高い。地元で寝酒として愛されてきたのも納得である。屠蘇散《とそさん》を入れなくても、お正月のお屠蘇のように香るのがすばらしい。心をやわらげてくれる。舌と鼻腔《びこう》で愛《め》でながら、わたしは戦国の世、もしかしたら、いやきっと信長の妹のお市の方もこのみりんで心の憂さを晴らしていたのではないかと想像した。寝酒だけでなく、朝の陽を浴びながらもう飲んでいたりして……。

白扇酒造

tel 0574-53-2508
fax 0574-53-2546

九重味淋＊

tel 0566-41-0708
fax 0566-48-0993

コラム 朝ごはんの器

心に残る朝ごはんだと、不思議と器まで覚えているものだ。能登《のと》の旅館・さか本でわたしが朝ごはんを再発見したきっかけも、海水で固める豆腐やしなやかな一夜干しのおいしさとともに、器の存在が大きい。湯治宿の時代から使い込んできた茶碗《ちゃわん》、小鉢に、輪島《わじま》や九谷《くたに》の新進作家ものを取り合わせ、おおらかなのに繊細な料理を洒脱《しゃだつ》に引き立てていたのである。ご主人が「でしゃばらんといい感じや」という自分のセンスだけを頼みにして、器を選んでいるのも憎かった。

そうなのだ。宿泊代が立派な高級旅館は、食器にもいちおう気を遣っているが、えてして主人のカラーが薄い。出入りの器屋さんにまかせっぱなしだったり、みずから選ぶにしても作り手の有名度や値段で判断しているきらいがある。そのうえ、いい器でしょうという押しつけがましさがうっとうしい。とくに朝ごはんの場合は、磁器であろうと陶器であろうと、爽《さわ》やかさが最優先。そのためには、日頃から五感を研ぎすましておき、旅先やデパートやギャラリーで、これっとひらめく器に出会ったとき、えいっと買うしかない。

実際、器上手で朝ごはんのおいしい宿の主人や女将《おかみ》さんは、誰でもそうやって楽しみながら眼を肥やし、食器棚をふくらませてきた。苦労して手に入れると使いたくなるのが人情で、可愛《かわい》いその子を引き立てるために、他の器との取り合わせや食卓のしつらえを考えるのが苦でなくなる。不思議なものでその気持ちは献立に即、反映し、すべてのおかずに勢いが出て、おいしさが増す。それゆえ、客は喜び、宿はますます繁盛となるのである。

わたしたち素人《しろうと》もこれを真似《まね》しない手はない。飯茶碗や納豆鉢に小遣いをはたくだけで、家族が歓喜する朝ごはんが誕生するのなら安いもの。シングルだって、気持ちいい器に囲まれていれば、面倒なはずの支度にも心が弾む。

付け加えれば、朝ごはんの器には朝日のあたる食卓がふさわしい。自然に囲まれた環境での朝ごはんがすばらしいのは、日差しの効果が大きい。だから、都会の暮らしでも、朝だけは窓辺のテーブルで食事したい。平日が無理なら、せめて週末だけでもだ。大好きな色絵や白磁や染付け皿、小鉢、漆の椀《わん》の中で、ご飯や味噌汁《みそしる》や塩鮭《しおさけ》がくつろぎ、醤油《しょうゆ》差しには琥珀《こはく》色の醤油のしずくが滴《したた》って……些細《ささい》きわまりないことを心から喜べるのが、憂き世の楽しみである。

あとがき

取材旅行で東京駅へ急ぐ早朝のこと。山手線に飛び乗り、吊《つ》り革につかまったとたん、苦笑してしまった。目の前の画面に朝ごはんをすすめる全農のデジタルCMが流れている。お米の消費拡大のため、朝からご飯もりもり作戦をすすめているのであった。

その朝のわたしは、コーヒーをがぶ飲みし、バナナ丸かじり、口直しに牛乳ふたくち。食べたといえるほどのものではないけれど、バッグの隅には……茹《ゆ》で卵・みかん・カップヨーグルト・梅干し。そして、東京駅で買う予定のおにぎり（新幹線キオスクには米や海苔《のり》にこだわった特製おにぎりがある。米どころの上越や東北行きホーム売店のおにぎりはなかなかである）という朝ごはん第二部が控えているのだ。漁師一家の二部式朝ごはんに感動して以来、忙しい朝は二回に分けて食べることにしているのである。

最近、朝ごはんムードが高まってきたのはうれしい。外食朝ごはん事情を手探りしていた十年前と違って、モーニングメニューも朝定食も完璧《かんぺき》に認知されている。といって、朝ごはん抜きの人は依然として多いし、食べている人たちだって、栄養バランスや食材の品質となると心もとない。国産外国産を問わず、食品もその加工品も、あらゆる食べものが安心できなくなりつつある。

朝ごはんを通じて現代の食を探ったとき、わたしは朝ごはんの定番食材がイコール日本人の基幹食材であることに気づいた。それならば、その一つ一つの生産現場を見つめてみたい、日本の食材を守っていきたい。そして、旅が始まった。

その旅はいまも続いており、取材は食材づくりに励む「食」の職人にまで広がった。その意味では、この本もまた、恥ずかしながら〝なかじめ〟である。

＊

本書は「きょうの料理」（NHK出版）に一九九五年四月号から五年間連載した原稿を主軸に、「ばんぶう」（日本医療企画出版）や「dancyu」（プレジデント社）の掲載記事や書き下ろしを含めて構成しましたが、大幅に加筆訂正しています。取材時の印象を中心にしたため、現状とは多少のずれがあるかもしれませんが、時代背景や感動が現れている部分には、あえて筆を加えませんでした。


取材にあたりご協力いただいた各地の生産者のみなさん、ありがとうございました。なお、文中には登場しませんが、いろいろお話を聞かせていただいた生産者の方々の連絡先は＊、を付して各項末に記しました。

掲載させていただいた「きょうの料理」の小此木《おこのぎ》香さんはじめ、各誌の編集長と担当者のみなさま、大変お世話になりました。

一緒に旅していただいたカメラマンの尾田学さん、岡崎良一さん、関博さん、深く御礼申し上げます。

出版にあたりご尽力いただいたみなさま、叱咤《しった》激励《げきれい》をありがとうございました。

最後になりますが、過分な解説を執筆してくださった本間千枝子先生に心より感謝いたします。日本列島をフィールドとするわたしにとって、先生は外国との比較考察の重要性を教えてくださる師ですし、東京下町・山手の食と、地方の食の両方を愛するという欲張りな食いしん坊同志でもあります。

ありがとうの五文字を胸に、わたしはこれからも各地にお邪魔いたします。

二〇〇一年四月

向笠千恵子

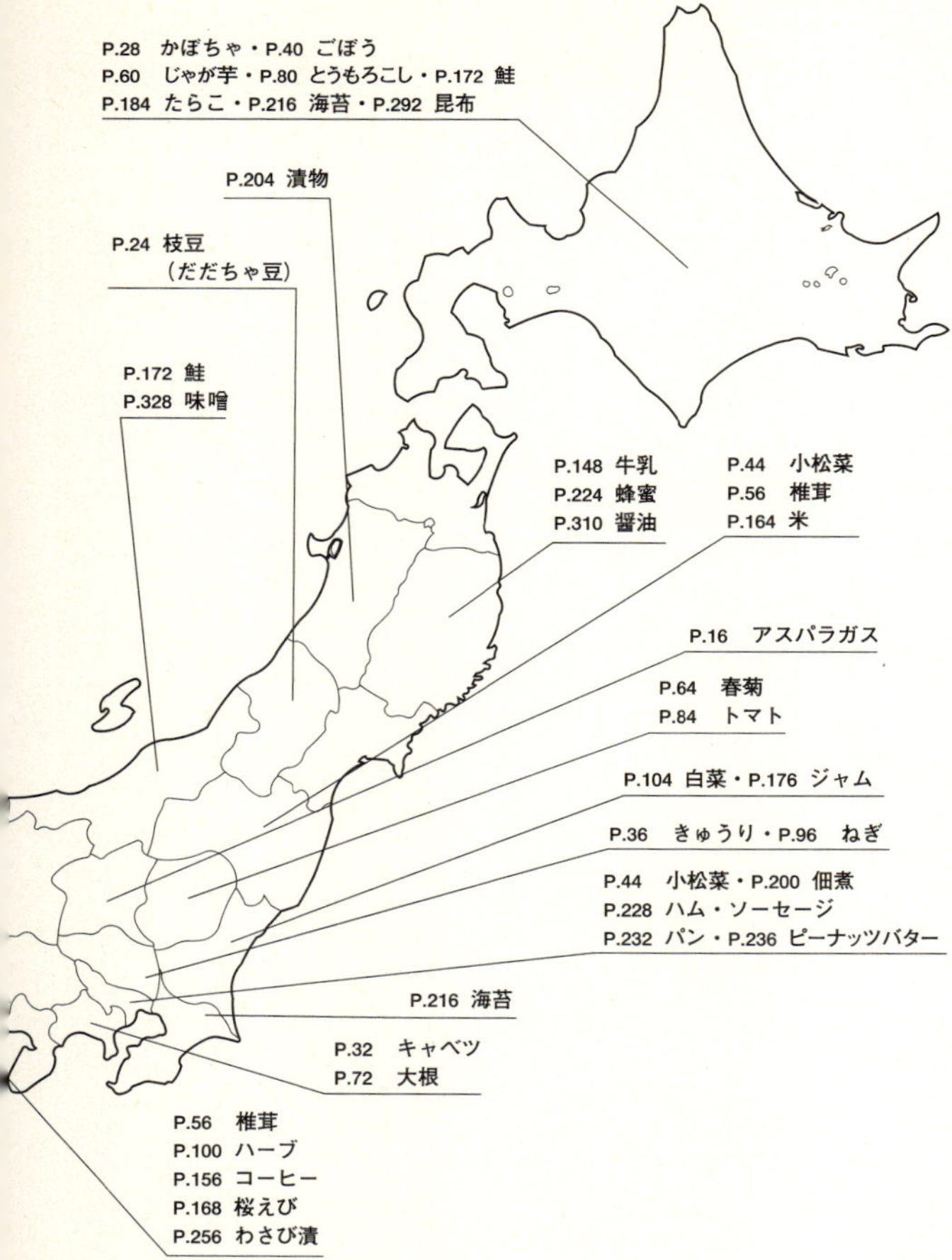

P.28 かぼちゃ・P.40 ごぼう
P.60 じゃが芋・P.80 とうもろこし・P.172 鮭
P.184 たらこ・P.216 海苔・P.292 昆布
P.204 漬物
P.24 枝豆
（だだちゃ豆）
P.172 鮭
P.328 味噌
P.148 牛乳
P.224 蜂蜜
P.310 醤油
P.44 小松菜
P.56 椎茸
P.164 米
P.16 アスパラガス
P.64 春菊
P.84 トマト
P.104 白菜・P.176 ジャム
P.36 きゅうり・P.96 ねぎ
P.44 小松菜・P.200 佃煮
P.228 ハム・ソーセージ
P.232 パン・P.236 ピーナッツバター
P.216 海苔
P.32 キャベツ
P.72 大根
P.56 椎茸
P.100 ハーブ
P.156 コーヒー
P.168 桜えび
P.256 わさび漬

日本の朝ごはん 食材紀行　マップ

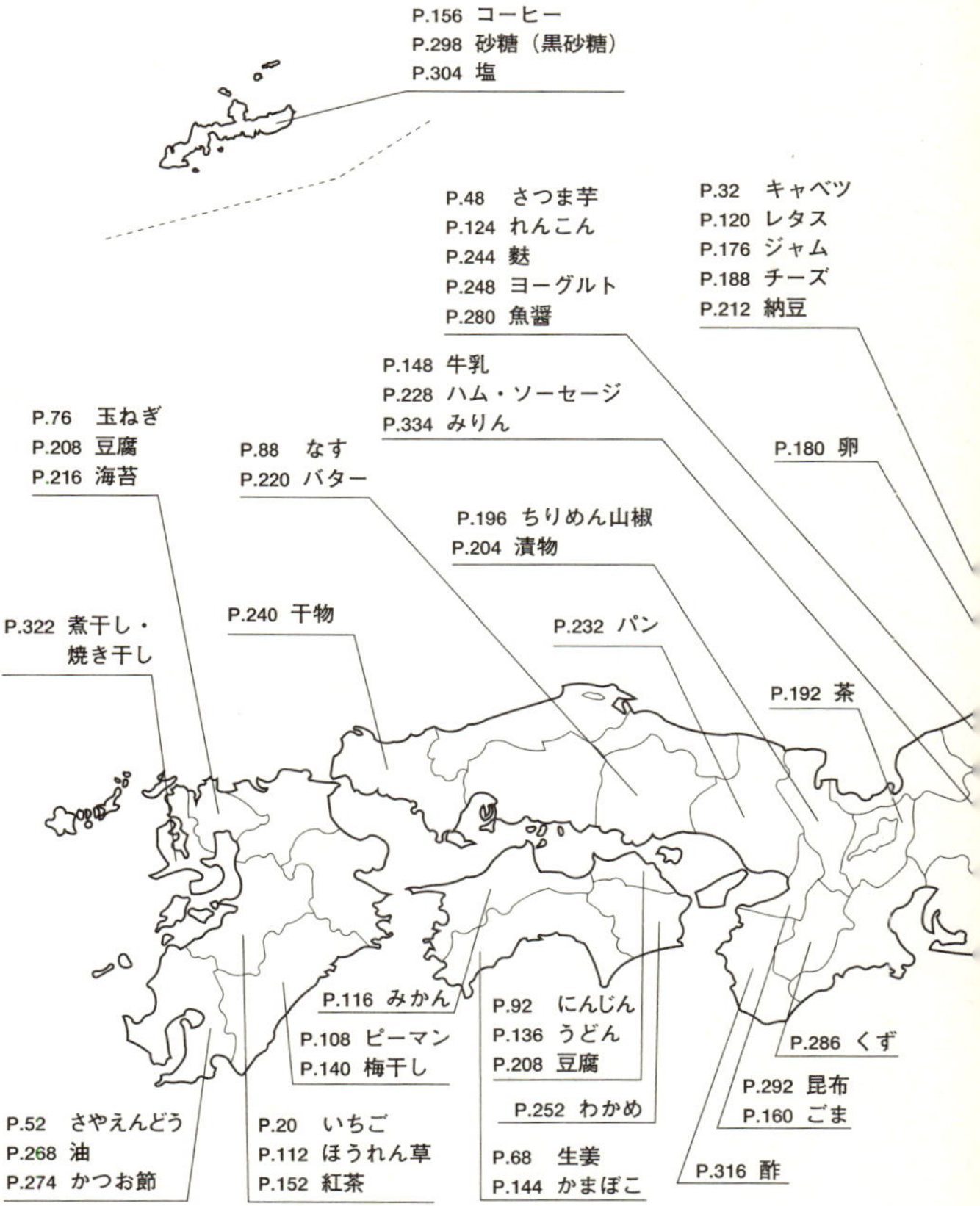

P.156 コーヒー
P.298 砂糖（黒砂糖）
P.304 塩
P.48 さつま芋
P.124 れんこん
P.244 麩
P.248 ヨーグルト
P.280 魚醤
P.32 キャベツ
P.120 レタス
P.176 ジャム
P.188 チーズ
P.212 納豆
P.148 牛乳
P.228 ハム・ソーセージ
P.334 みりん
P.76 玉ねぎ
P.208 豆腐
P.216 海苔
P.88 なす
P.220 バター
P.180 卵
P.196 ちりめん山椒
P.204 漬物
P.322 煮干し・焼き干し
P.240 干物
P.232 パン
P.192 茶
P.116 みかん
P.92 にんじん
P.136 うどん
P.208 豆腐
P.108 ピーマン
P.140 梅干し
P.286 くず
P.292 昆布
P.160 ごま
P.252 わかめ
P.52 さやえんどう
P.268 油
P.274 かつお節
P.20 いちご
P.112 ほうれん草
P.152 紅茶
P.68 生姜
P.144 かまぼこ
P.316 酢

解説

本間千枝子

「誰《だれ》でもなりたいと思うだけでは、食いしん坊になれない」と書いたのは、十八世紀フランスの食の大御所ブリア・サヴァランだが、二十一世紀の今日、日々の食事に食いしん坊でありたいと思えば、かなりの努力が必要だ。

まず、安全でおいしい食べものはどこにあるのか。日本だけでなく、先進国の食生活、とくに食材の情況を眺めると、消費者は文明の家畜になっており、主食すら自分が本当に望むものかどうか分っている人も少ないし、自分で選ぶことも困難な時代である。

二十世紀の終り二十年ほどの間に、日本でも過熱したグルメ志向は、私たちの食生活に幅広い知識をはじめ多くのプラス面をもたらした。しかし、おびただしい「おいしいもの情報」の氾濫《はんらん》はかえって、確実に信頼できる基本的食材を見えにくいものにしてしまったと思う。日本人はいま、いったい何にたよって食の選択をしているのだろう。

向笠千恵子さんの『日本の朝ごはん 食材紀行』は、今まさに私たちがいちばん知りたいことに、一五〇パーセント以上の答えを用意してくれる本であり、タイムリーな出版である。私は一読してその内容の豊かさに驚嘆した。

　著者が取材に費やした年月は十数年、フィールド・ワークは日本全土をカヴァーしている。視線はさわやかだが、「食」を貫く筋が一本しっかりと通っている。

　私が向笠さんに出会ったのは八〇年代半ばだった。若い編集者として彼女はすでにその時、「食」について仕事をはみ出した意識と情熱をもっていた。私に、「食」の原点として、生産者や生産地を知らなければならない、という意識を具体性をもって印象づけてくれた人物である。以来、彼女と私の訪ねる土地は交差し、追いかける人物は重なることがある。

　情熱だの仕事をはみ出した意識と書くと、いかにも向笠千恵子さんが行動力だけでなく、力強い説得力にあふれた迫力のある女性のように響く。さらにこの方は本物の江戸っ子で生まれも育ちも日本橋。本来なら迫力プラス下町育ちの気風《きっぷ》のよさなども加わるはずだ。ところが何とも不思議なことに、彼女の雰囲気はおっとりとして柔軟性にとんでおり、つつましく、しかも公平な目と理性的な心の持ち主である。

　こうした多面性をあわせもった著者が、年期を入れて書いた本だから『日本の朝ごはん　食材紀行』はいくつもの読み方楽しみ方のできる本だ。読者は、子供の心身の健康をねがう親から食の求道《ぐどう》者まで、こだわりの食ビジネス関係者にも、食いしん坊を誇りたい若ものにも、おいしいもの取り寄せ狂にも、読みごたえのある情報以上のものがびっしりとつまった内容である。

まず、おいしい食べものはどこにあるのか、という素朴な問いに、著者はおいしいだけでないすぐれた食材の生産者とその取り寄せ先をもって答えてくれる。さらに「いい生産者のものは、美味という以上に、生きる喜びを与えてくれる」と、それらの効果を語る。著者の安全チェックには年月をかけた自信のほどがうかがえるのである。

食は現代における切実な問題である。まず食をつくり出す農業、漁業から後継者が離れて行く。さらに工業化社会のつけは、天地自然をむしばむ形でひろがり、資源にも環境にも危機は迫っている。

しかし私たちは健康願望は持っていても、とくに幼いいのち、子供たちの心身を養う食べものについて、生産の背景やプロセスまでを、わが目でたしかめる手だてをほとんど持たない。

アメリカでは最近ファスト・フード批判の書がベスト・セラーになっているが、現代はなぜかいのちを育てるいちばん大切な「食」を、人まかせにして平気でいられる奇妙な時代である。

幼いいのち、子供たちの将来のためには、親が食材をわが目で選び、作って食べさせる、それを生活の基本とも常識ともして欲しい。が、そう願う者は少数派になってしまった。食こそわが目、鼻、口……五感で確かめなければならない人間生活の基本ではないのだろうか。それを親がしなければ、人間が人間であるための選択をする目はどこで育つのだろうか。

よりよき生活のために必要なものは、でき上った料理だけではないはずだ。食材を育てる人びとの意気軒昂《けんこう》たる精神もまた、消費者の健康をまもる大きな要素であるはずだ。この本は選択の目を養う出発点に立とうとする人びとに、さまざまな視点を与えてくれるので、食生活のオリエンテーションの書としても役立つ。

現代の日本は先進国の中で唯一《ゆいいつ》の例外、食糧の自給率が五〇パーセントを切る国である。他の国はすべて一〇〇パーセント以上で余力がある。これを改善するために農山村の活性化がはかられているものの、東北も山陰も北海道も……元気なく、離農で山は荒れ、村には人けがない、と、向笠さんは胸をいためる。

私たち自身が問題の大きさ深さをよく知り、「この国を見つめ直さないかぎり、新鮮でおいしい野菜は消える。需要がなければ生産者は畑も田んぼも耕さないし、酪農家は牛を飼わない。椎茸《しいたけ》や山菜などの山の産物も、いったん森が荒廃したらもう成長しない」

そして著者は力説する。都会で生活をする私たちにもできることがある、と。それは有機農業に励む生産者と交流して、彼らの野菜や米や果物を買い支えることであり、組織をつくり、宅配便を利用して、それらを届けてもらうことである。そうすることによって生産者の側も意欲を燃やし、数も増えて行くのである。

私も、何年か前から、この本の頁《ページ》に登場する熊本の農業科学研究所所長、中嶋常允《とどむ》先生の指導で生産する農家の野菜宅配クラブのメンバーになった。もちろん、生産者の方々を訪問したことで、自分の食生活により意欲的になったからだ。印象的だったのは、中嶋農法に励む人びとがそれぞれに明るく、立派な風貌《ふうぼう》だったことだ。

「自分たちは健康な野菜を作っていて、消費者に幸せを運んでいるんだという自負があるから、みんな実にいい顔してるでしょ」という中嶋先生の言葉をあちこちで思い出しながら、向笠さんの取材の厚みを考えた。

この本は『日本の朝ごはん……』という題名がついているものの、内容は朝食にとどまらない。第一章では、国内産の野菜や果物について、著者がひとりひとり自分で交流を深めた生産者や地域のプロフィルと共に、読者の知りたいことをしっかりと教えてくれる。それぞれの野菜の短い文化誌も栄養の常識も過不足なく記してある。

第二章では、乳製品や卵、パン、お茶、紅茶、コーヒー、それに米とご飯の引き立て役、佃煮、たらこ、鮭《さけ》、わかめ、納豆、わさび漬けなどが同じ手法で語られる。

第三章で描かれているのは日本の伝統調味料、塩、醬油《しょうゆ》、味噌《みそ》からはじまってみりんやかつお節、昆布まで、日本の食卓をつくり出す必需品である。その中に葛《くず》が入っている。「日本の朝ごはんにくずがないからといってどうってこともないけれど」と、著者は言いつつ「粥《かゆ》にくずあんを添えるだけで、清貧からもののあわれの風流世界へ昇華する……風雅」を細やかな日本人の心でふりかえるのである。吉野葛は日本の食文化の粋かもしれない。あらためて自分の国の食がいま世界で高く評価されはじめたことを思う。

戦争末期から戦後の飢えの時代、私の育った家では、ドラム缶一ぱい詰った粗葛《あらくず》を大切に抱えこみ、毎日何時間もかけて大さわぎで精製しては主食代わりに餅《もち》まがいのものを作っていた。

葛根を掘って粗葛をつくり、さらに美しい冴《さ》えた色の白い粉にするには、気の遠くなるような労働とつめたい手仕事を必要とするこの食材を、何百年のむかしから連綿と作りつづけてきた日本人の緻密《ちみつ》な手と心意気を考える。食は民族のこころを伝える文化なのだとつくづく思う。

実は向笠千恵子さんの面目躍如たるところは、女性ご法度《はっと》の鮭漁の船に勇敢に乗り込んだりする徹底した取材ぶりや、現地の人びとの中にとけこんで交わす対話、それに膨大な蓄積からひょいと出てくる意図せざる蘊蓄《うんちく》などの後にあらわれる。手塩にかけた素材を生産者たちがどんな料理にしておいしく食べているのか、現地流クッキングも愉《たの》しいが、著者の「わたし流スピードアップ料理」の何とパンチのきいていることか。

現代文明の利器を利用し、西欧のハーブ、スパイス、あるいは日本のすぐれた塩、醬油、味噌などの調味料やじゃこ、めんたいなどを駆使して、あっという間に、つまり朝ごはんにも充分創《つく》れる小気味よい洗練された料理が紹介される。読者にとってうれしい頁だ。薄味でヘルシーでおいしくて、さぞかし今日一日の活力をたっぷりと与えてくれそうだ。

スパゲッティが半ゆでになったらちぎったキャベツの葉を加え、ゆで上りはそのまま汁をきって、オリーヴ油とパルメザン・チーズと一味唐がらしをパッパッというあたりからは、時間に追われながら仕事も食もわが手でこなす女性の快いリズム感が伝わってくる。「わたし流」は今もっとも求められている勢いある料理だ。著者の次なる本が三たび『日本の朝ごはん 料理編』ということもあり得よう。

読み終えた私は、最も基本的で今いちばん新しい日本のおいしさの在りかを教えられた幸せと、わが家の食卓がレベルアップする予感に浸っている。情報という以上の知識を与えてもらい、食いしん坊でありたい私の面目が保てるではないか。
年月をかけた本はすばらしい。が、やはり著者のバックグラウンドには、江戸、東京、味三代が見えるような気がしてならない。

（平成十三年四月、随筆家）

本文写真撮影

尾田学；本文p19，p35，p39，p47，p51，p59，p63，p75，p87，p91，p99，p107，p119，p127，p171，p255（ＮＨＫ出版「きょうの料理」連載「旬菜譜」'95年４，７～12月号、'96年２，４～６，９，11～12月号 '97年２～３月号より）

岡崎良一；本文p273，p279，p285，p291，p297，p303，p309，p315，p321，p327，p333，p339（同上連載「あじな旅ひとの技」'97年４月号～'98年３月号より）／本文p23，p55，p103，p111，p195，p243（同上連載「海の幸山の幸」'98年４，６，８，10月号、'99年４～５月号より）

関 博；本文p27，p31，p43，p67，p71，p79，p83，p175（同上連載「海の幸山の幸」'98年11～12月号、'99年１，３月号、'99年６～９月号より）

向笠千恵子；本文p167，p183，p191，p231

広瀬達郎；上記以外

この作品は「きょうの料理」誌連載「旬菜譜」「海の幸山の幸」「あじな旅ひとの技」、「ばんぶう」誌連載「食の旅」、「dancyu」記事を、大幅加筆訂正し、書き下ろしを加え、再構成をしたオリジナル作品です。

向笠千恵子著
日本の朝ごはん
北海道の酪農家の食卓から沖縄のホテルの名物朝食まで、全国の朝ごはん上手、自慢の20膳。一日の始まりの一食、見直してみませんか。

鈴木朝子著
百六歳のでぇあこうぶつ
—きんさんぎんさんの長寿の食事—
成田家の食卓を一年にわたって徹底取材し、きんさん定番のでぇあこうぶつ(大好物)や、家族の食事の工夫を、写真と献立で紹介する。

沢村貞子著
わたしの献立日記
毎日の献立と、ひと手間かける工夫やコツを紹介する台所仕事の嬉しい〝虎の巻〟。ふだんの暮らしを「食」から見直すエッセイ集。

塩月弥栄子著
和食のいただき方
—おいしく、楽しく、美しく—
毎日使っている箸の正しい使い方から懐石料理まで、和食の作法を身につけおいしくいただくためのカラー版マナー・ブック。

大阪あべの辻調理師専門学校編
料理上手の基礎知識
料理上手は道具上手！ 日本、フランス、中国料理に必要な道具の種類と用途と正しい取りあつかい方を写真を付して書下ろした実用書。

大阪あべの辻調理師専門学校編
料理材料の基礎知識
日本料理、フランス料理、イタリア料理、中国料理などに使われる、野菜、魚介、肉など七〇〇余種類の料理材料を写真と文章で紹介。

池波正太郎著

食卓の情景

鮨をにぎるあるじの眼の輝き、どんどん焼屋に弟子入りしようとした少年時代の想い出など、食べ物に託して人生観を語るエッセイ。

池波正太郎著

散歩のとき何か食べたくなって

映画の試写を観終えて銀座の〔資生堂〕に寄り、はじめて洋食を口にした四十年前を憶い出す。今、失われつつある店の味を克明に書留める。

池波正太郎著

むかしの味

人生の折々に出会った〔忘れられない味〕。それを今も伝える店を改めて全国に訪ね、初めて食べた時の感動を語り、心づかいを讃える。

池波正太郎著
料理＝近藤文夫

剣客商売 庖丁ごよみ

著者お気に入りの料理人が腕をふるい、「剣客商売」シリーズ登場の季節感豊かな江戸料理を再現。著者自身の企画になる最後の一冊。

池波正太郎著

味と映画の歳時記

半生を彩り育んださまざまな〝味と映画〟の思い出にのせて、現代生活から失われてしまった四季の風趣と楽しみを存分に綴る。

池波正太郎著

江戸切絵図散歩

切絵図とは現在の東京区分地図。浅草生まれの著者が、切絵図から浮かぶ江戸の名残を練達の文と得意の絵筆で伝えるユニークな本。

太田和彦著

ニッポン居酒屋放浪記
立志篇

日本中の居酒屋を飲み歩くという志を立て、東へ西へ。各地でめぐりあった酒・肴・人の醍醐味を語り尽くした、極上の居酒屋探訪記。

開高健著

地球はグラスのふちを回る

酒・食・釣・旅。——無類に豊饒で、限りなく奥深い〈快楽〉の世界。長年にわたる飽くなき探求から生まれた極上のエッセイ29編。

開高健
吉行淳之介著

対談 美酒について
—人はなぜ酒を語るか—

酒を論ずればバッカスも顔色なしという二人が酒の入り口から出口までを縦横に語りつくした長編対談。芳醇な香り溢れる極上の一巻。

邱永漢著

旅が好き、食べることはもっと好き

年間120日以上を海外で過ごす旅の達人が、ガイドブックに載らない旅と味覚のツボを伝授。忙しい人にこそぴったりの旅エッセイ。

東海林さだお著

ショージ君の「料理大好き!」

魚をおろすのが趣味、といってもズブの素人のショージ君が、その道のプロのアドバイスを受けながら男の料理に挑戦。イラスト文庫。

東海林さだお編

ラーメン大好き!!

日本人がこよなく愛好する食物ラーメン。そのラーメンの魅力とは何か? 26名の愛好家たちが、多角的にその秘密に迫る!

丸元淑生著

図解 豊かさの栄養学

豊かさがもたらした危険な食生活。栄養学上の問題点を図解によってわかりやすく説き、飽食の時代の正しい食事のありかたを示す。

丸元淑生著

丸元淑生のスーパーヘルス
—老化を遅らせる食べ物と食事法—

今の豊かな食生活は、人間を健康にも病気にもする両刃の剣。「病気で長生き」でなく「健康で長生き」するための現代食養生25章。

丸元淑生著

悪い食事とよい食事

さまざまな食品とその食べ方に通暁し、軽薄なグルメ気取りから脱却して食の本質を知る健康な現代人に変身するためのハンドブック。

丸元淑生
丸元康生著

図解豊かさの栄養学2
—健康の鍵・脂肪は正しくとろう—

肥満の敵、そして同時に健康の鍵、脂肪をどのようにとるか。飽食の時代の正しい食事のありかたを示す、新しい栄養学ハンドブック。

丸元淑生
丸元康生著

最新ミネラル読本
—図解 豊かさの栄養学 3—

不足もいけない、過剰もいけない。ごく微量で人間の健康を大きく左右する栄養素。これだけは知っておきたい最新のミネラル情報。

乃南アサ著

幸 福 な 朝 食
日本推理サスペンス大賞優秀作受賞

なぜ忘れていたのだろう。あの夏から、私は妊娠しているのだ。そう、何年も、何年も……。直木賞作家のデビュー作、待望の文庫化。

杉浦日向子とソ連編著
ソバ屋で憩う
――悦楽の名店ガイド101――
江戸風俗研究家・杉浦日向子と「ソ連」のメンバーが贈る、どこまでも悦楽主義的ソバ屋案内。飲んだ、憩った、払った、101店。

深田祐介著
美味交友録
料理店で出会った素敵な人々や、幼少時に初めて食べたアイス・キャンデーの想い出などを軽妙に綴った「人と食」のエピソード集。

山本益博著
味な宿に泊まりたい
京都、唐津、伊豆――選びに選んだ全国18軒の高級旅館を、日本中の美味いものを食べ歩いたエピキュリアンが、一挙に紹介する。

辻静雄著
ワインの本
目で見て匂いをかぎ味を確かめ経験をつむ。これがワインを知る最上の方法です。本書はあなたが「ワイン通」になる近道を教えます。

辻静雄著
フランス料理の手帖
キャヴィアの本格的な食べ方をご存知ですか?《料理天国》のマエストロがフランス料理の周辺の知識を伝授するグルメ随想。

筒井康隆著
薬菜飯店
川端康成文学賞受賞
爽快な体験に案内する究極の料理小説「薬菜飯店」、川端賞受賞の「ヨッパ谷への降下」、過激なパロディ短歌「カラダ記念日」など7編。

新潮文庫最新刊

池宮彰一郎著
島津奔る（上・下）
柴田錬三郎賞受賞
現代のリーダーに必要なのは、この武将の知略だ！　関ヶ原の戦いを軸に、細心にして大胆な薩摩の太守・島津義弘の奮闘ぶりを描く。

深田祐介著
蘇る怪鳥艇（上・下）
上陸強襲艇の存在をめぐって諜報戦に巻き込まれた北朝鮮女性将校と日本人商社マン。二人の壮絶な脱出行を描く大冒険ラブロマンス。

遠藤周作著
狐狸庵閑話
風流な世捨人か、それとも好奇心旺盛な欲深爺さんか。世のため人のためには何ひとつなさずグータラに徹する狐狸庵山人の正体は？

高杉　良著
あざやかな退任
ワンマン社長が急死し、後継人事に社内外が揺れる。そこで副社長宮本がとった行動とは？　リーダーのあるべき姿を問う傑作長編。

池澤夏樹著
明るい旅情
ナイル川上流の湿地帯、ドミニカ沖のクジラ、イスタンブールの喧騒など、読む者を見知らぬ場所へと誘う、紀行エッセイの逸品。

車谷長吉著
業《ごう》柱《ばしら》抱《だ》き
虚言癖が禍いして私小説書きになった。深い自己矛盾の底にひそむ生霊をあばき出す、業さらしな「言葉」の痛苦、怖れ、愉楽……。

新潮文庫最新刊

森浩一著
語っておきたい古代史
―倭人・クマソ・天皇をめぐって―
幅広い学問知識を手がかりに、今も古代史で論議の的となる問題を、考古学の泰斗が5つの講演で易しくスリリングに解き明かす。

杉浦日向子著
大江戸美味《むまそう》草紙
初鰹のイキな食し方、「どじょう」と「どぜう」のちがいなどなど、お江戸のいろはと江戸っ子の食生活がよくわかる読んでオイシイ本。

向笠千恵子著
日本の朝ごはん 食材紀行
おいしい朝ごはんは元気の素！『日本の朝ごはん』の著者が自信をもって薦める、日本全国で出会った、朝ごはんに欠かせない食材71。

西川恵著
エリゼ宮の食卓
―その饗宴と美食外交―
サントリー学芸賞受賞
フランス大統領官邸の晩餐会で出されたワインと料理のメニューで、その政治家や要人の格がわかる！　知的グルメ必読の一冊。

太田和彦著
ニッポン居酒屋放浪記
疾風篇
浮世のしがらみを抜け出して、見知らぬ町へ旅に出よう。古い居酒屋を訪ねて、酔いに身を任せよう。全国居酒屋探訪記、第2弾。

柳美里著
ゴールドラッシュ
なぜ人を殺してはいけないのか？　どうしたら人を信じられるのか？　心に闇をもつ14歳の少年をリアルに描く、現代文学の最高峰！

新潮文庫最新刊

B・ヘイグ
平賀秀明訳
極秘制裁（上・下）
合衆国陸軍特殊部隊にセルビア兵35名虐殺の疑惑――法務官の孤独な闘いが始まる。世界中が注目する新人作家、日米同時デビュー！

C・トーマス
田村源二訳
闇にとけこめ（上・下）
中国軍部と結託し、大掛りな麻薬ビジネスを企む敵に、孤立無援の闘いを挑む元ＳＩＳのハイドとオーブリー。骨太冒険小説決定版。

A・ヘイリー
永井淳訳
殺人課刑事（上・下）
電気椅子直前の連続殺人犯が元神父の刑事に訴えたかったのは――米警察組織と捜査手法が克明に描かれ、圧倒的興奮の結末が待つ。

J・マクノート
中谷ハルナ訳
夜は何をささやく
長く絶縁状態にあった実の父親は、ほんとうに犯罪者なのか？　全米大ベストセラーを記録した、ミステリアスで蠱惑的な愛の物語。

J・アーチャー
永井淳訳
十四の嘘と真実
読者を手玉にとり、とことん楽しませてくれる――天性のストーリー・テラーによる、十四編のうち九編は事実に基づく、最新短編集。

フリーマントル
幾野宏訳
虐待者（上・下）
―プロファイリング・シリーズ―
小児性愛者たちが大使令嬢を誘拐！　交渉人を務める女性心理分析官は少女を救えるのか？　圧倒的筆致で描く傑作サイコスリラー。

日本《にほん》の朝《あさ》ごはん 食材《しよくざい》紀行《きこう》

新潮文庫　む-10-2

平成十三年六月一日発行

著者　向《む》笠《かさ》千《ち》恵《え》子《こ》

発行者　佐藤隆信

発行所　株式会社 新潮社

郵便番号　一六二―八七一一
東京都新宿区矢来町七一
電話　編集部(〇三)三二六六―五四四〇
　　　読者係(〇三)三二六六―五一一一

価格はカバーに表示してあります。

乱丁・落丁本は、ご面倒ですが小社読者係宛ご送付ください。送料小社負担にてお取替えいたします。

印刷・錦明印刷株式会社　製本・錦明印刷株式会社

© Chieko Mukasa 2001　Printed in Japan

ISBN4-10-149322-7 C0177